人民日报 | 中华文化复兴方阵书系

出版人 董 伟

人民日报 名家写真系列
中华文化复兴方阵书系

岁月的智慧

金庸和他的师友们

蒋连根 著

人民日报出版社

图书在版编目（CIP）数据

岁月的智慧：金庸和他的师友们/蒋连根著. --
北京：人民日报出版社，2013.12
（中华文化复兴方阵·名家写真系列）
ISBN 978-7-5115-2332-7

Ⅰ．①岁… Ⅱ．①蒋… Ⅲ．①金庸—生平事迹 Ⅳ．①K825.6

中国版本图书馆CIP数据核字(2013)第318854号

书　　　名：	岁月的智慧：金庸和他的师友们
作　　　者：	蒋连根
出 版 人：	董　伟
责任编辑：	林　薇　陈志明
封面设计：	汪要军
出版发行：	人民日报出版社
社　　　址：	北京金台西路2号
邮政编码：	100733
发行热线：	（010）65369527　65369512　65369509　65369510
邮购热线：	（010）65369530
编辑热线：	（010）65369514
网　　　址：	www.peopledailypress.com
经　　　销：	新华书店
印　　　刷：	北京鑫瑞兴印刷有限公司
开　　　本：	1/16
字　　　数：	200千字
印　　　张：	20.5
印　　　次：	2014年1月 第1版　　2014年1月 第1次印刷
书　　　号：	ISBN 978-7-5115-2332-7
定　　　价：	48.00元

序

韩石山

连根先生又出书了。

出书的常规,一次一本。连根这次破了规,一次两本。一本是这里要说的《金庸和他的师友们》,还有一本是《金庸和他的家人们》

让我惊异的是,书里还写了我。

第一章第三节《老尚风流是寿征》里说:1998年11月20日,山西作家韩石山来到海宁,之前他看过章克标的《文坛登龙术》,一直想拜访章克标老人。由蒋连根与另外两位文友陪同,去桃园里新村看望了老人。章先生妻子李觉茵前年过世,老人孤单单地住两间屋,洗衣做饭跑邮局均自个做。韩石山埋怨道:"你们只关心他的文学,怎么不关心他的生活,得给他找一个妻,老人离不开老伴呀!"此时,连根想起刚刚发生过的"女明星登报征婚"事件,便信口说:"章老,您也可以在报纸上登一则《征婚启事》

么！"。接下来便有了章克标百岁征婚的佳话。

这两天没事，从容地翻阅了连根先生的这本书稿。让我感兴趣的，一是动手之早，二是搜罗之广。当然，还得加上多年的记者生涯，练得的一手好文笔，娓娓道来，而又清清爽爽。

不必细数书里的故事。书不长，常人尽一天之力，足可看完。重要的是价值，要叫我说，这本书，可说是解读金庸的一把钥匙。道理嘛，师长看学问，朋友看品格。师长看学问，是说从一个人的师长，可以看出他学问的路子。朋友看品格，就更好理解了，不赘。

看完全书，我觉得，金庸先生确实是一个了不起的大作家，同时又感到，这老先生太较真了。或许是他的童心，或许是他的天性，或许是爱惜羽毛，或许是身有软肋，随你是怎么说都行，但较真，却是不能减去分毫的。

且举一例。

书中第三章第三节《有"金石姻缘"的评点人——"红学"专家冯其庸》里说：1996年12月，冯其庸与文化艺术出版社一位副总编赴港，与金庸签订合同，由金庸独家授权文化艺术出版社出版豪华珍藏版《评点本金庸武侠全集》。1998年10月，由金庸本人重新点校，冯其庸和严家炎、陈墨等12位专家历时三载评点的《金庸武侠全集》由文化艺术出版社出版。4个月后，金庸在杭州拒绝为手持评点本的读者签名，并指责出版社是"聪明的盗版"，还说"像这样的评点，就是小学生也会写的"。冯其庸很大度，有报纸采访，他说："对于'小学生'之类的话根本用不着辩解，也没有意思，难道我还用证明我是不是小学生水平吗？"

曲意辩解的是金庸，说他的话是那样，意思不是那样，云云。

我总觉得，这样的事，原本就不应当发生。别说自己当初欣然应允，就是没有应允，只要是拿了稿酬，看在对方都还是正经学者的份儿上，笑笑也就过去了。

最可笑的是与王朔的一场笔墨官司。

同一节中是这样说的：1999年11月1日，北京作家王朔在《中国青年报》刊载一篇长达三千余字的文章，说金庸的一本武侠书，名字忘了，他实在读不下去。"只留下一个印象，情节重复，行文罗嗦，永远是见面就打架，一句话能说清楚的偏不说清楚，而且谁也干不掉谁，一到要出人命的时候，就从天下掉下来一个挡横儿的，全部人物都有一些胡乱的深仇大恨，整个故事情节就靠这个推动着。"几天后，金庸接招，在《文汇报》发表《不虞之誉和求全之毁》。各家报刊纷纷转载，一场围绕金庸作品的论争由此打响。

王朔在大陆文坛，是有名的臭嘴，金庸对大陆文坛的情形，又不是不知晓，有什么必要接这个招呢？

究其然，我以为，作为一个大作家，金庸先生还是欠缺点什么。

以金庸的岁数，二三十年代的中国文坛，金先生只沾了个四十年代的边儿，去了香港，忙于写武侠办报纸，这方面的书看的怕也不是很多，对旧时文坛上的情形，不太了然，更无切肤的体验。还是我来说破吧。中国文坛，不，世界文坛也一样，有一条铁律，谁也难以违拗，就是：凡大作家必然是誉满天下，谤亦随之。最明显的两个例子，一个是鲁迅，一个是胡适。当然，也可以逆推，那就是看他的"谤"到了什么程度，什么级别。若到了"国人皆曰可杀"，不用问，大作家也。

这个道理，现在影视界的三流演员都懂，且做起来有板有眼，有声有色。

与我通电话时，连根先生流露出一点担忧，怕他的两本书出来后，

2013年6月,
韩石山在汾河西岸湿地公园

金庸先生会不高兴,说什么刻薄的话。我说了誉与谤的关系后,又说,金庸先生年纪大了不懂,蒋先生不该昧于此道吧。那边,连根先生嘀嘀地笑了。看不见我也知道,当了爷爷的蒋先生,笑起来是颇有几分妩媚的。

知我罪我,随蒋先生定夺吧。

我一句话也不会说。我虽知道这个道理,但我同时知道,对我这样级别的作家来说,谤是不起任何作用的,坏的,好的。

是为序。

2013年8月2日于潺湲室

引 子

中国有句俗话，"在家靠父母，在外靠朋友"，说的是人的一生离不开亲情和友情的呵护。人生之路，沟壑万千，免不了遇到困难和挫折，就连《西游记》里神通广大的孙悟空也有降不了的妖，伏不了的魔，他不得不去找其他神仙朋友，靠他们帮助来渡过难关。

金庸不是神通广大之人，他说武写武却不会武功，可他一生传奇，既是一个成功的文人，也是一个出色的商人，更是一个举足轻重、可影响政局的政论家。

最让人心动的是，金庸是文章致富的第一人。自古以来，不论是什么样的作家，有过什么辉煌的成就，哪怕是文学巨匠，没有一个能靠写作致富的，没有，有的甚至连饭都吃不上，如唐代大诗人杜甫，吟什么"朱门酒肉臭，路有冻死骨"，即使被人称为"史诗"，也是很难养活自己的，还有那个《红楼梦》作者曹雪芹，最后也是穷困潦倒而死。中国自古以来的文人，哪怕是文章泰斗，没有富人。然而，金庸靠写作武侠小说富了，而且很富。

他的成功秘笈是什么？

庄子讲述过的一个古老故事，说有两条鱼生活在大海里，某日，被海水冲到一个浅浅的水沟，只能相互把自己嘴里的唾沫喂到对方嘴里生存，这就是成语"相濡以沫"的由来，指的是"少年夫妻老来伴"的夫妻。但是，庄子说，这样的生活并不是最正常最真实也最无奈的，真实的情形是，海水终于要漫上来，两条鱼也终于要回到属于它们自己的天地，最后，他们要相忘于江湖。

相忘于江湖，江湖之远之大，何处是归处和依靠？

2007年6月18日，金庸与北大学子们对话，趣谈江湖侠士的侠风义骨。他说："义，大致是对朋友而言。当时在江湖上流浪的侠士，没有家庭可依靠，没有固定的生活来源，正如人们常说的'在家靠父母，在外靠朋友'，这些侠士的主要依靠就是朋友，他们的生活来源靠朋友的支持，对付欺凌和压迫，就更需要朋友的帮助，只有朋友才是他们惟一的依靠。"

金庸14岁时告别父母去远方求学了。后来，母亲和父亲相继早逝，"在家靠父母"不得，他只能"在外靠朋友"去了。于是，他到了香港，终于在那里住下。那一刻，他终于真正明白：羁旅游子，与其天涯思君，恋恋不能相舍，莫若师友于江湖。

"师友于江湖"——这才是金庸的"成功秘笈"。

人在江湖，总会有许多的无奈、寂寞、冷清。金庸说，"友情是我生命中一种重要之极的宝贵感情"。人生在世，总要或多或少地依靠来自自身以外的各种帮助——父母的养育、师长的教诲、朋友的关爱、社会的鼓励……所"依"甚广，所"靠"甚多。

17岁时，金庸就写了一篇6000字的长文《千人中之一人》，大谈他的友谊观。少年金庸感叹道："人生中假使没有友谊，我真不知道生活将变成如何地丑恶的一个东西。你想哪，一个没有花儿的春天，一朵没有色香的花儿。生活中失去了主要的精神享受，我们靠着什么的支撑来面对这苦难的人生呢？西塞罗以为这简直是如从宇宙中摘去了太阳。"

近数十年，华人的足迹遍布全球各个角落，在陌生的社会、外国人统治的土地上谋生，不但思念故国，同时也感到独在异乡为异客的寂寞与距离，时刻面对寄人篱下、受人轻视的委屈，他们更渴望得到友情的支持与安慰，在互相扶持、互相关爱的信任之下，重新建立起自信，获得奋斗的勇气。对于流落海外的华人，友情比什么都可贵。

1950年，《大公报》所属的《新晚报》创刊，刚到香港的金庸调任副刊编辑，主持《下午茶座》栏目，以"姚馥兰"为笔名写过不少文艺小品和影评。"姚馥兰"即英语"你的朋友"之音译。

侠骨柔肠的金庸将"在外靠朋友"的友情视作兄弟之情，归结为"侠义"。他对国际创价学会会长池田大作说："中国人所说的'侠'，确是有很重要的友情成分，'侠'必与'义气'有关，中国人特别重视'义气'，所以《三国演义》中的关羽为中国人所普遍崇拜，《水浒传》中的结义兄弟，就是誓同生死的好朋友"。

金庸说："中国似乎是一个特别注重友谊的民族，朋友是列为五伦之一，'在家靠父母，在外靠朋友'变成一句处世的信条（虽然其中带着一些功利的意味）；必要时来一下大义灭亲或许还可以得到社会的赞许，但对于出卖朋友，没有一个人不是深恶痛绝的。"

金庸认为，在中国这个重义气的社会，友情比爱情更受重视。"传统上，中国人认为兄弟比夫妻之情更重要，有古谚说，'妻子如衣服，兄弟如手足；衣服破，尚可缝，手足断，不可续。'尽管这句话有着古代人对妇女和妻子地位的轻视，但无论如何，兄弟关系在中国社会中受到极度重视，我们说'手足'就是兄弟。""中国人对好朋友也视作兄弟，中国人说义结金兰，通过一种仪式，异姓朋友结拜为兄弟，在家立誓：'虽非同年同月同日生，但愿同年同月同日死。'在西方社会中，只有热烈相爱的恋人，才会立誓同死。"

金庸说，中国人论交，有所谓"患难之交"，这是最可宝贵的，就因为讲"患难之交"的人太少了。于是，金庸曾经以生花妙笔描写了人与人的形形色色的邂逅和爱情，同时也描写了"友情"，重视"报恩"的人物形象。他说，"我的小说中描写过不少友情的故事，例如：《书剑恩仇录》中红花会众兄弟间的情深义重，《射雕英雄传》中友情与民族斗争之间的矛盾，《雪山飞狐》描写两个死敌大仇人之间的友情，《倚天屠龙记》叙述七个同门师兄弟的友情，《鹿鼎记》中描写皇帝和一个小流氓之间的友情。"

读过金庸作品的人，肯定会在其刀光剑影中体会到友情的浓烈。不错，金庸的武侠小说为什么能在华人中流行这么广泛，影响这么深远，究其根本，情节和历史图景是一回事，更深层的原因是金庸的武侠小说突出了一个人乃至中华民族最关键的问题，那就是友谊的最核心问题——义气！从生死相依到共创江山，从书剑恩仇到对战时的惺惺相惜、倾囊相授，这种坦荡和崇高，让人看了热血沸腾，这就是友情加上重义。金庸采取了一个完全不同的角度，他把负面化为正面，他写神州大地的万里河山，英雄人物任意驰骋其间，与天下豪杰互相结交，气味相投，便成莫逆，一同出生入死，共谋大事。生活多么自由，人生多么丰富，只要朋友之间有情有义，世上的艰难险诈，又有什么可怕之处？友情是长时间共同生活、共赴患难培养出来的了解和信任。同门师兄弟如武当七侠，各人来自不同的家庭，但同门学艺，一同行侠仗义，使他们变得比同姓同胞手足兄弟还亲。红花会十四侠来自不同的故乡，个性不同，年龄不同，方言不同，有男有女，然而为光复河山同心合力，使他们成为一家人，互相关心，一同苦干、一同取乐。

金庸说，"现在中国最缺乏的就是侠义精神。每个人，都是作为历史长河中的一名过客，有个小朋友问我，来生愿意做男人还是做女人，做郭靖还是做黄蓉？我说，不论做男人也好，做女人也好，都要做一个好人。我的所有作品都是宣扬侠义精神的，本意基本与打打杀杀的'武'无关……我主张现代人学侠义二字，是补课，是主张勇于承担责任，拥有快意人生。侠义真的是个很远大很美丽的世界。"

每个人背后都有他的故事，金庸写的故事已家喻户晓，而他自己和朋友们的故事，跟他的武侠小说一样引人入胜。

目　录

少年之友／1

启蒙「喔喔啼」——小学老师陈未冬／3

恩德何敢忘——中学校长张印通／9

老尚风流是寿征——中学老师章克标／14

「一事能狂」忘年交——副刊编辑陈向平／22

精诚合作三十年——同学沈宝新／29

同窗谊在救命有恩——同学沈德绪／37

合租衢州旧阁楼——同学王浩然／44

患难知己／53

亦狂亦侠亦文好朋友——武侠前辈梁羽生／55

金庸梁羽生的「催生婆」——老报人罗孚／64

曾代金庸写小说——「代笔」倪匡／71

犹记当年写「夜话」——助手潘粤生／84

红过脸的兄弟还是兄弟——「明月」主编胡菊人／91

依恋旧时月色——「明月恋人」董桥／98

小字辈的朋友——消息发布人潘耀明／107

还唤金庸为「小查」——「快乐画家」黄永玉／115

亦师亦友 / 127

结伴同游最长旅途的人——美食家蔡澜 / 129

和而不同的老友——老报人董千里 / 137

有『金石姻缘』的评点人——『红学』专家冯其庸 / 143

半师半友的学术同道——北大教授严家炎 / 151

『后辈小作家』最钦仰的人——文学家巴金 / 160

喜欢吃鸡蛋,更喜欢那只生蛋的鸡——『钱门弟子』余英时 / 167

行过大礼的围棋老师——棋圣聂卫平 / 176

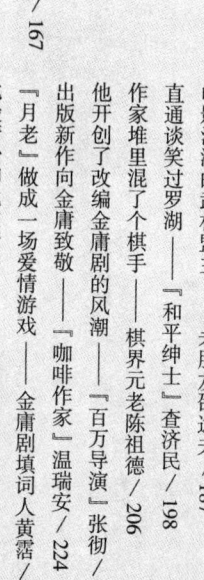

君子之交 / 185

电影江湖的武林盟主——老朋友邵逸夫 / 187

直通谈笑过罗湖——『和平绅士』查济民 / 198

作家堆里混了个棋手——棋界元老陈祖德 / 206

他开创了改编金庸剧的风潮——『百万导演』张彻 / 214

出版新作向金庸致敬——『咖啡作家』温瑞安 / 224

『月老』做成一场爱情游戏——金庸剧填词人黄霑 / 233

比爱情少却比友情多——小龙女的原型夏梦 / 242

晚年知遇 / 251

倡导「金学」第一人——「小巨人」沈登恩 / 253

可再加一项「友聪明」——大陆「金学」第一家陈墨 / 260

被放进丹炉里的孙悟空——专栏作家陶杰 / 268

画出一个另类的江湖——「御用」画家董培新 / 276

送他一枝笔祝他「好好学习」——金庸剧制片人张纪中 / 283

另类师生别样情——洋导师麦大维 / 293

「故事为王」源自金庸小说——「小老乡」编剧于正 / 301

参考文献 / 311

后记 / 313

1953年早春,查良镛(左1)兄妹和同学沈德绪(左3)、朱帼英在杭州西子湖畔。右1为金庸的妹妹查良璇。(资料图片)

少年之友

◎说起我的恩师，一位是小学五年级时的班主任兼国文老师陈未冬先生，前年在杭州相会时几乎已相隔六十年……另一位是中学的校长张印通先生，我因壁报事件被学校开除，张校长曾极力为我争取较轻的处分，后来张校长努力帮我转学，这份大恩大德对我一生影响极大……初中时的国文老师王芝簵先生也是我的恩师，他给我的主要是身教，他刚毅正直、勇敢仁厚的侠气使得我一生时时暗中引为模范……可惜这数位恩师大都已经逝世，虽欲报恩而不可得了。

—— 与池田大作对话

◎我的经验是，年纪渐大后结交知己朋友相对的比较困难了，因为已不像少年时候那样毫无利害关系、毫无心机地可以推心置腹、毫无保留地吐露心事。我最要好的朋友，都是中学时代结交的，那时候大家一起吃饭，住同一个宿舍，一起上课学习，生活亲密。这些好朋友现在还经常联系，争取机会见面。

—— 与池田大作对话

金庸武侠小说中的人物都是有来历有师承的，而且个个都是尊师重教的好孩子：郭靖和杨过是不用多言的模范生，大理段公子在神仙姐姐的玉像前干脆利落地叩首千番，就连愈懒乖张的韦小宝在九难师太面前也不敢造次，而令狐冲对岳不群的崇拜敬重则是让人心痛的迂腐。"一日为师，终身为父"，"名师出高徒，良匠琢美玉"，这样的古老观念是金庸的根深蒂固。

金庸好交朋友，十分念旧。在出名之后，他没有忘记过小学、中学的同学，并经常出去和他们聚会。他说，"中学阶段度过的岁月是我一生中最难忘也最快乐无忧的岁月，那时学习条件很艰苦，读书使我有苦中作乐的感觉，那时候的同学是我一生中最要好的朋友和兄弟，我常从中体会到少年时代的美好和人生的深邃。"

启蒙"喔喔啼"
——小学老师陈未冬

1947年的陈未冬
（资料图片）

1924年3月10日，金庸出生于浙江省海宁县龙山里（今袁花镇新伟村）。这是一个典型的江南水乡，一条小溪在两山夹峙之中流淌着，花溪两岸，秀峰林立，溪中礁石累累，水浅处可以涉足，水深处可以泛舟。山水交融，田畴交错，花溪的山与水都各具特色。

金庸七岁就读于村口巷里十七学堂，高小转入袁花龙山小学堂。龙山小学堂始建于光绪十八年（1902），是海宁最早的四所高等小学堂之一，又名海宁第三高等小学堂。所以，查良镛曾对记者说："我不是上私塾，我一开始上的就是现代小学。"

1

龙山小学堂在袁花镇上，花溪河畔，杨柳

金庸回乡时与小学时同学合影（方炳华摄）

85岁金大侠和母校小师弟互行队礼（王超英摄）

2008年9月，金庸为海宁一中题写校名（颜逸民摄）

依依，河水中漂满了绿色的浮萍，离他家赫山房有好几里地，他在那里度过了难忘的少年时光。1992年12月3日，金庸重回母校（今袁花镇中心小学），把海宁市政府落实他家祖传房产政策补偿款1.64万元，赠送给学校建立图书室，并题字留念："重游母校深感当年教诲恩德。袁小旧生查良镛。"

"噢，金庸就是查良镛！"1981年7月，邓小平在北京会见香港《明报》社长查良镛的消息在报纸上刊登，居住杭州的陈未冬老人读后，想起他的小学生查良镛，但不知道是不是同一人。当有人告诉他金庸就是查良镛后，陈老先生感叹了一声。

陈未冬，原名陈维栋，1911年出生在浙江省诸暨市陈宅镇巽溪村一户农家，1920年父亲不幸去世，留下了母亲和四兄姐相依为命。陈维栋进入附近学校读书学习时改名为未冬，后来考入了绍兴的省立第五中学，毕业后在诸暨县枫桥的大东公学堂任教，一年后调入海宁县袁花镇龙山小学堂任教。

陈未冬爱好写作，常有文章在报刊上发表。他见班上的"小秀才"查良镛，人长得俊秀而聪明，写的作文尤为出色，便倍加赏识。陈未冬是班主任，教国文课，还教历史。金庸曾对池田大作说："说起我的恩师，一位是小学五年级时的班主任兼国文老师陈未冬先生，前年在杭州相会时几乎已相隔六十年。我仍记得当年他为我改正的作文错字……"六十年后，他仍记得一堂让他泪水横流的历史课。他回忆说："记得我在小学念书时，历史老师讲述帝国主义欺压中国的凶暴。讲到鸦片战争，中国当局中如何糊涂无能，无数兵将英勇抗敌，但枪炮、军舰不及英国，以致惨遭杀害，他情绪激动，突然掩面痛哭。我和小同学们大家跟着他哭泣。这件事在我心中永远不忘。我们这一代的中国人对于收回香港，自然反应是天经地义，即使要我牺牲性命，也在所不惜，绝对不需要考虑。"

少年金庸最爱去的是自家的书房，一幢盛满丰富藏书的屋子。书房里挂一牌匾，上书"澹远堂"三个紫色的字，是康熙皇帝当年为查升写的，三字旁边有九条飞舞的金龙。查升是金庸的祖先，康熙年间大诗人查慎行之侄。查升这一代，一家叔侄五人（查嗣韩、查慎行、查嗣瑮、查嗣庭、查升）官拜翰林，当时全家共有七人都中进士，称为"一门七进士，叔侄五翰林"，是查家最显赫的年代。书房里还挂着一幅对联，写着"竹里坐消无事福，花间补读未完书"，是查升的手笔。少年金庸常常对着牌匾和对联沉思，发愤读书的心境由此而生。如今，这幅对联挂在香港金庸的书房里。

查良镛自小对书有一种亲切感，阅读课外书成了习惯。低年级时看《儿童画报》《小朋友》《小学生》，后来看内容丰富的《小朋友文库》，再似懂非懂地阅读各种各样的章回小说，到五六年级时，就开始看新文艺作品了。除了家中的书，金庸还看了许多坊间的侦探小说、武侠小说。那时，社会还是非常的保守，当时《红楼梦》被视作诲淫的禁书，《水浒传》也是诲盗的坏书，可在班上，陈未冬唯独允许查良镛一人阅读。

陈未冬在自传《我的故事》中如此记述："当时，查良镛（金庸）也在本校就读，是五年级成绩最佳的学生。他听课、做事都很认真，特别是作文写得好，我对他的每篇作文都细加圈点、认真批改，作为范文在课堂上评析。我曾把他的作文本交给诸暨民报社的骆文华，他看后也认为很不错，还选了几篇在《诸暨民报》上刊登了。"

陈未冬的这一举动，竟然将查良镛的写作热情拨得更旺了。暑假以后，陈先生让查良镛跟他一块儿编五年级的级刊，刊头上画的是一只大公鸡，取名为"喔喔啼"。查良镛组稿、编改、抄写，干得很欢。开头半月出一期，后来一周出一期，有时两三天出一期，把小小的级刊办得生动活泼。

1936年，查良镛从龙山小学堂毕业，考入浙江省立二中（今嘉兴一中），自此与陈老师离别,查良镛离开了海宁。

2

1983年,陈未冬因病住院,同室病友是香港《大公报》的一位编辑,两人聊天,陈先生问他:"金庸是不是海宁人?"这位编辑也说不清,回港后便将此事告诉了金庸。金庸闻之大喜,写信寄往医院,此后,金庸托人再三打听,却未得到陈先生的消息。

直到1988年5月,陈未冬获知金庸的确是海宁人,便写信托人寄给金庸,问他是不是龙山学堂的查良镛。10月14日,金庸复信问候:"生受老师教诲,已五十余年了,但老师的声音笑貌历历就在目前……数十年来编报,老师之指点,固无时或忘也。分隔五十余年,回思教诲爱护之恩,感怀良深。明年如能抽空,当来杭州叩见。奉上近照一帧,以代先此致候……受业弟子查良镛叩上。"

事隔不久,有同事赴港,陈未冬修书一封托为问候金庸。金庸见信,即吩咐秘书:"是我老师的客人,快去请来!"见到家乡来客,金庸再三询问老师近况,还让人带上礼物。

1992年12月初,金庸终于重返家乡。他在杭州茶叶博物馆参观时偶遇陈未冬的小女儿陈珲,金庸惊喜道:"你是我的小师妹啊!"随即掏出一封问候信,让带给陈先生。12月8日上午9时,金庸携夫人林乐怡女士来到陈老师的家。"老师好!师母好!"金庸深深弯腰鞠躬,行了大礼。

时年68岁的金庸像小孩似的携着老师的手进了客堂,深情地说:"陈老师是我立业的启蒙恩师,我有今天离不开老师循循善诱的教导。老师教诲的恩德终身难忘。"金庸忆及当年:"我的作文中,将"旖旎"两字错写成"旖妮",是老师翻出《辞源》予以指正。从此我写作遇到犹豫不决时常查辞书。"听说往事,陈未冬禁不住哈哈大笑:"良镛,你的记性真好,是啊,牢记错误是求得进步的要诀。"师生交谈甚欢。金庸拿出自己写的《射雕英雄传》、《书剑恩仇录》等原版精装本，挥笔写上"恩师指正"等字样并签上自己的名字，赠送给老师。

1996年11月5日，金庸又临杭州，特邀陈陈未冬出席晚宴。致词时，他十分动情地说："今天我很高兴，在座的有我小学时的老师，他已经80多岁了，给过我许多指教和器重，我很敬重他……"返港那天，他亲赴陈舍，向老师和师母辞行，将一只封口的信封塞给老师，非常诚恳地说："这是学生的一点点心意，请老师一定要收下，实在是不成敬意。"待金庸离别后，老师拆开信封一看，原来是一叠"人民币兑换券"，这在当时的中国内地，是比较珍贵的，可以买到一般人用人民币买不到的物品。

"他考虑事情总是那么细致周到！"老师心中很是感动。

3

师生重逢时，金庸再三要求老师给他讲讲革命历史。于是，陈老师讲述了别后他奔赴延安然后潜伏浙南的经历。

1937年抗战爆发后，师生离别，查良镛念书离开海宁，陈未冬则奔赴延安，进入抗大学习，曾聆听朱德和毛泽东的讲话。1938年9月初，陈未冬入党不久受派遣潜回诸暨，改名张光，从事地下活动。1939年6月，张光担任诸暨县委书记，以巽溪村为中心，发展党组织，开展抗日救亡工作。一年间，璜山区有20多个村建立了支部，发展党员百余人。1941年3月，中共余姚县委特派员张光带着夫人钟学意，第一次到达余姚境内的周巷，租赁老中医家的店面房子，开设一家旧木器商店作为掩护，开展地下工作。他与淞沪抗日游击队五支队取得联系，大量动员地方党员和进步人士参加部队，建立了通讯联络站、办事处等机构。

这年初夏，浙东抗日游击根据地建立，他任中共三北地委委员兼组织部长，并兼中共余（姚）上（虞）县委书记、办事处主任。期间，张光领导虞北人民，高举抗日斗争旗帜，以各种形式打击日伪顽军，建立了虞北抗日根据地。

　　一天凌晨，张光到逍林区与淞沪抗日游击队队长接头。刚拐上一条大路，猛听背后有人喊："站住！"回头一看，只见三个壮汉疾步赶来，心知有异，却不慌不忙，反而迎上前去。张光说："先生，我不认识你，你叫我干什么？"那三人只是吼叫："走，一块走，上汽车。"这时候，张光才发现路旁停有一辆黑色汽车，心里全明白了：人家是日伪特务专门来抓他的。怎么办，得想办法逃！就在特务伸手来拉他时，他用手里的皮包猛然向特务头部打去，然后夺路欲逃。哪知特务早有防备，伸手抓住了张光的衣服后领。张光急中生智，撒手甩掉了皮包，两臂向后一顺，顺势脱掉上衣，向南急跑。"砰！砰！"特务连开两枪，张光顿时倒在地上。一颗子弹击中了张光的右臂。他左手扶着墙，站起来，用手捂住流血的伤口。特务一边骂着一边走到张光跟前，拉他上汽车。张光站着不动，说："我受伤了，走不了。"特务一看，张光的衬衫已被鲜血染红，便放开手，转身去马路对面喊汽车。张光等特务走出五六步远了，突然转身向南，拼命猛跑，跑到南巷胡同口，急拐进去，继续奔跑。等特务发觉追到胡同口时，已经不见了张光的踪影。张光就这样脱险了。

　　解放战争中，张光从地方转入军队，随军北撤，担任华东野战军第一纵队某师政治部干事，参加过许多重大战役。解放后，张光先后任中共浙江省委组织部组织科长、省委秘书处处长等职。1983年，从省轻工业厅副厅长任上离休。

　　2003年，在浙江大学的一次讲演中，金庸用崇敬的语气跟同学们讲述老师当年的潜伏经历，称赞说："他是一个革命者，非常勇敢可敬！"

　　陈未冬教过的学生许多，唯独查良镛这个名字还记得。因为很喜欢这个学生，他一直把查良镛的一本作文簿珍藏在诸暨老家，直到"文革"期间造反派多次抄家，这本作文簿才与被称为"四旧"的东西一起被烧掉。

　　2003年5月，陈未冬因病逝世，享年93岁。

恩德何敢忘
——中学校长张印通

在金庸感念的师友中,张印通无疑是其中最为重要人物之一。1994年,金庸回母校嘉兴一中访问,出资为张印通校长塑像,并亲自为张校长的纪念铜像揭幕,题写碑额。

张印通(资料图片)

1

1936年,少年查良镛在故乡海宁袁花镇的龙山小学堂毕业,考入浙江省立二中。美丽的南湖、古老的烟雨楼从此成了他挥之不去的一个梦。数学老师章克标、国文老师王芝簃等都让他终生难忘。

然而,1937年11月5日拂晓,20万日军在大雾的掩护下从杭州湾金山卫、全公亭一带登陆,大肆烧杀,嘉兴危在旦夕,数百名无家可归的学生还留在学校,一时人心惶惶,陷入了一片混乱。校长张印通在危难之际,不顾经费不足和前途艰辛莫测,毅然挑起重担,带领师生南迁,甚至顾

张印通校长铜像（资料图片）

不上安置好同样处于危险与困境之中的妻儿父母。11月11日，他们匆忙离开新塍，踏上了千里流亡之路。11月19日，嘉兴沦陷。

师生们从新塍出发，经乌镇、练市、余杭、临安到达于潜，最初是坐船，后来水路不通了，只好步行，跋山涉水，晓行夜宿。到达于潜小镇，本来打算上课，11月24日传来了杭州沦陷的消息，只好起程南行。过临安，到桐庐，半夜里，学生们在睡梦中被叫醒，匆忙集合出发，队伍刚刚走过浮桥，身后火光熊熊，浮桥烧断了。走出二、三十里，天色微明，歇下来吃早饭。老师这才告诉他们，昨夜宿营处，日寇逼近不过一、二十里，真是惊险万分。

这些学生年龄大的不过十四、五岁，小的只有十二岁，还有女同学，虽说轻装前进，每人只剩下一条棉被、几件简单的换洗衣服，但没有交通工具，完全是徒步跋涉，斜挂在背上的被子卷实在不胜其负，一般每天只能走三、五十里，以至六十里。最多的两天，日行九十里，同学们脚上都起了水泡，出血不止，只有靠一根木棒或竹竿支撑，一步一移。

张印通校长和师生同行、同吃、同住，每到宿营地，都是稻草在地上一铺，就地而卧。吃得同样非常简单，每次发一元钱要用好几天，师生们常常买三个铜板的山芋充饥，吃上一只粽子就是一顿奢侈的美餐了。在疲惫的流亡途中，老师仍然抓紧时间给学生上课，没有教室，没有课本、没有学习用品，他们就在树荫、屋檐下，老师凭着一块很小的黑板来上课。

他们吃山芋，睡泥地，徒步跋涉了近两个月，行程千里，历尽艰辛，经永康、缙云，终于在1937年12月下旬到达浙南山区小镇——丽水碧湖镇。回忆起这段颠沛千里的经历，金庸后来回忆说："当时我们才十二、三岁，每天要步行七、八十里，餐风宿露，为抗日救国，我们跟学校到后方去。为救亡图存，我们努力学习。走不动了，就唱支歌……"。

在"树凝碧，溪如湖"的碧湖，金庸穿上灰布军装，参加了战时青年训练团，接受军训。半年后，浙江北部沦陷区的许多中学辗转千里相继来到碧湖，教育厅决定将杭嘉湖的七所省立中等学校（包括杭州高中、杭州初中、杭州女中、杭州师范、杭州民众教育实验学校、嘉兴中学、湖州中学）合组浙江省立临时联合中学，分高中部、初中部和师范部。

2

1938年9月初，联中正式开学，一如在昆明的西南联大，延续着民族希望的火种。

次年某日课余，忽然人头济济，有数十人在围观图书馆外走廊的壁报，有人高声朗诵，有人拍手称快。原来壁报上刊有《阿丽丝漫游记》一文，描述阿丽丝小姐千里迢迢来到联高校园，兴高采烈遨游东方世界之际，忽见一条色彩斑斓的眼镜蛇东游西窜，吐毒舌，喷毒汁，还口出狂言威吓教训学生："如果你活得不耐烦了，就叫你永远不得超生……如果……"眼镜蛇时而到教室，时而到寝室，时而到饭厅，时而到操场，学生见之纷纷逃避。文章的作者就是查良镛。①

联中的学生一眼就看出了"眼镜蛇"影射的是他们学校的训育主任沈乃昌，他戴一副眼镜，令人讨厌，不近情理，平时讲话总是带着"如果"二字，学生背地里叫他"如果"。有些男同学和女同学经常来往，也不是恋爱，不过是亲密一点，就给开除。还有同学在休息时间下下围棋，沈乃昌也不许，还把围棋没收。大家敢怒不敢言，学生们平时像躲瘟神一样躲着他。壁报前的人越聚越多，《阿丽丝漫游记》立马传遍了整个联高校园，当然也传到了训育主任沈乃

---

① 萧乾：《两浙轶事》，浙江省文史研究馆主编的"新编历史笔记文丛"之一。

昌那里，这下查良镛闯祸了。

训育制是国民党一党专制下的特殊产物，是国民党推行党化教育、奴化教育的一个重要手段。早在1939年四五月间，联高就发生过驱逐训育主任沈咸震的事件，学生把他拉到龙子庙的戏台上，责问他为什么暗中窥探同学的行动，要他承认错误并作检查，他不肯，引起了冲突。事后，教育厅强令开除钦本立等七名学生，经校长张印通等申请，才改为退学。沈咸震之后，教育厅任命34岁的沈乃昌为联高的训育主任，同时负责教公民课。他到处监视学生的一举一动，做学生思想的检察官，被学生视为蛇蝎，难怪查良镛以"眼镜蛇"喻之。

查良镛一时兴起，借阿丽丝之口说出了广大学生心里想说而不敢说的话，完全是童言无忌，根本没想到后果。他后来自述："我高中一年级时，在学校壁报上撰文讽刺训育主任沈乃昌先生而被开除，是我一生中最大的危机之一。因为给学校开除，不但失去了继续求学的机会，连吃饭、住宿也发生问题，后来终于在原校长张印通先生及旧同学好友余兆文君的帮助下进入衢州中学，那是生死系于一线的大难。"

如果不是张印通校长勉力将"开除"改为"退学"，他将立即面临失学和生活问题的威胁，所以他一生不忘这位慈爱的老校长的恩德，一再提起这件事，对这位校长充满敬意和怀念。

3

1942年秋，因不容于当时的教育厅，张印通辞去校长职务，拟应聘去龙泉浙江大学任教。去龙泉前，先返回嘉兴探亲，因母亲年迈多病，遂辞去浙江大学教职，隐居乡间。1946年2月浙西一中回到嘉兴复校，张印通再度出任校长，并任嘉兴县临时参议会议长。1949年5月嘉兴解放后，张印通仍任嘉兴中学校长。1954年受到错误处理，回老家务农。1969年2月因病去世。

多年后，嘉兴市政协文史会为缅怀人民教育家张印通，特召开纪念表彰大会，出版《纪念张印通先生》一书，金庸来电说："张印通老师是我的恩师，对我一生教导嘉惠良多，数十年来时时思念，不敢忘怀他的恩德。得悉六日举行纪念会，既悲且喜，泣下良久。惜为事务所羁，未能来禾在恩师遗像前鞠躬致敬。谨驰电深致感念之情。香港查良镛 1986 年 4 月 5 日"。嘉兴简称"禾"。

1992 年 12 月，金庸重返母校，在校园碧绿的草地上，矗立着老校长张印通的铜像，上面是"敬爱的张印通校长 弟子金庸敬题"的字样。金庸面对铜像深深三鞠躬后，眼里已是热泪盈眶。随后，他题诗留念，感慨系之："当年遭寇难，失哺意傍徨。母校如慈母，育我厚抚养。去来五十载，重瞻旧学堂。感怀昔日情，恩德何敢忘。"

在阶梯式报告厅，面对青年学生一张张青春的笑脸和发自内心的掌声，金庸说："我曾在这里学习三年，你们就叫我大师兄好了。"说到此，他哽咽着语不成声："刚才我在张印通校长铜像前鞠躬时，想起了当年恩师对我的教诲，一个人要一生一世记得人家对你的好处，我们做人不能忘本，将来要记得报答。考取大学并不是很重要，做人才是件很重要的事，要做对得起自己的事，请各位千万记住。"

2004 年金秋，金庸来到丽水旧地，重游碧湖联校旧址时，勾起对昔日师友的无限情思，笔下一泻，竟有些伤感："今来旧址忆故人，不见前辈心耿耿。"

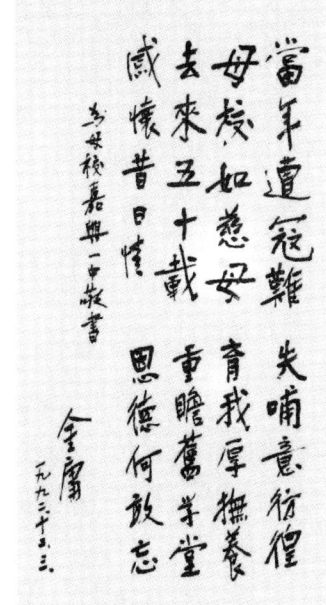

金庸题词
（资料图片）

老尚风流是寿征
——中学老师章克标

十几年前，中央电视台《东方时空》在节目开始的叠放图片中，有一个"百岁做新郎"的镜头，十分引人注目。那位耄耋老人是金庸的中学老师章克标。

沪上作家余秋雨曾经为这位老人的新婚题词："面对百岁老人，无异面对一个生命的奇迹。如果这个生命又盛载着文化，那么，生命的奇迹就变成了文化的奇迹。"

1

上世纪八十年代中，浙江海宁人张敬夫看见一篇新闻报道说，邓小平在北京接见香港明报社长查良镛，得知金庸就是他中学时代的同学查良镛，便写信给金庸，信中提及，他们的数学老师章克标还活着，在海宁颐养天年。

1989年2月21日金庸修书一封致章克标，忆及当年师生情谊，其拳拳之心跃然纸上："克标吾师尊前……得悉吾师安健，至以为慰。生当年在嘉兴中学读一年级时，蒙授以数学，吾师笑貌风采，至今不忘……"

金庸回故乡拜望中学时代老师章克标（方炳华摄）

1936年，少年查良镛就读于浙江省立二中（今嘉兴一中）念书，章克标是他的老师。查良镛知道，这位说话笑咪咪的老师，也是浙江海宁人，曾经和他的表哥徐志摩一块办过杂志。早年赴日留学时，19岁的章克标第一次从家乡到上海，就寄住在徐志摩父亲徐申如开设的三泰客栈里。

在日本苦读了八年，毕业于京都帝国大学数学系，回国当过一段时间教师后，章克标弃"数"从文。1926年他在上海与胡愈之、丰子恺、叶圣陶等人共同轮值主编《一般》月刊，同时与滕固、方光焘等人创办我国新文学早期著名社团之一的狮吼社。1928年章克标进入开明书店，主编当时影响广泛的开明数学教科书以及《开明文学词典》。一年以后，他参与创办时代图书公司，这个公司后来成为三十年代中国规模最大的出版机构之一。章克标出任时代图书公司的总经理，并主编《十日谈》旬刊。后来，他与林语堂、邵洵美等人一起创办《论语》杂志，竭力提倡文学的"幽默"和"性灵"，在新文化文坛上声名大噪，著有杂文集《风凉话》、《文坛登龙术》，长篇小说《银蛇》，短篇小说集《蜃楼》、《恋爱四象》，译作《菊池宽集》、《谷崎润一郎》、《现代日本小说选集》等；还编辑有《文学入门》、《开明文学辞典》等。因而，他被当时的"左联"划归为"论

105岁时的章克标
（资料图片）

章克标（资料图片）

语派"，用现在的话说，他是"海派"小说的代表人物。

1933年5月，一部名为《文坛登龙术》的杂文集在上海出版，作者是章克标。这部作品一问世便受到人们瞩目，赞赏者有之，申斥者有之……大约也由于此，书销得很好，当年便重版两次。作品以幽默的笔调把当年文坛的种种状态不无调侃地描述出来，书的开首写道："文坛登龙术！多响亮，又是多美好的一个名词，音节好而且看起来也好，在你心神上引起的联想又是好。你不是会想到文坛要招一个乘龙快婿吗？你不是会想到一登龙门身价百倍吗？你不是会想到龙潜于渊龙跃于天吗？不能有再好的名词了。"不久，鲁迅以此书名为由头，写了《登龙术拾遗》一文。仔细阅读鲁迅这篇短文，不难看出，没有读过此书的鲁迅，显然只是做了一篇搭题文章，内容则是批评邵洵美的。也许因为章克标与邵洵美同为狮吼社的主要成员，且关系甚好的缘故，便被鲁迅看作是邵家帮闲，挨骂了。

章克标的这本书还得罪了许多左翼作家，在上海呆不下去了，他才悄悄回了嘉兴以避风头。

章克标在省立二中任教时，章克标见班上的小同乡查良镛天资聪颖，勤奋好学，倍加赏识。查良镛不仅数理化优异，英语和国文两门课尤为出色，还能写一手好文章，是学校墙报的主角。一天放学后，有一个学生跟章克标聊天，"如果有一本书教我们怎样考上高中，我一定去买来看。"在旁的查良镛听了突发奇想：用我们初中生的经验，写一本书，告诉小学生怎样考上初中。这主意得到几位同学的赞同，分头编写，由查良镛主编。不久，一本《给投考初中者》的书印成了，不仅畅销浙江，还销往江西、福建等地。

15岁的查良镛早早显露出他非凡的写作天赋和经营出版业的才能。此后，章克标更加看重这位学生，常借书给他读，把自己刚出版的《算学的故事》一书送给了他。

章克标的《算学的故事》，1935 年由上海开明书店出版。1956 年，金庸在《大公报》上写过一篇《圆周率的推算》，提到章克标的这本书，金庸写道："我在初中读书时，教我数学的是章克标先生，他因写小说出名，为人很是滑稽，同学们经常和他玩闹而不大听他讲课。他曾写过一部《数学的故事》，其中说到有一个欧洲青年花了极长的时间，把圆周率推算到小数点后六百多位。这个圆周率，当然是毫无实用价值的。"金庸将"算学"记成"数学"了，"算学"是"数学"的旧译。这篇文章收在《三剑楼随笔》里。

　　在嘉兴中学，这对师生相处时间仅两年，但书来信往中，金庸常表达想念之情，说："若能抽身回乡，当叩见吾师。"

2

　　果然，1992 年底金庸重返内地，寻师访友来了。12 月 3 日上午，在海宁宾馆，金庸步入会客厅，一眼认出坐在沙发上的章克标老师，高声地一声呼唤："章老师，您好！"急走两步，恭恭敬敬地行了一个九十度的鞠躬礼！此刻，章老师早已热泪盈眶，对身旁的人说："查良镛从小到大是好样的，是尊敬师长的榜样，我活到今年 93 岁了，像今天这样向我鞠躬的，他是第一个。"

　　那天，金庸对老师说："分别五十多年了，今天才看您……这几十年来当记者，办报纸，写小说，承蒙您当年的教诲。我在嘉兴一年级时，您教我们数学，印象最深的，是教圆周率，您一直能推算到小数点后一百多个数位，整整写满两张纸。"他对身旁的人说："老师很幽默，一次晚自习，有个调皮的学生故意问章老师 English 怎样读，老师随口道'洋格里稀'……"

　　让金庸感到不开心的，是这位三十年代的"海派"作家竟然被"罢笔"了五十多年。上世纪五十年代，章克标因被鲁迅先生骂过而遭到批判。对此，章克标从不隐讳，作了坦率的交代与深刻的反省。但是，他还是被开除公职赶回海宁接受监督劳动，直到1985年才得以恢复自由。

此时，年已85岁的章克标竟焕发了创作第二春。每天执笔不辍，甚至每天以四五千字的写作速度，与时间赛跑，先后出版了《七色草》、《文苑草木》等散文随笔集和长篇回忆录《九十自述》，记述他从事文学活动的所见所闻、人和事。

1996年11月，金庸再次返回故乡，请章克标共进晚餐。老师的长寿，引起了金庸的好奇和关注。席间，金庸问老师有没有延年益寿的秘诀。章克标的回答，实在令人好笑，无异一个"黑色幽默"。他说，当年他被开除公职后，从此没有了"饭碗"，因为吃不上饭，每天只得以稀粥充饥。在他海宁的老家墙上，张贴着一张他手书的食谱，即上顿是粥，下顿还是粥。他喝了足足三十多年的粥，没想到，原本衰弱的身体强壮了，喝粥喝得什么病也没有了。"白粥清淡养胃，又易消化，我的长寿，吃粥吃出来的。不信，你回到香港也试试"。章克标对金庸说。

1997年2月，北京电视台赴港拍摄回归专题片《方寸国土万千情》，摄制组一行采访金庸，金庸十分动情地说："今天我很高兴，香港就要回归祖国了。你们应该去拍摄我的故乡，浙江海宁有我的母校，还有我的老师，他今年已经98岁了，给过我许多教诲和帮助，如今他老而弥坚……"于是，摄制组一行专程来海宁，将镜头对着了章克标……

1998年2月，海宁的文学朋友为章克标做寿，金庸从香港发来贺电："今吾乡诸公为师称觞贺寿，良镛远在海隅，未克举觞当面为师祝贺，谨书数语，愿吾师身体康宁，欢乐颐养，数载之后，良镛当造门祝寿，更受教益也。受业学生查良镛谨书，一九九八年二月十八日。"此时，章克标九十九岁。

3

1998年11月20日,山西作家韩石山来到海宁,之前他看过章克标《文坛登龙术》,一直想拜访章克标老人。笔者和另外两位文友陪同,一道来到老人居住的桃园里新村。

章克标的妻子李觉茵前年过世,他孤单单地住两间屋,洗衣做饭跑邮局均自个做。韩石山埋怨我们道:"你们只关心他的文学,怎么不关心他的生活,得给他找一个妻,老人离不开老伴呀!"此时,笔者突然想起刚刚发生过的"女明星登报征婚"事件,便信口说:"章老,您也可以在报纸上登一则《征婚启事》么!"。老人笑了。韩石山对我们说:"章老太孤单了,你们得关心他做这个事"。

没想到,韩石山的一句调侃,竟然引出了中国文坛一场"百岁征婚"的大奇事。

12月初,章克标在给友人的信中,戏写了一则《征伴求侣启事》,他写道:"本人,1900年生,年正百岁不老。前年老伴仙逝以来,初时颇感得到解放自由之乐;但一年之后,又渐觉孤独单调难耐,深感男人的一半是女人的大道理有道理。为此广告征伴求侣,以解孤寂。"朋友觉得好玩,将这封信转寄给了媒体朋友。章克标生于1900年7月26日,农历七月初一。

1999年1月13日,上海《申江服务导报》头版刊登了章克标亲拟的这则征婚启事和他的大幅彩色照片。"百岁老人征婚"一时成为街头巷尾的谈资,为章克标的勇敢叫好者有之,批评章克标老不正经者更有之。

此刻,章克标正像他的学生金庸笔下的"老顽童"了。经过郑重挑选,他终于找到了情投意合的"另一半"。哈尔滨的退休干部刘桂馥是那次应征者中的一位,当时57岁,成了章克标的新妻子。章为这个小他43岁的爱妻取名"林青",取自海宁土话"灵清",意为妻子灵清聪慧。

1999年8月25日,百岁老人章克标新婚喜庆宴会在上海延安饭店举行。老师新婚,学生理当赴宴面贺,但金庸太忙,收到请帖却没能赴宴,他给章老师发来了贺电,贺电中化用袁枚诗句:"老尚风流是寿征",对此美事啧啧称赞一番:"百岁新婚,佳话流传千年,海外文人众口宣扬,生亦有光焉"。

百岁新婚之际,章克标把他一生的经历写成三十余万字的回忆录《世纪挥手》,金庸为他题写了书名。2005年重阳节,105岁章克标终于被吸纳为中国作家协会会员。

2007年1月23日,章克标以108岁高龄在上海辞世,新华社发布消息称,"章克标可能是中国现代文学史上最长寿的一位作家。"9月8日,章克标的碑像落成仪式在上海松隐山庄举行,金庸敬献花篮,上面写着:"永远怀念章克标先生"。

章克标(资料图片)

"一事能狂"忘年交
——副刊编辑陈向平

在师长辈中,对金庸影响最大的老师是副刊编辑陈向平,因为金庸的第一次投稿是投给陈向平主持的《东南日报》副刊,他发表的第一篇文章是由陈向平编辑修改的,他的第一篇小说是在陈向平的影响下动笔创作的,他的记者生涯是在陈向平的推荐下开始的。可以说,陈向平是金庸办报、从事写作的第一位启蒙老师。

陈向平(资料图片)

1

1941年9月初的一天,陈向平从来稿中发现一篇散文,标题是"一事能狂便少年",眼睛一亮:这是国学大师王国维七律《晓步》中的一句,全诗是"兴来随意步南阡,夹道垂杨相带妍。万木沉酣新雨后,百昌苏醒晓风前。四时可爱唯春日,一事能狂便少年。我与野鸥申后约,不辞旦旦冒寒烟。"

一查，这篇文章的作者叫"查良镛"，海宁人，原来是王国维的一个小同乡。

陈向平又名陈增善，1909年5月生于上海大场陈家宅。1926年在宝山县立师范读书时参加了中国共产主义青年团，开始阅读马列著作和鲁迅、郭沫若等作品，积极参加革命活动。毕业后在宝山潜溪小学及宝山、常熟等地的民众教育馆工作，组织发动了宝山县立小学教师罢教索薪的斗争。抗日战争爆发以后，陈向平随第八集团军战地服务队参加了抗日救亡的宣传工作，以后随军撤到金华并留在浙江从事抗日活动，并秘密加入了中国共产党。1939年，陈向平打入《东南日报》主编《笔垒》副刊。《东南日报》是当时国民党江、浙、闽一带的大报，在白色恐怖的艰苦环境中，他巧妙地利用了国民党的舆论工具，组织进步作家撰稿，揭露国民党统治的黑暗面，宣传抗日。那时候，陈向平主持的《笔垒》副刊在东南数省的知识分子和青年学生中有广泛的影响。

查良镛开门见山地写道："去年，我的一位好友被训育主任叫到房里去，大大的教训了一顿。训到末了，训育主任对他说：'你真是狂得可以！'是王国维先生说过罢：'一事能狂便少年'。狂气与少年似乎是不可分离的……"显而易见，作者锋芒毕露，指向国民党的训育制。当时，国民党向全国学校派遣训育主任，驯化学生忠于一个主义、一个党、一个领袖。陈向平不知道的是，查良镛读初中一年级时因在壁报发文讽刺训育主任，因言罹祸才被迫转入衢州中学的。此文虽是为同学鸣不平，也是为自己的遭遇而感慨。

陈向平欣喜地往下读——

"狂气，我以为是一种达于极点的冲动，有时甚至于是故意的盲目，情情愿愿地撇开一切理智考虑底结果。固然，这可以大闯乱子，但未始不是某种伟大事业的因素。像我们不能希望用60度的水来发动蒸汽机一样，一件惊天动地的事业要以微温的情感、淡漠的意志来成就，那是一件太美好了的梦想。我要这样武断地说一句：要成就一件伟大的事业，带几分狂气是必需的……"

这篇散文用字典雅、犀利而充满活力，陈向平欣赏之余有点担心他的处境，便将署名改为"查理",将文章放在"笔垒"第874期头条发表。这篇《一事能狂便少年》便是查良镛第一次公开见诸报端的文字,算得上"处女作"了。

2

不久,陈向平从金华到邻近的衢州出差,专门到石梁寻访"查理"。在山坡上一幢旧式阁楼里,陈向平见到"查理",觉得惊奇,《一事能狂便少年》的文章竟出自一位十六七岁的高二学生之手。

两人一见如故,谈得很是投机,陈向平对他说:"报纸的任务是教育读者,目前是抗战,你们学生不能只读课本,鼓动宣传的事也要学一点的。写文章不能迎合读者的心理而降低水准,应该以正确的道路指示读者。"

查良镛正有点懵懂地琢磨着这话的涵意,陈向平已经拿起旁边书架上的一本《唐人传奇》翻看着。"好啊!课外书不仅对你的写作有帮助,还可让你明事理,长知识,你应该多多阅读多方面的书。"他推荐了巴金的《家》《春》《秋》等新文学书籍。

两人一块在食堂吃饭,陈向平问他:"你打算今后怎么办?"查良镛回答:"高中毕业以后,我准备到内地报考大学。"陈向平微微点了点头,说:"去云南吧,考大学最好考西南联大。"他告诉查良镛,抗战期间,迁入的云南高校有十几所,最著名的是国立西南联合大学。西南联大是由国立北京、国立清华大学和私立南开大学联合而成,荟集了一批著名学者,师资充实,人才济济。查良镛不知道,陈向平还是个共产党人,他是希望日后有机会,把良镛这样的青年才俊笼络到共产党队伍里来。

此后,查良镛与陈向平成了忘年交。当年12月7日,陈向平编发查良镛的《人比黄花瘦——读李清照词偶感》一文,次年9月3日至8日,查良镛的散文《千人中之一人》经陈向平润色后在"笔垒"副刊连载。后来,查良镛还写了

一首七言长诗,引经据典,低吟浅唱,歌颂战火中的青春和友谊。发表时,编辑陈向平还特地加了编者按,说这是百里挑一的佳作,

1943年夏,查良镛按照陈向平的指点,约了几名同学辗转到了昆明,真的报考西南联大。轮到下午考化学,中午吃完饭,看看还有空余,良镛就和人在茶馆下围棋,两名同学在旁观战。一不留神,时间过了头,他们急匆匆飞奔着赶到考场,已经开考。凑巧,监考的女老师是陈向平的堂妹,读过查良镛的文章,认识他,卖人情让他们进了考场。查良镛同时考取了西南联大和政治大学,因西南联大路远,而国立政治大学是公费待遇,他就进了重庆的政治大学。

到重庆以后,查良镛保持着与陈向平的书信联系,常在报纸上读到老师的文章。金华沦陷后,《东南日报》迁福建南平出版,陈向平在《笔垒》上发表了一篇揭露"孔二小姐"在香港沦陷时带狗坐飞机去重庆的杂文,引起轰动。1945年,国民党政府扩建大场机场,强行霸占农民大片土地,不付拆迁费和征地费,群情鼎沸。陈向平在上海各报发表文章,进行揭露和抨击,直闹到国民党中央,才得到合理解决。其实,对陈向平的身份,报社中的国民党要员曾经怀疑过,采取种种手法进行试探,陈向平总沉住气,用巧妙的言辞应付了过去。在报纸编辑的掩护下,他还策动国民党空军人员起义,争取了多架国民党飞机飞向解放区。而查良镛不知道这一切,对老师仗义立言的胆量感到惊异,他在信中崇敬地说:"您身为正派、儒雅之人,真正是一个有血有肉有担当的勇夫,良镛敬仰之。"

无论是文字上的点拨,还是人生道路选择上的指示,陈向平对良镛一直有所关照。在信中,他要求查良镛"以后还要特别注重常识,须知常识是我们人生最重要的学问。常识在前人生活的印迹之中,在书籍报章的记述里面,读之便会增进见识、才力、智慧……"

在重庆,查良镛的文学创作没有停歇,曾经写过短篇小说,题目为《白象之恋》,参加重庆市政府举办的征文比赛,获得二等奖,署的是真名"查良

镛"。题材是泰国华侨的生活，采用新文学的形式。

在陈向平的影响下，1945 年 2 月，查良镛与人合伙创办《太平洋杂志》，他任主编。创刊号上发表了他写的长篇小说《如花年华》，仍以"查理"为笔名连载。这第一章有 9000 字左右。小说写一个名叫王哲的南洋侨商之子，不幸父亲去世，遗留了大笔财产待他继承。19 岁的他，回国在江南某城海滨大学外文系念书。他母亲是一位美术素养极高的女性，从小有绘画天赋。一天，母子俩在海滨游玩，绘画写生，邂逅一个失去妈妈的 8 岁女孩，故事便由此生发开去……小说文笔清新，节奏明快，语言活泼流畅，采用了新文学的形式撰写。在创刊号"本期内容"栏目中，这样介绍它的梗概："《如花年华》长篇创作，描写孩童的天真，青年的热情，爱情的真挚，人生的命运等。格调高超，意境清艳，每章自成一段落。"

创刊号甫一面市，3000 册不久便售罄。这给金庸极大的鼓舞，于是，他便积极编辑《太平洋杂志》第二期。长篇小说《如花年华》的第二章也已脱稿，后来，因为金庸及其合伙人无法筹措到第二期的印刷经费，而不能付梓问世。出自金庸手笔的一段精彩的小说创作，便与第二期的其他稿件一起丢进了字纸篓。面对如此困窘的局面，金庸无奈地放弃了把《如花年华》继续写下去的念头。一部长篇佳构就这样不幸地流产了。

抗战时期，金庸在重庆撰写小说，可以说是他二十几年后成功地创作大量武侠小说的练笔，也是他文学事业的啼声初试。

抗战胜利后，金庸回浙江时与陈向平有过一次短暂的会面，陈向平赠给他几本茅盾的小说。

3

1946 年夏，陈向平收到查良镛的信，邮自浙江海宁。信说："……陈老师，还记得良镛载于《笔垒》的文章，一事能狂便少年，前年，良镛在国立政大念外交系，有一位思想开明的同学被拉到台上挨了打，良镛气愤不过，找了训导主任辩理，不满意这种专横，不意被学校当局开除。良镛在湘西油茶农场年余，发展未果，故回浙江家中闲待。战争流离尚已结束，良镛思虑再三，欲在杭州谋一职糊口……"

这一年，查良镛二十三岁。眼下的家境不允许他继续求学，他欲去杭州谋职，忆起了《东南日报》编辑陈向平。抗战胜利后，《东南日报》兵分两路，一路在上海作为总社，陈向平主编《长春》副刊；一路回到发源地杭州，成立分社继续出版。热心的陈向平向杭州《东南日报》总编辑汪远涵推荐了查良镛。这番推荐，使良镛顺利踏进了报界的大门，从而让中国多了一个著名报人。

当年8月9日，查良镛乘车从海宁到杭州，进入《东南日报》做译稿记者，收录英语国际新闻广播，编写国际新闻稿。

1988年，汪远涵曾与金庸通信，旧事重题说到陈向平："1939年在金华期间，我和陈向平先生一起进入《东南日报》。他这个人十分热情，对青年学生格外亲近友好。……《东南日报》的国际新闻稿完全来自美国之音和大英广播电台的消息，上海总社的陈向平先生介绍你来杭，做这份收听和翻译的工作。……陈向平询问过你在《东南日报》的境况，我说你英文水平相当高，行文流利，下笔似不假思索，翻译特好。"

查良镛在《东南日报》工作一年有余，1947年9月离开杭州赴上海做《时与潮》杂志社译文编辑，也是陈向平向人推荐的。不久，查良镛考取全国闻名的《大公报》获新闻记者职。陈向平曾对《大公报》上海分社经理吴政之夸说他的才能："别看他年轻，笔头却很老到，而且才智敏捷，有自己的主张，既懂国际知识，又能代社长起草社论，人才难得啊！"次年《大公报》设香港分社，吴政之派查良镛前往……

1949年春，查良镛与杜冶芬的婚典在上海举行，陈向平以好友身份出席。

2004年10月,金庸来到丽水旧地重游。(雷云飞摄)

2007年,金庸向央视《艺术人生》讲述启蒙老师陈向平。(资料图片)

《东南日报》在杭州时的社址(资料图片)

据婚典操办者、金庸的同学沈德绪回忆,那时为迎接解放,陈向平组织上海教师成立护校委员会,日夜操劳,但接到查良镛的结婚请帖后他还是来了。后来,金庸在给陈向平的信中说:"当年新婚之时,为兄嘱弟另谋新职,不宜离沪,良镛固执决意赴港,终致家室不就,而今忆及,感念兄之嘱言至诚至善也……"

建国后,陈向平曾任上海市教育局研究室主任,新知识出版社副社长,上海古典文学出版社副社长,中华书局副总编辑等职务。1974年10月13日,因长期遭受政治迫害身患疾病的陈向平逝世于上海,终年65岁。当年婚礼上一别二十多年,狂气少年查良镛成为了武侠小说家金庸,他对师长的敬重却从未递减,然而由于政治环境的原因,这对师生不得相逢。

1999年,金庸出任浙江大学人文学院院长,他在给传播系学生谈论办报生涯时,回忆起当年在《东南日报》的岁月,情真意切地说道:"四十年代我在陈向平主持的《东南日报》发表过散文。编辑陈向平是一个有胆识的人,坚持真理,人家要杀掉他,他也不怕,给过我很多启发。因而我在香港办报纸是拼了命来做的,是准备把性命牺牲,把报馆也准备让他们铲掉的。我办报不能说成功,只能觉得自己一生运气还不错,蛮好的,碰到一些关键问题,常常自己做的选择做得比较好的,都对自己有利的。可以说,当年遇到陈向平是我的运气,他教我如何读书、写作、做人……"。

金庸成为著名报人和小说家以后,最先想到的仍是启蒙老师陈向平最初的、那番功不可没的教诲。

精诚合作三十年
——同学沈宝新

说起老同学,金庸将沈宝新摆在第一位:"和我共同创办《明报》的沈宝新先生,是我初中三年级时的同班同学。1938年开始认识,二十一年后的1959年同办《明报》,精诚合作地办了三十几年报纸,到今年已四十九年。在共同办报期间,挑拨离间的人很多,造谣生非的事常有,甚至到现在也还有。但我们互相间从不怀疑,绝无丝毫恶感。前年我因心脏病动大手术,宝新兄在医院中从手术开始到结束,一直等了八个半小时。"①

人生之可贵者,莫过于得良师益友,金庸与沈宝新这样根深蒂固的友谊,令他们赢得了他们的事业,也成为金庸传奇生涯的一段佳话。

1989年金庸、沈宝新在《明报》30周年报庆时(傅国涌提供)

沈宝新(左1)夫妇与金庸长女查传诗(中)(傅国涌提供)

---

① 《探求一个灿烂的世纪(金庸/池田大作对话录)》,北京大学出版社1998年版。

1

沈宝新，浙江湖州人，比查良镛年长3岁。最早与查良镛同学是在1939年，在丽水碧湖读初三时。

那年，日寇全面入侵中国，上海、杭州等地先后沦陷，嘉兴、湖州也岌岌可危。嘉兴中学师生在校长张印通带领下踏上了千里流亡之路，经过近两个月艰苦跋涉，终于来到了当时浙江抗战的大后方——山城丽水。金庸进入了在碧湖的由杭嘉湖等地区迁来的几所中学组建的联合高中初中部读书。查良镛是级长，沈宝新喜欢打篮球，是级队的选手。

年底，15岁的查良镛出版了他生平第一本书。当时，良镛正准备参加初中升高中的考试而天天忙于功课，放学后，他还要和两位要好的同学一块儿复习。有一天，他突发奇想，考高中这么辛苦，何不编一本小学升初中的参考书，可以减少考初中同学的复习时间。他把这个想法和张凤来等两个要好的同学一说，他们都表示赞成，说干就干，并推选查良镛为主编，三个人合编了《献给投考初中者》，并赶在考试前由丽水的一家书局印刷出版，此书不仅畅销浙江，还远销到江西、福建，甚至重庆等省市。这本书的畅销使查良镛他们得到了不少的稿酬，使金庸不仅有了在抗战期间的生活费，还使他有能力接济一些有困难的同学。沈宝新就是受助同学中的一个。

1970年，查良镛在《明报晚报》创刊纪念会上深情地回忆道："高中一年级那年，在浙江丽水碧湖就读，曾写过一篇《虬髯客传的考证和欣赏》登在学校的墙报上，明报总经理沈宝新兄和我那时是同班同学，不知他还记得这篇旧文否？二十余年来，每翻到《虬髯客传》，往往又重读一遍，我一直很喜爱这篇文章……"[1]

沈宝新记得，当年查良镛考证《虬髯客传》是我国武侠小说的鼻祖，曾写过一篇关于《虬髯客传》的论文，登在学校的墙报上。论文题目是《虬髯客传的考证和欣赏》，主要考证该传的作者是杜光庭还是张说，因为典籍所传，有此两说，结果他发现还是杜光庭说证据较多。杜光庭是浙江缙云人，是个道士，

---

[1] 查良镛：《三十三剑客图》，《明报晚报》1969年12月1日。

学道于天台山。在唐朝为内供奉，后来入蜀，在王建朝中做金紫光禄大夫、谏议大夫的官。王建死后，在后主朝中被封为传真天师、崇真观大学士，后来退隐青城山，号东瀛子，到八十五岁才死，著作甚多。查良镛提出了"中国武侠小说发源于丽水"的观点，其时教高中三年级国文的老师钱南扬先生是研究元曲的名家，居然对此文颇加赞扬。

小孩子学写文章得老师赞好，查良镛自然深以为喜。沈宝新认为，《虬髯客传》这篇唐人传奇为现代的武侠小说开了许多道路，是唐人传奇中最突出的代表：有历史的背景而又不完全依照历史；有男女青年的恋爱；男的是豪杰，而女的是美人；有深夜的化装逃亡；有权相的追捕；有小客栈的借宿和奇遇；有意气相投的一见如故；有寻仇十年而终于食其心肝的虬髯汉子；有神秘而见识高超的道人；有大量财富的慷慨赠送；有神气清朗、顾盼生辉的少年英雄；有帝王和公卿；有驴子、马匹、匕首和人头；有弈棋和盛筵；有海船千艘甲兵十万的大战；有兵法的传授……查良镛则说："所有这一切，在当代的武侠小说中，我们不是常常读到吗？这许多事情或实叙或虚写，所用笔墨却只不过两千字。每一个人物，每一件事，都写得生动有致。艺术手腕的精炼真是惊人。当代武侠小说用到数十万字，也未必能达到这样的境界。"

1940年7月，查良镛在壁报上发表了一篇名为《阿丽丝漫游记》的文章，讽刺由国民党派到学校的训育主任沈乃昌，被迫退学离校。查良镛与沈宝新就此分离。查良镛写给同学的赠词是："一席言把心深许，只有良朋笑问：考后还剩功课几许？而今乍觉别离滋味，一向眼前常见心不足，怎禁得真个分离！须知不久须相见，一日甚三秋天气……"

沈宝新后来在浙江大学攻读农业经济，毕业后曾在中国邮政、储汇局银行工作，1946年去了香港。

2

1948年，查良镛也到了香港，和分别多年的沈宝新在香港碰上了，老同学相见，自然很亲热，以后两人就常来往。几年后，查良镛成了金庸，《书剑恩仇录》《碧血剑》《射雕英雄传》《雪山飞狐》先后在《新晚报》、《香港商报》上连载。沈宝新则在嘉华印刷厂当经理，印刷过《射雕英雄传》的单行本，是最早的"金庸迷"。

1958年，盗版翻印武侠小说的情况在香港非常普遍。当年金庸每天写一千字，由于当时没有版权的意识和法例的保护，因此金庸的小说，每七天就被人结集盗印成单行本出版。金庸在《新晚报》上连载的武侠小说，原是由三育图书公司结集出版，但是三育图书公司结集的速度，远远落后于盗印的速度。那天，沈宝新向金庸建议，办一份自己的刊物，登载自己的武侠小说。他说："与其给别人盗印成小册子发行，不如自己印，自己发行，自己赚钱。"他算了一笔账，金庸读者至少有三万人，自行出版，大可封了蚀本之门。

谈论之下，一拍即合。当年金庸在长城电影公司，尽管小有所成，但是都未造成大的影响，并不十分得志。听了老同学一席话，金庸打算自立门户，以自己的写作收入创办一份期刊，便邀沈宝新作合伙人。

沈宝新早年在中国邮政、储汇局银行工作过，有银行、财务方面的工作经验，到香港后做过印刷厂经理，积累了一定的出版印刷经验。熟悉他的人都说他是"一个随和、够义气的人"，人际关系好，对金钱从不计较，对朋友更重情义，又懂得经营管理。历经几十年的风雨沧桑之后，金庸回首往事，还感慨无比地说："我们从小就认识，很要好，他对我很忠诚，我也对他很忠诚，但我们彼此走的路线不同，沈先生在市场管理，机器和发行方面比较拿手……我跟沈先生合作到退休，合作无间，两人从来没有吵过架；他对我很尊重，我对他很客气，我们私交也不错。"[1] "我们两人个性都很温和，都不是斤斤计较的。"[2]

1959年初，他们注册登记了野马出版社，出八开的十日刊，以刊登武侠小说为主，刊名就叫"野马"。"野马"源自《庄子·逍遥游》，取其"很自由、有云雾飘渺"之意。这年3月，在《野马》筹备出版前两个月，他们租了尖沙咀弥敦道文逊大厦408室一个写字间，可以放四张书桌，请了《长城画报》的

---

[1] 何礼杰：《金庸对话录》，收入《金庸：中国历史大势》，湖南大学出版社2001年版。
[2] 冷夏：《文坛侠圣——金庸传》，广东人民出版社1995年版。

编辑潘粤生担任编辑。

然而，出了几期，《野马》的销路并不好。沈宝新认为，办小说杂志不如干脆办一份日报，报纸天天出，赚钱容易。金庸考虑后，觉得可行，最终决定改办日报。1959年，一份叫《明报》的报纸在香港注册，注册资金十万元，金庸占百分之八十的股权，沈宝新占了百分之二十。

那时员工不过寥寥数人，金庸是社长兼总编辑，还是主笔，负责编辑部的工作；沈宝新是经理，负责报纸的经营（包括发行、广告等），是营业部惟一的员工；编辑只有潘粤生（后来先后出任《新明日报》《明报晚报》《明报》总编辑）。由于人手不够，金庸做记者出身的妻子朱玫也加入《明报》，跑香港新闻，与丈夫同患难、共进退，成为《明报》最早的港闻记者，也是第一位女记者。

5月20日，《明报》创刊号标明"本港零售港币一毫"，"督印人沈宝新"等。发刊辞表明"公正、善良、活泼、美丽"的信条。

同一天，《神雕侠侣》开始在《明报》创刊号连载。一张纸，四开，四版，印数八千，没有卖完。

在《明报》最初惨淡经营的一年半左右时间里，有人说，《明报》的生存全靠金庸的武侠小说《神雕侠侣》维持，这不假，但也有沈宝新的功劳，因为一份报纸最重要的是：及时印刷完毕，准时送到读者手中，这样才能保证它的信誉。一份销量只有几千份的报纸是不会受到印刷厂重视的，而《明报》在最初的一年多时间里能够生存下来，沈宝新有不小功劳。沈宝新以前长期在印刷厂工作，对印刷行业很熟悉，正是由于沈宝新的努力，发行量很小的《明报》才得以及时印出，准时送到读者手中。查良镛当初拉沈宝新入伙，也正是看准了这一点，沈宝新解除了查良镛的后顾之忧，使他能全身心地投入到创作中去。

6月初，报社从九龙弥敦道搬到中环娱乐行，当年是午夜十二时截稿，凌晨出大样。慎记印刷公司担着多家报纸的印刷。为了早出报，沈宝新经常到了晚上排字的时候，请排字铺的伙计吸烟，希望他们先排《明报》的稿。凌晨三点报纸出版后，沈宝新又穿着睡衣到印刷铺，带着江浙口音的广东话对印刷工人说:"食烟、食烟。"逐个工友派发香烟,务求慎记工友善待《明报》。当时九龙报贩到香港岛取新闻纸,还是要坐"哗啦哗啦"小汽船。报纸过了凌晨三时才出版,许多报贩就不会要的了,这样也会直接影响报纸销量。

为了使报纸可以提早出版,1959年11月,《明报》又再转交给荷李活道30号的景星印刷厂承印。到了1960年3月,《真栏日报》学《银灯日报》用粉纸印,不再交慎记印刷。沈宝新知道这件事,马上与慎记接触,再把《明报》交给慎记印刷,取代了原来《真栏日报》的印报时间,可以早点把《明报》付印。通过沈宝新的努力,生产制作上的障碍畅通了,也有助《明报》增加销量。

从1959年到八十年代中叶,《明报》还没有建立起退休金制度,没有医疗保险,更没有在职训练、康乐等的津贴。员工在经济上碰上急需,如购买楼宇、结婚,就会向两位股东借钱。经理部的员工,会向沈宝新借;编辑部的员工,会向金庸借。金庸、沈宝新也会很爽快地借给他们,而且不收利息,还款期亦可以拖得很长。机房的工人因赌博输了钱而向沈宝新借,沈宝新也会借出,因此被员工们称之为"老豆"(即父亲)。在员工心目中,沈宝新已经不再是单纯的"老板"了。沈宝新对于自己被员工尊称为"老豆",颇感自豪。

3

《明报》最初只是一份四开报纸,属于名副其实的"小报",共分四版,第二、三版是"野马",刊登金庸的武侠小说连载,报纸没有新闻。

《明报》初创时期,销路一直不好,引致严重亏蚀,据说,有段时间金庸是靠典当来维持《明报》。幸好金庸有沈宝新这个好拍档,出钱又出力;妻子又身体力行,甘心与丈夫捱苦;而一班下属亦肯拚搏、肯捱苦,就算没薪水,都无怨言;他们总希望《明报》可以熬过去。

在出版的第十八天,《明报》才由"小变大",成了一张对开的大型报,增设了国际新闻版和港闻版。这个由小报变大报的决定,最先是沈宝新提出来的，纯粹是出于商业的考虑，拿香港的社会新闻吸引读者，同时大量增加广告。

六十年代初期，色情广告在香港报刊上出现的情况非常普遍，《明报》坚持不刊登这类广告，有时甚至连经理部收了订金，主管广告业务的沈宝新，也会把订金退回，坚决不予刊登。沈宝新认为，如果一家报章一旦刊登黄色广告，这些广告便会愈来愈多，会严重影响报格，所以《明报》自创刊以来，虽然初期经济非常困难，也绝不收黄色广告。

沈宝新坚持以增加报纸销量来吸引广告客户。在他的创意下，《明报》不定期推出"有奖填字游戏"，这种游戏，一直持续到1960年年中为止。第一期填字游戏在1959年6月23日见刊。"有奖填字游戏"的奖品，会是伊人牌高级优质恤衫一件，或是高级饼干一罐，或是名贵丝袜一对，为了鼓励参加者买《明报》，填字游戏会分两日举行，参加者一定要填好连续两天的表格，才能符合参赛资格。

《明报》创办时是没有马经的，创办人相信唯一可以依赖卖钱的是金庸的武侠小说。《明报》第二股东沈宝新喜欢赛马活动，也认为《明报》需要马迷的支持，于是向金庸鼓动要办马经版，开始金庸不愿背上海赌之名，对办马经版并不热衷。沈宝新再三说服了朱玫，在"枕头风"的吹拂下，金庸终于答应尝试一下。1961年2月1日，《明报》正式推出马经版。

沈宝新出面，重金礼聘专业马评人简而清、简而和兄弟担任马经版主编。平日有三至五栏为马经，赛马日则加印半张纸，除了第四版有一半版位是马经排位消息之外，增刊的半张纸，两版都是马经，有赛前对各场马匹的各种分析文章，还有各类赛马贴士，供读者参考。为了争取马迷读者，赛马日当天下午六时，还会增发第二次版，把当天赛马及大马票揭晓结果同时公布，比其他日报抢先一天见刊。

大股东金庸虽然一直反对大办马经版，但是为了报纸的生存，争取更多的读者，又不能不大办马经版。在这个矛盾当中，沈宝新只好把办马经版的行为合理化。在简而清兄弟主持之下，《明报》别开生面地主办了"明报杯贴士赛"。游戏规则很简单,由《明报》马经版出面邀请十四位马评人参加,每人在每个赛马日只可以猜一场头马,然后在整季赛事当中累积猜中头马次数最多、赢得累积奖金最多的夺魁。这种做法,在当时香港报刊界中是一种创新的方法。沈宝新特意向金庸说明,这是抄袭自英国权威体育报《体育生活》的"体育生活挑战杯"贴士赛的。这么多马评人愿意参加《明报》的"贴士杯赛",无形中也提高了《明报》在马迷心目中的地位。[①]

马经版为《明报》带来了读者和广告。每逢赛马日,报摊上就较难买到《明报》了。到了1961年下半年,《明报》销量已爬升到二万二千多份;1962年上半年,每日销量近三万份。《明报》已经摆脱了销数在一万多份上下徘徊不前的困局。

金庸与沈宝新为了再提高《明报》销路,于是效法《星岛日报》,在星期日加送一张副刊。当时沈宝新更找来外埠报纸《南洋商报》一齐合作,在香港及南洋各地,齐齐发行。这张随星期日《明报》赠送的副刊,名为《东南亚周刊》,主要是报道娱乐圈的消息。

周刊推出后大受读者欢迎。沈宝新向金庸建议,可将副刊办成一本独立的娱乐周刊,只要加多一些彩色,走一些适合家庭妇女阅读的软性文章,必定有销路。于是,《明报周刊》正式创办了。

1989年,《明报》发行量上升到18万份,发展成为一间拥有月刊、周刊、晚报"七兄弟姊妹"及出版社的报刊集团。5月20日,《明报》创刊三十周年,金庸和沈宝新功成身退,同时退出管理层。不久,《明报》易主。

《明报》伫立于香港30年不倒,沈宝新功不可没!

[①] 张圭阳:《金庸与明报》,湖北人民出版社2007年9月。

同窗谊在救命有恩
——同学沈德绪

沈德绪（资料图片）

金庸和同学沈德绪合影。
（沈德绪生前提供）

沈德绪是浙江省嘉兴县新塍镇人，出生于1923年11月，比金庸大一岁。从初中到高中，从入学时的嘉兴南湖到流亡求学时的丽水碧湖，沈德绪与金庸友爱5年，结下了真挚的感情。

1985年，金庸与沈德绪等老同学聚会，酒至三巡，金庸请他夫人、儿子站起来，当着全体宾客，朝着沈德绪说："我们一道向沈伯伯敬酒，我的命是沈伯伯救的！"

1

1936年进嘉兴中学时，沈德绪与查良镛成为同班同学。那时，查良镛在班上个子最小，长得瘦瘦的，头却大大的，同学们戏称他为"小萝卜头"，而沈德绪身材高挑，初看像个美国人。大个子沈德绪常常拿他寻开心，好几次把"小萝卜头"弄哭了。

有一次全班师生到嘉善野营,刚走一半路程,"小萝卜头"已累得气喘吁吁。沈德绪二话没说,抢过查良镛的行李放在自己的肩头。这回"小萝卜头"感受到同学之间的温暖。

沈德绪发现,查良镛学习方法特别,上课从不记笔记,听讲却十分专心,考试成绩非常优异,初中升学考时名列全校第二。查良镛课余特别爱好文学,看小说又多又快,一目十行,而又过目不忘,两三个钟头就看完一本书。他的字也写得既快又好。他跟沈德绪说:"写字一要清楚,二要快,三要漂亮。"

沈德绪学习也非常用功,上课时不停地记笔记,生怕漏掉老师的讲课内容。

1937年11月5日,日军在杭州湾登陆,嘉兴受到威胁。11月11日,沈德绪和查良镛随学校踏上千里流亡之路。12月底,嘉兴中学师生经过长途跋涉,步行到达丽水碧湖镇。1938年1月,沈德绪和查良镛同一批进入设在碧湖的浙江省战时青年训练团受训。三个月里,两人一同穿军装,打绑腿,着草鞋,一个番薯两人分着吃,亲密无间。

沈德绪(前左3)在嘉兴一家果树花卉棚内作技术指导(绿城提供)

1939年初，沈德绪和查良镛准备参加初中升高中的考试，放学后，两人一起复习功课，互相切磋。有一天，查良镛突发奇想，对沈德绪说："考高中这么辛苦，我们何不编一本小学升初中的参考书，让考初中的同学们阅读，可以减少他们的复习时间。"沈德绪说："好啊！"找来要好的同学张凤来，两人推选金庸为主编，三个人合编了《献给投考初中者》，并赶在考试前由丽水的一家书局印刷出版。这本书搜集了当时许多中学校的招考试题，加以分析解答，同时用一种易于翻阅的方式来编辑，出版后不仅畅销浙江，还远销到江西、福建，甚至重庆等省市。这本书的畅销使查良镛和沈德绪三人得到了不少的稿酬，有了在抗战期间的生活费，并接济一些有困难的同学。

一天，沈德绪对查良镛说："我有一个同乡，女孩叫朱帼英，是从家里逃婚出来的，想要读书没有钱，良镛，我俩一块帮助她，好吗？"放学后，沈德绪将一位含泪女孩唤到查良镛面前。

半个月前，15岁少女朱帼英，举着碧湖联合高中的录取通知书兴奋地跑回家。父亲眼皮都没抬一下，冷冷地抛出一句话："兵荒马乱的，念什么书？你早晚都是嫁出去的人，女孩子读到初中，够了！"怀揣着强烈读书梦的朱帼英，心被深深刺痛，她默默啜泣着。三天后，朱帼英看到男方送来的彩礼，悄悄离家"逃婚"了。来到碧湖后，她意外遇见了小学同学沈德绪。

此刻，查良镛安慰她："你别哭，我和德绪会帮助你的，只要学校收下你插班，你的学费我们替你交。我想你爸爸会同意让你上学的。"

这样，朱帼英成了沈德绪和查良镛的同学。

2

从1939年9月到1940年10月在碧湖联合高中时，沈德绪和查良镛还是同班同学。

有一次，查良镛读了英国小说家笛福的《鲁滨逊漂流记》。鲁滨逊被大浪冲到海岛边，这是一个荒芜人烟的海岛。孤独，刺激，冒险，鲁滨逊在与世隔绝的环境中，盖屋，打猎，播种，孤身一人，顽强地生活了二十八年。真实自然、富有传奇色彩的故事感动了查良镛，他跟沈德绪谈论着感想。

查良镛问同学："如果你是他，当船在暴风雨中失事的时候，你会像他那样不向命运低头继续远航吗？"

沈德绪老实地答道："不，如果可以选择的话，我不会去接受那充满困难和挫折的生活，因为我没有那份自信。"

查良镛接着问他："如果你是他，当独自一人置身于荒岛之上，叫天天不应，叫地地不灵时，你会像他那样不自暴自弃，重燃生的希望吗？"

沈德绪还是老实地答道："不，面对突如其来的灾难，我不可能像他那样因时顺变，积极自救，因为我没有那种能力。"．

查良镛说："是的，我们的生活缺少了惊险和刺激，因而我们没有鲁滨逊的坚强和毅力。"于是，暑假里两人约了朱帼英等同学，野营到了距校园9公里的一个孤岛上。

碧海、白云、沙滩、森林，这一切都显的那么生机勃勃，那么美！只见小岛上芦苇丛生，岛滩堆满乱石，小鱼小虾活动其中，沈德绪、金庸和同学用自己的双手在荒野中搭帐篷，自己埋锅做饭，生活了三天。

回校不久，查良镛患了疟疾病倒了，病得很重，一天到晚昏昏沉沉。当时由于日寇的全面侵华，碧湖联中的经济相当匮乏，学生中肺病、疟疾、伤寒、寄生虫、皮肤病五病流行，且缺医少药。沈德绪非常焦急，日夜陪伴照料。他向当地老农要了一个方子，拉着朱帼英等同学翻山越岭去采摘草药，煎熬后给良镛服下，退烧去疾，一连服用十多天，查良镛病情才好转，渐渐地完全康复。

查良镛 1944 年考入重庆国立政治大学外文系，因对国民党职业学生不满投诉而被勒令退学，一度进入中央图书馆工作，后转入苏州东吴大学（今苏州大学）学习国际法。抗战胜利后回杭州进《东南日报》做记者，1948 年在数千人参加的考试中脱颖而出，进入《大公报》，做编辑和收听英语国际电讯广播当翻译。不久《大公报》香港版复刊，金庸南下到香港。这几年，他常常惦念着同学沈德绪。当年告别时，他竟声泪俱下，多次哽咽，那一副为同学委屈的表情和难舍难离之状，查良镛记忆犹新。

　　1985 年的一天，查良镛、沈德绪、朱帼英等几位老同学在杭州聚会，酒至三巡，金庸请他夫人、儿子站起来，当着全体宾客，朝着沈德绪说："我们一道向沈伯伯敬酒，我的命是沈伯伯救的！"①

3

　　1947 年一个秋风送爽的早晨，查良镛来到浙大园艺场，看望同学沈德绪。

　　少年时同学久别重逢，分外亲切，两人一边赏景，一边娓娓交谈。德绪告诉同学，离别的第二年，日军进犯丽水，学校被迫解散，他逃往江西赣州，继续高中学业。1943 年夏，江西全省升学考试时，他以优异的成绩被保送进当时迁址于贵州湄潭的浙江大学农学院园艺系。1945 年抗战胜利后，浙江大学迁回杭州原址复学。两个月前，他大学毕业后被选留在园艺系任助教，兼职筹建园艺场，开展果树、蔬菜的引种工作。早在 40 年代，他与老师吴耕民一起进行蔬菜育种，曾育成了全国闻名的浙大长萝卜。

　　良镛告诉同学，他已经离开《东南日报》，已经在《大公报》当国际版的电译编辑有半年了，今天是来向他告别辞行的。

　　"好啊，《大公报》在上海，我们会经常见面的。"德绪说。

　　"不，我马上去香港了。"良镛说，《大公报》恢复香港版，他被确定为

---

① 《金庸与沈德绪》，《钱江晚报》2010 年 12 月 6 日。

派遣人员。

那段日子,查良镛正在恋爱,因在《东南日报》主编副刊而结识了少年杜冶秋,从而与其姐姐杜冶芬一见钟情。此前,他已在准备实现和杜冶芬春天时就计议好的事情,亲自向杜氏父母求婚,如果顺利,他希望在明年春天时去海宁完婚,以遂老父多年心愿。此刻拿着去香港的调令,他为难了。他去香港还没有征得杜冶芬的同意,他不知她对此会是什么态度。

"婚姻和职业一样重要,女孩子错过了就找不回来了。"德绪劝老同学赶快提亲,莫耽误了这段姻缘。

眨眼之间,查良镛到香港已经半年了,又收到了德绪的来信:"不知你在香港是否已经安定了,如果工作能脱开身,你回杭州来聚聚吧,我以为,现在就是你回来提亲的时候了……"查良镛什么时候回杭州提亲的,查良镛没告诉老同学。

1949年早春,查良镛和杜冶芬在上海结婚,婚宴设在康乐饭店,新婚洞房设在上海国际饭店。因为新郎远在香港,一切琐事均是沈德绪会同杜冶芬父母精心操持的。沈德绪数十年后回忆说:"那天,新郎倌良镛身穿白色笔挺西装,头戴他喜欢的巴拿马白色礼帽,始终面带微笑,向着来客们点头致意,接受着贺客的赞美……"

令沈德绪意料不到的是,这场弥漫着温馨喜气的婚姻竟是十分短暂的。1953年早春,查良镛再返杭州,与沈德绪、朱帼英以及查良镛胞妹查良璇等同学会聚,并在杭西子湖畔合影。良镛告诉德绪,他与杜冶芬已经分手。

后来,沈德绪与人谈起查良镛的这次婚姻破裂的原因,他说:"有些报纸说查、杜分离是因为查欲求职外交官遭妻子反对,迫不得已才分手的,这是无稽之谈。实际上,金庸想去北京外交部求职,目的是要回到国内,这也有妻子的意思,他是想挽回这段婚姻的。"他认为,"后来他俩离婚的主要原因,恐怕还是爱的基础不牢固,杜冶芬有点娇,不愿意留在香港吃苦。"杜冶芬独自回杭后,沈德绪曾经多次去她家说情,劝她回心转意跟良镛重归于好。

在碧湖浙江联
合初中毕业时
（傅国涌提供）

匆匆走过60年后，金庸与沈德绪殊途同归，有一段时间竟又走到浙江大学一起来了：金庸出任浙江大学人文学院院长；沈德绪当时任浙江大学园艺系博士生导师。沈德绪写了《果树育种学》《果树育种实验技术》《园艺植物遗传学》《柑桔遗传育种学》等14部学术著作，其中56万字的《果树育种学》在1996年就被译成外文出版。据他在申报中科院工程院院士的材料中统计，他培育的"浙大长"萝卜、"早雀钻"蕃茄、"黄花"梨等新品种在全国推广以来，据可靠的估计，为国家累计创造利润580亿元人民币。

1996年11月11日，沈德绪在海宁参加金庸小说研讨会的时候，前往袁花金庸旧居参观。他开玩笑地对友人说："金庸出版了十四部武侠小说，成了亿万富翁。我出版了十四部学术著作，为中国农民增加了五百亿元收入，却两袖清风。近来出版学术著作，还要自己掏钱！"

也许，这句话传给了金庸，金庸在写给沈德绪的信中说："我们两个都写了14本书，我写了14本武侠小说，是闲书，你写了14本科学的学术书，你培育的梨子又大又甜，大家爱吃你的水果，因此你的成就比我的大！"

翌年四月，沈德绪赴美国探视女儿归来，途经香港时看望金庸，得知他刚刚作过心脏"搭桥"手术，便劝他以后静心休养，不要经常外出旅行了。金庸嘻嘻一笑回答："生命在于运动，静坐在家里莫是让各个器官都堵塞了，我还是要多去走走，看看，看的要有意思，走的要留有脚印，不能老是麻烦人家。"

2002年8月2日，80岁的沈德绪因心脏病突发而去世，金庸以挽词"同窗谊在救命有恩"悼念老同学。①

---

① 方伯荣：《金庸同学沈德绪》，《南湖晚报》2012年9月7日。

合租衢州旧阁楼
——同学王浩然

金庸看望同学王浩然夫妇（任为新摄）

王浩然与金庸都是浙江的大同乡，王浩然是衢州人，查良镛是海宁人，他们是在衢州中学读书时相识的。当时，王浩然和查良镛、江文焕成为同学中的"三驾马车"。查良镛在日记中称俩同学为"浩弟"、"焕哥"。

1

1940年7月，王浩然上高中二年级，班上来了个插班生。看这少年，中等身材，天庭饱满，方脸阔嘴，戴一副银边眼镜，左肩挂大行囊，右腋夹一书包，双手捧的却是黑白分明的两盒围棋。见了人，无论是老师、学生还是校工，他总是先点头，然后谦和地笑，自我介绍，说是从碧湖的杭州联合高中转学而来，姓查名良镛。他的妹妹叫查良琇，由他带着逃难出来读书，跟着他一起到衢州中学插班，进入师范部学习。

这时候，衢州中学为避开日本飞机的轰炸，早就搬迁到了衢州城西北约二十里的石梁镇。这里丘陵起伏，盆地相间。溪水汇入衢江，溪江两岸，群山连绵，怀抱着石梁镇的烟树人家。当时衢州中学分为初中、高中、师范及附小，最多时有四十多个班级，分散在石梁镇和上、下静岩村。王浩然和查良镛就读的高中部就设在"翠岗萦抱、阡陌纵横"的下静岩村。

开学不久王浩然和查良镛、江文焕合租了一间村民的旧阁楼,尽管桌子、椅子、床铺又旧又破,但新买的书架收拾得整整齐齐,蔚为壮观,参观的同学,包括良镛的妹妹都啧啧称奇,羡慕不已,当然这是查良镛的功劳。

阁楼里没有电灯,只有一盏汽油灯,因为煤油奇缺而搁置一边,三个人合用一盏青油灯看书做作业。青油灯是王浩然用一节毛竹做成的支架,放上一只小铁盆子,盛满青油,以一种专用的灯草引燃。

为了学好语文、英语两门功课,查良镛在起床号声之前就悄悄地起床了,看了一会书。号声一响,三个人一块来到河边、溪滩,放声朗读。

落课之后,三个人回到"陋室",或抒鸿雁之志,纵论天下兴亡;或谈莎士比亚、狄更斯著作之妙,常常忘记时辰。三人埋头做作业的时候,阁楼的窗口会冷不防地飞入一只惊慌不已的小麻雀。有一次,王浩然抓获了一只小麻雀,将它关在一只小木箱里,盖子上捅了个小洞透气。第二天,良镛将它偷偷地放回了山里,为此,浩然跟他赌了一回气。

查良镛是捧着两盒围棋来插班的,这点爱好总如影随形跟着他。王浩然不懂围棋,良镛说:"没事,很简单的,我可以教会你。"闲时,查良镛常和王浩然、江文焕两位同学下棋。王浩然很快知道了如何做活、如何叫吃等等,也懂得了围棋"金角、银边、草肚皮"的道理。两人对局,浩然从来都是输多赢少,难得占先一局,互不服气,出现追追打打的场面,也是为了好玩。后来去重庆参加高考的时候,有次考化学,中午在茶馆歇息,偶与茶客摆下围棋。查良镛执子,王浩然、江文焕则在一旁津津有味作壁上观,不知不觉,光阴似箭,等他们回过神来,一看时间,已经开考近半小时了,依照考场规则要取消考试资格,而茶馆离考场还有两三里地,三人跑得上气不接下气,所幸监考老师是位同乡,这才破例准许参加考试。

良镛除了上课、吃饭、睡觉,给人的印象总是一卷在握,安心阅读,什么事都不能让他分心。晚饭后,王浩然和江文焕强扭着将查良镛"逼"出阁楼,

1992年12月7日,金庸与同学江文焕的遗霜合影留念。(程正迎提供)

来到附近的田边、溪边散步。此刻，石梁等村子附近周围，不论是树荫下、山脚底，甚至荆棘丛生的坟堆荒丘边，三三两两地分布着带着书本和讲义的同学。乡间小道上，歌声此起彼伏，既有《大刀进行曲》《义勇军进行曲》或《松花江上》等抗日歌曲，有时也传来"送君送到百花洲……"的歌声。

三位同学朝夕相处，影形不离，"三驾马车"在校园里叫开了。查良镛从小就有记日记的习惯，王浩然尊重朋友隐私从不翻看，但有人在征得同意后看过，说里面凡写到王浩然和江文焕的都称作"浩弟"、"焕哥"。其实，三个人同岁，"浩弟"比良镛仅小几个月，"焕哥"也只大了良镛20多天。

不久，班长改选，良镛成了一班之长。

王浩然爱打乒乓球，良镛则喜欢篮球、排球和游泳，在石梁没有乒乓球台，浩然只得跟良镛一起打篮球。1941年冬，衢州举行乒乓球赛，体育老师推荐王浩然参加。浩然觉得撂荒多年，肯定技不如人，缺乏信心，他又想，战火燎原，偌大的祖国放不下一张平静的书桌，哪有什么心情打乒乓球，所以不想去。查良镛听说了，很着急，对他说"越是兵荒马乱，越是要打乒乓——这正可说明我们是文明人，怎样的野蛮都奈何不了我们。如果你去参赛，我也向老师请假陪你一块去。"在他的鼓励下，王浩然硬着头皮前往衢州城，良镛也没有食言，前前后后地陪着他。浩然歉意地说："对不起，良镛，我耽误你的时间和功课了。"良镛回答："哪里啦，兄弟一场，应该的。"

2

在衢州求学的两年时间，对查良镛人生和文学创作起着重要的作用。后来在写给王浩然的一封信中，他坦诚地说："我许多创作灵感来自衢州。"是啊，无论是他武侠小说中频繁出现的石梁帮、龙游帮，还是零星提及的烂柯山，衢州的风物人情、要好同学的生活和情感在他的笔下均有所体现，其侠义主张莫不与他在石梁的见闻有关。

1940年10月间的一个星期六下午，王浩然邀请文焕和良镛到他家做客。王浩然家是典型的江南橘乡，两位同学看到一片片橘林，还有广橘树和高大的柚子树，密林成荫绿枝绕屋的景象，兴致盎然。

趁母亲张罗晚餐时，王浩然陪同俩同学去散步。村子西南是衢常（衢州到常山）公路，三人忽见公路上躺着一位像从前线退下来的伤兵模样的人，伤势严重，艰难地由东向西爬行，好像要爬回福建老家似的。讲的是一口无法听懂的闽语。看样子他在发烧，口渴难熬。良镛让浩然跑回家取药，他俩扶他到前面一个凉亭休息。浩然以最快速度取来平热散（当时的北京名药）和温开水，三人帮这位可怜的伤兵服下药，喝足开水，目送他继续爬行前进，直到从视线里消失……

这件事使三人的心灵都受到极大的震撼，回去的路上，大家默默不语。

1940年起，日本空军开始在宁波、绍兴等地投掷细菌弹，伤寒、鼠疫、出血热等疾病漫山遍野地传染开来。班上有江山籍两同学春假回乡，在渡船上受到感染，一位同学不幸到家就死了，另一位是班上的篮球名将，还得过全省运动冠军，身体特棒，他也不知道自己得了鼠疫，结果还撑到回校，不日发作身亡。

鼠疫是重度传染病，人人谈之色变，避之唯恐不及。尽管对死者的遗体做了初步消毒，被安置在一个单独的房间里，可是，学校消毒条件有限，遗体还得送往衢州城作进一步的处理，然后送回江山老家入土为安。问题是，风餐露宿，整日和"病原体"近距离接触，谁肯一路相伴相送？校医和老师没有空，同学呢，大都没有这个胆量。最后，班长查良镛站了出来，"我去！"于是，学校雇了几个民工，良镛代表全校师生，将遇难同学的遗体送达衢州城。回来后，王浩然和老师帮他洗澡，全身都洗过，连头发也剃光。

事后，王浩然当面夸班长有义气有侠胆，良镛谦和地说："哪里啦，兄弟一场，应该的。"

这件非常恐怖的事情，让查良镛铭心刻骨。这是他留在衢州的侠气，可成名之后他从未对人提起此事。

第一个暑假，同学们大都回家去了。王浩然和良镛、文焕住在旧阁楼里不回家。天气炎热，大太阳下除了游泳不能做其他运动，三个人只好在屋子里埋头读书。有一天，三人聊天，江文焕问良镛"何为朋友之'义'"？良镛拿《世说新语》一则荀巨伯探友的故事讲给他们听：东汉桓帝年间，有一个叫荀巨伯的贤士，一向格守信义，笃于友情。有一次，荀巨伯远道去探望生病的朋友，正好遇上胡兵进攻郡城。朋友对荀巨伯说："我现在就要死了！您还是离开吧。"荀巨伯说："我远道来看你，你却让我离开，让我舍弃正义来保全性命，这哪里是我荀巨伯做的事！"胡兵进城后，对荀巨伯说："我们的大军一到，整个郡城的人都跑光了，你是什么人，竟敢独自一个人留下来？"荀巨伯从容不迫地回答道："在下荀巨伯，因友人重病在身，无人照顾，因此千里探视，不忍离去。望刀下留情，要杀就杀我，千万不要伤友人之命！"听罢，胡兵纷纷议论，将领也被感动了，"我们这些不懂道义的人，却侵入了重道义的郡城！"于是下令撤回大军，整个郡城都得以保全。

良镛说："荀巨伯临危不弃朋友之高义，才是真正的朋友义气——为了正

金庸与王浩然夫妇（任为新摄）

金庸和王浩然同住的小阁楼原来在这条小溪旁（资料图片）

当的事或情谊,而能够替别人承担风险,甚至不惜舍弃自我,成全他人的气度,这是他对朋友之'义'的最好诠释。"

3

快过年了,学校放寒假,王浩然约查良镛到他家小住。那时,浩然情窦初开,刚写了封信给同班女生。那晚良镛得知,就让他把情书背给他听。老实的浩然竟然一字不漏地背出情书全文,良镛听完大加赞赏,连说:"写得好,写得好,十有八九会有回信。"果然,浩然后来收到了回信,掀开初恋帷幕,以后终成眷属。婚后妻说,当初就是因为他的信写得好才回信的。

良镛对浩然说:"你这人感情丰富,适宜往文学方面发展,可以多读些世界名著。"

那时候,图书馆在石梁校本部,每隔两星期才可以去借一次书。每次,他们三人结伴而行,借的书大多是西方文学名著汉译本及部分英文原著,还有一些世界历史。良镛博览群书,记性又好,差不多能过目不忘。有一次,从图书馆回来的路上,良镛对浩然说,英国有一所名校的看门人,凡是在该校进出的陌生人,只要报过尊姓大名让他照面过一次,隔再多时日他也能够一一认出叫出名字。浩然敬佩地说:"他的记性真好!"良镛淡然回答:"这没什么稀奇的,我也能做到。"浩然当初不信,后来信了:班长书看得多,记性又好。上语文课每隔两周做一次作文——规定题目,两小时内当场完成。每次,良镛总是第一个交卷,内容精彩,见解深刻,得分最高,老师给的评语总是赞誉有加。所以,每次发作文本子,浩然总是第一个看班长的作文。

有一次,王浩然拿一作文本给良镛看,是一名低年级同学写的,有情节,有风骨,作文写得特别棒。浩然读不懂文章的路数,良镛看了几篇练习作业,很是喜欢，沉吟半晌说："书剑恩仇，这是用武侠小说笔法做的作业……"

抗战时期的江浙一带，《东南日报》是新闻界、文化界的一面旗帜。其中的副刊《笔垒》，选稿更以严格著称。1942年前后，有一个笔名"查理"的作者开始活跃报端，日渐引起读者的注意。别人不知道"查理"是谁，但王浩然知道，"查理"就是本班班长查良镛。

同住旧阁楼的江文焕，跟查良镛一样，眼里容不得沙子。国民党安插在学校的训育主任杨筠青被学生们怀疑有贪污问题——训育主任是专门教人品行的，自己还贪污，这还了得！由此引发学潮，江文焕带头参加，结果被开除。查良镛为他鸣不平，写了《一事能狂便少年》一文发表在"笔垒"副刊上，称赞这位要好同学"有着火热的情绪"，"因为狂气固然会使保守者感到非常愤怒与厌恶"，"而使他成为我最亲密的友人的，正由于这种性格"。江文焕后来在西南联大读书时参加了中共地下党组织，1949年4月任衢州中心支部书记领导武装斗争时被捕牺牲。

2004年10月，查良镛首次回访母校浙江省立衢州第一中学，两位老同学相逢，查良镛对王浩然说："我许多创作灵感来自衢州。"是啊，无论是他武侠小说中频繁出现的石梁帮、龙游帮，还是零星提及的烂柯山，衢州的地点在他的笔下均有所体现。

1942年4月，日军进攻浙东，金华、衢州告急。衢州中学提前考试，提前毕业。查良镛对王浩然和江文焕说："我们不在沦陷区当亡国奴，一起去大后方读书吧！"8位男女同学相约，凭着流亡学生证明坐火车免票，背着行李挤上了去江西的火车。

王浩然回忆，"西行的道路险峻难行，每人肩上负担沉重，个个汗流涔涔，气喘吁吁。良镛的负担更重，他的背包里还塞满《综合英汉大辞典》、《高级英文写作和选读》以及英文本《圣经》。"连续赶路，日晒雨淋，吃不好睡不好，走到南丰时，除了查良镛，七个人全病倒了。住进一户人家，良镛烧粥烧饭给大家吃。硬撑五天，日军没有来犯，医生陆续回来，药房也开张了，良镛找来医生给生病的同学看病吃药，这样一来，花光了大家身上所有的钱。

1943年浩然和良镛考取了西南联大和政治大学，因西南联大路远，而中央政治大学是公费待遇，两人就一块到了重庆，进入中央政治大学。

王浩然记得，抗战时在重庆念书，那时国民党政府时时有向日本求和之想，有些御用教授们就经常宣传"岳飞不懂政治，秦桧能顾大局"的思想。有一次，后来任国民党中央宣传部副部长的陶希圣到学校演讲，语气间又宣传这套理论，查良镛和王浩然等同学听得很气愤。在他再作演讲之前，查良镛先在黑板上写了"青山白骨"，暗示"青山有幸埋忠骨，白铁无辜铸佞臣'"这副对联。陶希圣见了心里有数，就不再提这个话题了。

后来，良镛挑战专横的学校训导长被勒令退学，离开重庆，王浩然毕业后从教，建国后成为杭城一位高校老师。直到上世纪80年代，金庸和夫人一起来到王浩然的家。之后王浩然去下榻宾馆看他，兴致勃勃的金庸说："今天晚上我们可以谈话到天亮。"说起少年时代，说起同住旧阁楼的岁月，两人神采飞扬，仿佛回到当年。

如今，住在杭州的王浩然保存着金庸写给他的几封长信，黑色钢笔字，正体竖写，忆及当年，细节历历，他还记得陪王浩然去县里参加乒乓球赛，信中提及一长串名字，浩然、文焕……

2004年10月，衢州中学举行校庆，金庸来了，望着墙上挂着的一幅幅少年同学的旧照，他欣然题字："温雅豪迈衢州人，同学少年若兄弟。六十年中常入梦，石梁静岩夜夜心。少年时负笈衢中，师长教诲，同学勉励，常自怀念。今访母校，见规模大张，日思昔日，不禁悲喜交集也。"

金庸回衢州一中（程红芬摄）

患难知己

◎中国人结交朋友，很重视"知己"的观念。要互相了解而志趣相投，那是最重要的，不一定需要长时期的结交。《史记》中说："谚曰：白头如新，倾盖如故。"如果互相意见不投合，即使从小做朋友做到大家白了头发，仍如新相识的陌生人一样；如果意见一致，即使是道路上初次偶然相逢，停下车来随便谈谈，也可以成为老友，正所谓"酒逢知己千杯少，话不投机半句多。"

———与池田大作对话

◎何谓"知己"？就是能互相理解、信赖、尊重对方、引为朋友。我们常说"士为知己者死，女为悦己者容。"女性化妆、打扮的目的，乃是为了令喜欢自己的男性高兴，得到满足，男性，则以相知者为重，可以为知己者牺牲自己的生命。

———与池田大作对话

1948年3月15日，《大公报》在香港复刊，金庸被派往香港。当时金庸才24岁。金庸接到调派通知异常兴奋，也许是走得太匆忙，飞机起飞后，金庸才发现连一分钱也没带。这样连下飞机后搭巴士坐渡轮的钱都没有。金庸将口袋翻个遍，急得满头大汗。正巧，坐在他身边的是《国民日报》社长潘公弼。潘公弼知情后马上借给他10元港币，使他下机后得以搭船过海，到报社去报到。

　　才到香港，金庸就遭遇了友情，应着了那句老话"在外靠朋友"。

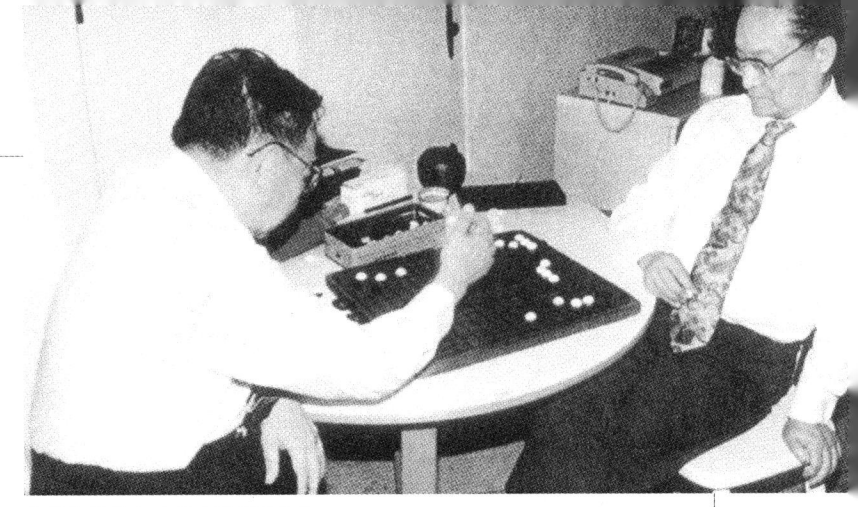

金庸与梁羽生对弈（资料图片）

亦狂亦侠亦文好朋友
——武侠前辈梁羽生

2009年1月22日，梁羽生在悉尼病逝。金庸为老友献上花圈，挽联上写道："同行同事同年大先辈，亦狂亦侠亦文好朋友——自愧不如者：同年弟金庸敬挽"。①

既是"大先辈"又是"好朋友"，真是绝妙好联也！这是金庸对梁羽生的肯定与赞美。金庸以"自愧不如者"落款，既是一种自谦，也暗示了一种"金梁并称，一时瑜亮"的文坛佳话。

梁羽生和金庸是曾经的同事，同为新派武侠小说的两大宗师，梁羽生比金庸早两年涉足武林小说，世人对他俩有"一时瑜亮，难分伯仲"之评，坊间也有"梁金不和"的传闻。任凭世人如何揣度，梁羽生和金庸在不同的场合都表示过他俩是好朋友。

① 《梁羽生葬礼在悉尼举行 金庸送挽联称自愧不如》，《大公报》2009年2月1日。

1

梁羽生个子不高,圆圆胖胖,一副慈眉善目的样子。他是广西蒙山人,比查良镛晚出生一个多月。其实,他们在《大公报》就是同事,那时叫陈文统,跟查良镛一个办公桌。他进香港《大公报》比查良镛晚一年(1949年夏天),一开始,两人同在编译组,专门翻译英文电讯稿。不过,陈文统1950年2月就调去编副刊了,半年后成了最年轻的社评委员。其间,查良镛曾一度辞职北上,所以,他们在《大公报》时不是很熟。

1952年,陈文统和查良镛先后进《新晚报》编副刊,陈文统编的是"天方夜谭"栏目,查良镛编的是"下午茶座"栏目。他们都喜欢下棋,不过查良镛只爱围棋,陈文统则围棋、象棋都喜欢。一时期,两人工作、读书之余的乐趣就是在一起对弈,在棋盘上杀得天昏地暗。作家聂绀弩在香港时,也常来找他们两个下围棋。金庸自述"我们三人的棋力都很低,可是兴趣却真好,常常一下就是数小时。"以后他们在报上的"棋话"深受棋迷欢迎,互争雄长、不相上下。他们都是棋迷,深谙其中三昧,并写进了各自的小说中。晚年他们几次见面,下棋几乎成了必有的项目。1994年1月,在悉尼作家节时,他们已十年不见,难得的会面,两位年届古稀的老人最有兴趣的就是下棋,一下就是两个

梁羽生(资料图片)

小时，直到疲乏，有些头晕才罢。1999年春节期间，梁羽生回香港探亲，他们在跑马地的"雅谷"聚餐，饭后本来也约好下棋，因为那天查良镛患感冒，感到身体不适，只好作罢。

下棋之外，他们还有一个嗜好就是摆龙门阵，大侃武侠小说，什么还珠楼主的《蜀山剑侠传》、白羽的《十二金钱镖》，什么朱贞木的《七杀碑》等等，唾沫横飞，刀光剑影，当然谁也没有想到不久以后，他们自己也会操刀上阵写起武侠小说。

1954年1月中旬，香港太极派掌门人吴公仪和白鹤派掌门人陈克夫因门户之见发生争执，互不相让，最后陈克夫向吴公仪下战书，以比武分高下，两派掌门人签下了"各安天命"的生死状。因为香港禁止擂台比武，所以地点设在一水之隔的澳门。此事在香港引起很大的反响，有八九千乃至一万人赴澳门等候开场，不仅成为街谈巷议的热门话题，也是当时报纸争相报道的题材，《新晚报》几乎每天都有相关报道。1月17日下午，这场引人注目的比武在澳门新花园拉开帷幕，两派高手在擂台上只打了短短两个回合就以吴公仪一拳击中陈克夫的鼻子，血流如注而告终。但是，比武所引起的轰动却是罕见的，各种报纸更是大肆渲染，当天的《新晚报》出"号外"，报道比武结果，一出市就被抢售一空。

比武触动了《新晚报》总编辑罗孚，他脑海中闪过一个念头，既然市民对比武的兴致如此高涨，何不趁热打铁在报纸上推出武侠小说连载，以满足"好斗"的读者来扩大发行量呢？《新晚报》从来没有登过武侠小说，罗孚便找陈文统商量。1月19日，即比武结束的第三天，《新晚报》就在头版显著位置刊出了"本报增刊武侠小说"的预告。20日，《龙虎斗京华》就在"天方夜谭"开始连载了，署名"梁羽生"。这是陈文统的处女作，也是他的成名作。报纸一出，同事们就已围在一起看，金庸也大赞"好看，很精彩"。

《龙虎斗京华》一共连载了七个月，引起了意想不到的热烈反响，大有洛阳纸贵的势头。据金庸追溯，梁羽生一炮走红，《新晚报》销量大增，罗孚喜上眉梢，在高度商业化、市民化的香港引发了一个武侠小说的热潮。

1955年2月初，罗孚和"天方夜谭"的编辑忽然找到查良镛，紧急向他拉稿，说梁羽生的《草莽龙蛇传》已完，必须有一篇"武侠"顶上。此时梁羽生正在北方，"与他的同门师兄'中宵看剑楼主'在切磋武艺"，所以写稿之责，非落在他的头上不可。可是，查良镛从来没写过武侠小说，甚至任何小说也没有写过，所以迟迟不敢答应。罗孚亲切的笑容、诚恳的态度使他难以推辞，就答应下来了。

金庸的第一部武侠小说《书剑恩仇录》惊天一现，小说将历史与传奇融为一体、虚实相间，史笔与诗情相结合，绘出了一幅波澜壮阔的历史画卷。

《书剑恩仇录》在《新晚报》"天方夜谭"版连载，从1955年2月8日开始，每天一段，到1956年9月5日，一直连载了一年零七个月。引起了极大的轰动。

金庸出世了，"镛"字拆成两半就是"金庸"。

这年10月22日，《大公报》副刊《大公园》开辟了"三剑楼随笔"专栏，所谓"三剑"指的是金庸、梁羽生和陈凡。当《碧血剑》在《商报》连载时，陈凡的武侠小说《风虎云龙传》也在《新晚报》"天方夜谭"连载了好一阵子，署名"百剑堂主"。大概没引起什么反响，他从此不再写这类文字，却和金庸、梁羽生一起被报馆同事戏称为"三剑客"。三人轮流执笔，每天发表一篇，"三剑楼随笔"一共写了84个题目，他们各写了28篇，总共大约有14万字，文史掌故、名人逸事、琴棋书画、诗词联谜、神话武侠、歌舞影剧，上下古今，无所不谈。

以副刊编辑与小说作者双重身份出场的金庸，从此始终坚守着与报纸副刊的平民化视角相吻合的大众化的创作理念，持续着以报纸售卖为最终目的的武侠创作冲动。

2

梁羽生和金庸共同扛起了新派武侠小说的大旗。他们虽然是好朋友，但也曾经发生过一场笔战。

1966年1月香港《海光文艺》创刊号有一篇文章《金庸梁羽生合论》，署名"佟硕之"。这篇文章比较金庸、梁羽生作品的异同，也分析了二人的优缺点，持论大致客观公允。例如说金庸是"现代的洋才子"，梁羽生则有浓厚的中国"名士气味"；虽然二人都"兼通中外"，但金庸受西方文艺（包括电影）的影响较重，而梁羽生受中国传统文化（包括诗词、小说、历史等）的影响较深；虽然同属"新派作家"，但金庸的故事情节变化多，而梁羽生的写作手法则比较平淡朴实，虽有伏笔却不够曲折离奇。可是，文中不但从武、侠、情等方面批评了金庸，认为金庸写武功有时候过于离奇怪诞，写侠义有时候不辨忠奸正邪，写爱情有时候不顾是非礼仪。而且，在谈到二人的文字风格时，佟硕之一方面肯定自己的旧文学造诣，能用旧回目、能写诗词，一方面却对金庸的小说，毫不客气地提出了批评：金庸很少用回目，偶尔有一两联过得去，经常是连平仄也不合的；金庸的小说最闹笑话的还是诗词方面，例如在《射雕英雄传》中，就出现了"宋代才女唱元曲"的妙事……①

平地一声雷，舆论大哗。而佟硕之，正是梁羽生本人。

逼得金庸不得不应战。激情写就一篇《一个"讲故事的人"的自白》，回应梁羽生。他自谦之所以写武侠小说，只当娱人而已，文中，他很含蓄地对梁羽生的批评提出了辩驳，他说："我以为武侠小说和京戏、评弹、舞蹈、音乐等等相同，主要作用是求赏心悦目，或是悦耳动听。如果一定要提得高一点来说，那是求表达一种感情，刻画一种个性，描写人的生活、生命，或是政治思想、宗教意识、科学上的正误、道德上的是非等等，不必求统一或关联。有时候，小说就是小说，不必用做古典文献研究的功夫去苛求它……"

---

① 吴宏一：《金庸梁羽生当年的一场笔战》，《哈尔滨日报》2001年4月29日。

坊间"梁金不和"的传闻由此而生。

其实，如梁羽生的儿子陈心宁所说，金梁一直保持着知己朋友的亲密，两位老人是惺惺相惜，英雄重英雄。

有一次，在美国科罗拉多大学的讨论会上，许多人指责梁羽生不该在《金庸梁羽生合论》一文中批评金庸，有人的意见十分严厉，认为是人格上的大缺陷。此时，金庸站出来为梁羽生辩护，说明这篇文章是"奉命之作"，不这样写不行，批评的意见才平歇了下去。

任职于香港中文大学的杨健思，是梁羽生小说的研究者，也是梁羽生之人室弟子。杨健思对"梁金不和"的传言相当不满，斥为"无稽之谈"：首先是某些人臆想出来的，然后又拼命在梁羽生与金庸之间寻找蛛丝马迹。

梁羽生比金庸先写武侠小说，开创五十年代的"新派武侠小说"之先河。从1954年到1984年的三十年间，梁羽生写出35部小说，1000万字的刀光剑影。金庸也是看了他的一纸风行，才启发写武侠小说的念头。梁羽生的风流文采不在金庸之下，写的武侠小说比金庸还多，两人可说武侠小说界的"一时瑜亮"。不过谁都知，论到名气与小说的流行程度，金庸却有盖过梁羽生之势。作为始创人，多年来屈居金庸名气之下，他到底有没有"既生瑜，何生亮"的慨叹？

1994年，在雪梨作家节武侠小说研讨会上，梁羽生作了一个令人惊诧的发言，他说："我顶多只能算是个开风气的人，真正对武侠小说有很大贡献的，是今天在座的嘉宾金庸先生……他是中国武侠小说作者中，最善于吸收西方文化，包括写作技巧在内，把中国武侠小说推到一个新高度的作家。有人将他比作法国的大仲马，他是可以当之无愧的。"[①]

金庸没有料到，当初批评他的人如今会给他这样高的评价。会后，他俩一起吃饭、聊天，还一起下棋。彼此有过不高兴，到老了才忽然发现对方是一个难得的朋友，这真的应了那句古话——"不打不相识"。

---

① 胡晓：《梁羽生：我的江湖与人生》，《成都商报》2004年3月10日。

当年 10 月，《广角镜》刊登金庸的一篇访问记，提到梁羽生时他语带谦虚："梁羽生写得比我早，他写了一年多一点我才开始……（我的风头）盖不过他，各有各写法，名声也差不多……他先成名，我再跟着他，我当他是前辈。"①

2005 年，由梁羽生作品改编的电影《七剑下天山》放映后，有人问梁羽生："您写得比他早，但似乎还是金庸名气大一些，为什么呀？"梁羽生不加思索地回答"金庸比我写得好，我占点便宜，比他写得早，我是开创武侠小说的人，任何文学应该后胜于前……我常常说，我是全世界第一个知道金庸比梁羽生好的，现在有很多人也这么说啦！""我没有觉得金庸带给我的是阴影，对于我们两人在武侠小说上的成就，我的认识是很清楚的。当初我在写《金庸梁羽生合论》时就曾开宗明义地指出'开风气者梁羽生，发扬光大者金庸'。大家现在一说到我们俩，都简称为'金梁'，金庸排名在前，梁羽生在后。你知道是谁最先提出'金梁'的说法吗？是我自己。"②

3

梁羽生 1986 年 6 月退休，次年 9 月移居澳大利亚悉尼。

2004 年，梁羽生迎来 80 寿辰，记者专访他，问他和金庸的关系，他回答："我现在每次回香港，金庸都会做东请客，他到悉尼来，我也总是会去看他。现在我的家乡广西正在建一座梁羽生公园，你知道'梁羽生公园'这几个字是谁题的吗？是金庸。"

梁羽生称金庸是现代的"洋才子"，"虽然写了很多武林绝学，但他本人却是一个文质彬彬的书生。金庸的洋，还表现在他的经商上。我们经常开玩笑说，金庸是左手算盘右手笔，双管齐下很少有人比得上。呵呵。金庸是全才、通才，既有细腻、敏锐的艺术感触，又精于人世之道，做人而言，可谓炉火纯

---

① 潘丽琼：《梁羽生对金庸 不计名气只随缘》，《明报》1999 年 3 月 21 日。
② 木叶：《梁羽生：亦侠亦隐烛摇红》，《上海电视》2008 年 5 月。

青，蔚为大家。"

梁羽生去世后，金庸非常难过，流了很多眼泪，拿起笔来，写了一篇文章，悼念老友："春节刚过，传来噩耗，梁羽生兄在澳州雪梨（悉尼）病逝。在刚得到消息的前两天，我妻子乐怡和他夫人通了电话，还把电话交到我手里，和他说了几句话。他的声音很响亮，显得精神不错，他说：'金庸，是小查吗？好，好，你到雪梨来我家吃饭，吃饭后我们下两盘棋。你不要让我，我输好了，没有关系……身体还好，还好……好，你也保重，保重……'想不到精神还挺旺健，脑筋也很清楚的他，很快就走了。我本来打算春节后去澳州一次，跟他下两盘棋，再送他几套棋书，想不到天人永隔，再也听不到他爽朗的笑声和浓浊的语言了"。金庸的这个电话是梁羽生接的最后一个电话。①

金庸谈及两人的友谊："我撰写小说，拟订回目时常得文统兄指教，而他指教时常悄悄而言，不让旁人听到。有一次他悄悄跟我说：'盈盈红烛三生约，霍霍青霜万里行'这一联对仗，平仄都很好。又有一次，他轻轻的说：你在《三剑楼随笔》中提到的'秦王破阵乐'，这个秦王不是指秦始皇，而是指唐太宗。指点很轻声，怕人听到。现在我公开写出来，好教人知道：梁羽生指教过金庸，而且金庸欣然受教。"他说，梁羽生人品非常好，不计较，对输赢不执着，"我不如他"。"我们曾经是同事，每天在一个办公室里谈武侠小说，非常投缘。"在金庸看来，梁羽生的每一部小说都有"侠气"。他说："梁羽生认为武侠小说中，宁可无武不可缺侠，只要有侠气，不懂武功都没有关系。"②

梁羽生的弟子杨健思回忆，梁羽生的著作都是在香港天地图书有限公司出版的，2006年12月，他特意回香港参加天地图书公司的纪念活动，意外中风。金庸知道后，第一时间到伊丽莎白医院看望他。金庸去的时候，没有见到梁羽生的家人，只和梁羽生见了面，有交谈，但还是不放心。走的时候，他留下一张纸条，大意是梁羽生在香港是在旅途中，如遇到什么困难，都告诉他，他一

---

① 金庸：《痛悼梁羽生兄》，《明报》2009年2月1日。
② 金庸：《痛悼梁羽生兄》，《明报》2009年2月1日。

梁羽生曾表示，真正对武侠小说有大贡献的是金庸（资料图片）

定帮忙。金庸是怕和梁羽生说过后，梁羽生忘记了，留下字条是为了让家里人看见。可见金庸对梁羽生多么关心。

金庸痛悼梁羽生，写了一幅挽联自称"自愧不如者"，他说："如果他能亲眼见到这幅挽联，相信他一定会很高兴。因为他一直都耿耿于怀：'明明金庸是我后辈，但他名气大过我，所有批评家也都认为他的作品好过我。'我和他同年，如他得知我在挽联中自称'自愧不如'，他一定会高兴的。他嘴里会说：'你自谦，自谦，好像下围棋，你故意让我，难道我不知道吗？哈哈。'"

"他还在澳州，手边没什么棋书，只有我从前送给他的《弈理指归》（施定庵著）、《桃花泉弈谱》（范西屏著）等，那是清朝的旧书，中国和日本近年来的新谱他都没有，我摆几个新式的谱式给他看，他说：'这么多新东西，反正我记不住，下你不过，不下了！'把棋枰一推，高高兴兴地收起了棋，哈哈大笑，倒了半杯酒给我喝。他不论处在什么环境中，都是高高兴兴的毫不在乎。我说'自愧不如'，不是'自谦'，是真的'自愧不如'，我决不能像他那样，即使处在最恶劣的逆境之中，仍是泰然自若，不以为奇，似乎一生以逆境为顺境。对别人恶劣的批评，都是付之一笑，漫不在乎。我知道文统兄一生遭人误会的地方很多，他都只哈哈一笑，并不在乎，这种宽容的气度和仁厚待人的作风，我确是远远不及，这是天生的好品德，勉强学习模样也学不来的。"

"其实我的棋还是臭棋，和高手对弈，自己摆上四个黑子再说（请对方让四子）。不过和文统兄相比，他已下不过我了，但每次对弈，我还是和他缠得不死不活。前几年到雪梨他家里，他拿了一副很破旧的棋子出来，开心地说：'这是你送给我的旧棋，一直要陪我到老殁了。'想到这句话，我心中不胜凄然，真希望能再跟他对杀一盘，让他把我的白子吃掉八十子。"①

① 金庸：《痛悼梁羽生兄》，《明报》2009年2月1日。

金庸梁羽生的"催生婆"
——老报人罗孚

年届 90 的罗孚老先生坐在客厅，身后的书架因承受了太多重量而歪斜。（资料图片）

没有罗孚的欣赏和提携，金庸的文学道路也许真要大大改变也未可知。文人之间，形成这么深厚情感的并不多，罗孚与金庸几乎可作为一个典范，一段传奇。

罗孚的书架因承受了太多重量而歪斜，书架上有很多书，其中有香港出版的金庸全集，每一本都有金庸的亲笔签名。书架上摆放着《罗孚文集》七册，中央编译出版社为每册加了一条红底挖白推荐腰封，上面文字显赫："香港文学界的伯乐，金庸梁羽生的催生婆，大陆文人眼里的两栖作家，董桥风靡大陆的推手"。

1

罗孚的神秘，源于他特殊的人生经历。他原名罗承勋，1921 年出生于广西桂林。1941 年在桂林加入《大公报》，先后在桂林、重庆的《大公报》工作。南来香港《大公报》工作。1947 年在重庆，他与红岩里的"江姐"有过文缘，暗地里参与江竹筠领导的中共地下党刊物《反攻》的创办和编辑。1948年到香港后，作为中共地下党员，他肩负统战使命，曾任香港《新晚报》总编辑，主编过《大公报》、《文汇报》的文艺副刊。以丝韦、辛文芷、文丝、柳苏等为笔名，著有《南斗文星高——香港作家剪影》、《燕山诗话》、《西窗小品》等，编有《聂绀弩诗全编》、《香港的人和事》等，被廖承志称作"罗秀才"，有人称他是香港左派文化阵营中的一支健笔，活跃于文学界、新闻界。

迷乱命运的转弯，也就是不经意的一瞬。梁羽生的《新晚报》专栏需要有人接任，罗孚又请金庸参战，于是，《书剑恩仇录》横空出世。用罗孚的话说，那场擂台"一拳打出了从五十年代开风气，直到八十年代依然流风余韵不绝的海外新派武侠小说的天下。"金庸转而武侠，一发不可收。1959年，用武侠稿费和剧本收入开办《明报》，此是后话，而其起始，罗孚功不可没。

罗孚说，"金梁并称，一时瑜亮。也有人认为金庸后来居上。这一步，大约是两年。"指的就是这一段时间。

后来，金庸创办《明报》，主打自己的武侠小说，终使《明报》由小变大。罗孚说："《明报》的成功，不是金庸一人的功劳，也毕竟是他一人的功劳。"

对于那次"金梁笔战"，罗孚写了《两次武侠的因缘》一文，反驳了坊间的"金梁失和论"，他说："当时文章（指《金庸梁羽生合论》）是我提议写的，让梁羽生执笔。他说我不好写自己啦，我说那你用化名吧。写这篇文章的时候，就有人说梁羽生：'你不该写这篇文章，要是写了，将来死无葬身之地！'那时候金庸办《明报》是'大右派'，但这篇文章大部分是'捧'金庸的，这是犯大错误的。但梁羽生还是写了，未料到当时没怎么惹政治上的麻烦，却在几十年后成了他'贬金庸褒自己'的一个罪证。"金庸的短文《一个"讲故事人"的自白》，也是罗孚约他写的，为了"做一个清清淡淡的回应。"

作为一名报纸编辑和记者，当年罗孚主持的大公报副刊《新晚报》办得有声有色，不仅促使金庸、梁羽生的武侠小说的大行其道，也让更多优秀作家如聂绀弩、叶灵凤、董桥、巴金、周作人等一大批作家的作品变成人所皆知。

2

金庸离开《大公报》自创《明报》，不久，两报分成了两个对立的阵营。那个时期，罗孚与金庸，在公开场合是论争对手，私下里却是亲密战友。据罗孚幼子罗海雷载文回忆，在上世纪七十年代，罗孚与金庸的联系很多时候是秘密的，一般在金庸家里见面，每个月至少一次，罗孚去找他。当年金庸创办《明报》时也通过罗孚与新华社打过招呼，希望以《大公报》中庸之道作为经营方针，后因为在1961年后出现长达三年的深圳边境大逃亡潮，《明报》已经无法保持中立立场，与《大公报》关系才开始紧张。"文革"初期好长一段时期，《大公报》与金庸论战，骂金庸的人可不少，甚至说他拿了美国新闻处的钱，但罗孚从来没有与金庸笔战过。金庸与人说："后来我去办《明报》了。在政治上和《大公报》处于对

罗孚在法国卢浮宫留影（叶芳摄）

立的位置。但《新晚报》编辑部的诸位旧友仍和我很好，没有敌对，包括罗孚兄、文统兄等人，不过平时也较少来往了。"①

自 1960 年代开始，中国大陆政局动荡，大量大陆难民涌入香港，《明报》报道与评论难民问题上，与香港强大的左派立场南辕北辙，形象逐渐鲜明。1963 年，中国外交部长陈毅对日本记者团发表了"核裤论"，声明"不管中国有多穷，我当了裤子也要造核子！"金庸立即在《明报》发表社评《要裤子不要核子》，反对中国在贫穷情况下还硬要制造原子弹。此论一出，引起轩然大波，左派的《大公报》开始猛烈围攻《明报》。从 1964 年 11 月 27 日起，《明报》每天都在头版头条位置发表：《敬请〈大公报〉指教和答覆》的一系列反击文章，包括核子与裤子问题、人民公社问题、一中一台问题、要不要向外国输出粮食问题、要不要民主自由问题、修正主义问题等等，清楚阐明《明报》自始至终坚持的立场。经过这些事件后，《明报》因为在论战中表现独立报格、坚守立场，赢得了很高的声誉。

1965 年初，《明报》与《大公报》之间旷日持久的论战突然偃旗息鼓，其原因是背后有罗孚在说服阻止。当时，主管港澳侨务工作的廖承志要求香港左派不要再攻击《明报》，副总理陈毅也说"请香港新华社对《明报》的那个查良镛先生高抬贵手。"罗孚及时向香港左派文化阵营传达了国内高层领导的指示，并亲自说服《大公报》停战，保护了金庸。②

罗孚之女罗海吕透露了一件她默守了四十年的秘密：1972 年夏季的某天，母亲跟三个男孩说，翌日下午放学不要回家，父亲在家里要和朋友见面。那时海吕只有 12 岁，父亲允许她回家，但要求她待在房间做作业，令她有幸见证了这次秘密约会。"那天下午，父亲特意买了一个超群西饼店新推出的芒果慕斯蛋糕，那时候，这种高级的蛋糕，我们一年也吃不到一次。父亲就把这个蛋糕放进了大厅冰箱。客人来了，只有一个人，每人一块。"海吕也有。父亲与客

---

① 金庸：《痛悼梁羽生兄》，《明报》2009 年 2 月 1 日。
② 罗海雷：《我的父亲罗孚》，香港天地图书出版公司 2011 年 7 月初版。

人谈得正热烈,都把面前蛋糕给忘了。"蛋糕实在是太好吃了!"海吕每隔一段时间就忍不住口,又出来切一块吃。这次密谈,持续了大概三个小时,到客人走的时候,蛋糕也几乎被海吕吃光了。事后母亲曾得意洋洋向海吕提到这次见面的背景,她才知道客人就是金庸。见面目的是要恢复因"反英抗暴"时损害的新闻界相互之间的关系。[①]

由于经常涉及敏感问题,观点尖锐,立场鲜明,《明报》在金庸主政时踢爆了不少火药桶。当时,"左派"发飙,金庸本人甚至被一些人骂为"豺狼镛",列为第二号要杀的人,他才不得不去新加坡避难。作为中共地下党的骨干,身负香港文化新闻界统战使命的罗孚,暗地里与金庸保持着联系。金庸也曾说过,因为林彪事件,他特意到罗孚家求证,结果得到一个不小的独家新闻。《明报》以"林彪谋反内幕"为标题,以特别醒目的手法,在第一版连续刊登了五天,引起了读者的关注。

3

1982年,北京文化界忽然来了一位香港异客,他是罗孚,年纪五十有余,不时来往于香港与大陆之间,今天在这个场合看见他,明天又在另一个会议上见到。来了,就与相识者招呼,并在不远不近处坐定。他不记录,也很少发言,与邻座耳语时,态度也是不卑不亢的。他这次不是住饭店宾馆,而是住在西北郊双榆树南里的一个普通的民居,还似乎有长住的迹象。有消息说他与大陆某些秘密系统有关,常帮大陆在香港做一些似公开又不太公开的事情。而这一次他来,是北京的秘密系统把他"空降"到北京地面的。

罗孚在北京一住就是十一个年头,迎面墙上挂着一副对联:"闭门千古事,面壁十年书。"

[①] 罗海雷:《罗孚与周恩来的文化统战》,《明报月刊》2012年8月。

住在北京的罗孚写了《话说金庸》，初次向大陆读者介绍金庸。他开门见山地说道：香港有一种特产，既是许多人熟悉的，又是许多人说不出来的。人家追问他，他就说：那是侠客，"因为只有香港才有，而香港也只有一两名。还能不特？""一名是金大侠，或查大侠；一名是梁大侠（没有陈大侠）。金大侠是金庸，也就是查大侠查良镛；梁大侠是梁羽生，没有人叫他陈大侠，尽管梁羽生原名陈文统，正如金庸原名查良镛。"——这就是罗孚的够好读又好玩的文字。

他还写过一篇《金色的金庸》。罗孚笔下的金庸却非神圣之人，更像只有香港才能出产的一个敢于打拼的人：虽然不会武打，却不仅对电影感兴趣，还曾经学习芭蕾；五十年代甚至雄心勃勃地北上求职。罗孚写金庸的时候已经不再需要去介绍金庸的成就了，但他在这部汇集了众多知名作家的《香港的人与事》文集中，以罗孚式幽默这样来描述金庸作品："明知道他们不会武功，但他们写出来的武功却是人人爱看，而且看得入迷，废寝忘餐。明知道那是假的，看得比真的还要认真。他们就是这样以假哄人，编造假的武功，加上形形色色的包装，骗了许多读者，或骗了许多人成为读者。他们不仅骗孩子，厉害之处更在于骗大人（武侠小说被大数学家华罗庚称为'成人的童话'，他老先生就是这样的'成人'）。最厉害的是能骗那些身居高峰以至颠峰的大人。"这样的评论今天就很少见，是罗孚风格。

《读书》杂志主编沈昌文对金庸小说有兴趣，罗孚专门写了一信，让他于1989年1月去见金庸，洽谈出书。沈昌文不久退出出版舞台，没时间在任内办成此事，但金庸小说、《读书》杂志着实热闹了一阵，以至人们戏说，这家出版社的经济来源全来自"吃菜"（蔡志忠）和"拾金"（金庸）。

双榆树南里是一个新盖的小区，住着文化体育界的不少名人。"向东有北京师范大学的钟敬文、启功；再向东，则有和平里的陈迩冬，继续向东则有团结湖的楼适夷、黄苗子、林墉；向西，偏南，有昌运宫的丁聪；向南，有皂君庙的舒芜，更南有百万庄的杨宪益，再南有三里河的黄永玉，更南有木樨地的萧乾。向北，有许良英。方、许是好朋友，是自然科学家，都住在中关村，东西南北四条线，东线伸得最远，南线较密，西线、北线较少熟人。"① 罗孚在北京展开自己的交游，他乘坐公共汽车一站站走，等邻近哪一位名人之家就下车，推开附近的住家之门，随后就是他对这家这位的采访。

北京十年"休假式"生活中，他依然是位新闻人。他不能忘情于在《大公报》与《新晚报》的工作。那才是自己本来与终极的职业。他还写了介绍香港形形色色的《香港，香港……》。他说，在双榆树的居所里，香港的人和事像电影一样一幕幕在脑中闪过，香港文坛"座中多是豪英"，"金庸和梁羽生横空出世"，常让他"吹笛到天明"。

罗孚1993年返回香港，等他走的时候，行囊中没有发表的文稿就有了很大的数量。

2011年10月，全七册的《罗孚文集》出齐了。刚从英国剑桥大学归来的金庸看到《明报月刊》上的介绍，对学生说："北京给罗孚出了书，是一件好事，你一定要看罗孚。"

《罗孚文集》（资料图片）

---

① 罗孚：《北京十年》，中央编译出版社2011年5月。

曾代金庸写小说
——"代笔"倪匡

今日之倪匡（资料图片）

倪匡与金庸、蔡澜、黄霑被并称"香港四大才子"。上世纪60年代初，在金庸的鼓励下，倪匡用笔名"卫斯理"写科幻小说，第一篇小说名为《钻石花》，在金庸主持的《明报》副刊连载。在香港，单凭写作活得不错的，大概只有倪匡和金庸。

金庸是倪匡多年的好友与老板。倪匡曾替金庸代写连载中的《天龙八部》，故意把阿紫的眼睛弄瞎。

金庸评价倪匡：无穷的宇宙，无尽的时空，无限的可能，与无常的人生之间的永恒矛盾，从这颗脑袋中编织出来。①

1

1961年5月，在《明报》成立第二周年的酒会上，倪匡第一次与金庸逢面。金庸邀他给《明报》写武侠小说，十块钱一千字，每天写两千一百字。几日前，金庸从《真报》上看到影评，张彻导演的武侠电影剧本《独臂刀》是倪匡编剧的。张彻是金庸的好朋友。②

之前，倪匡还是《真报》的一个编外写手。一日，编辑对他说："今

---

① 佳楠：《香港四大才子的情爱往事》，《八小时以外》2009年第2期。
② 《倪匡：被一阵风改变的人生》，《新京报》2008年7月8日。

年近八旬的倪匡是个乐天派。（资料图片）

天影评没有了，上海仔，你来写一篇。"倪匡说："我还没有看戏呢"。编辑说："看戏来不及了，你看说明书吧。"两个钟点后，倪匡交了稿。

第二天，后来成为武侠电影巨匠的张彻对编辑说："《真报》的影评胡话乱篇，完全不通。"张彻刚从台湾来香港，起初写影评。倪匡闻讯不卖账，跟他打起了笔战："你这位先生真有趣，不是评电影，是评影评，不是影评家，是评影评家。"后来董千里看到了，对倪匡说："张彻这人我认识的，找他出来喝咖啡。"一见面，两人竟然很投机，成了很好的朋友。

后来，张彻当了导演来找倪匡写剧本，倪匡说不会写剧本，他说你就当小说那样写好了。于是，有了倪匡的第一部武侠电影剧本《独臂刀》，被许多人认为脱胎于金庸小说《神雕侠侣》。

当年是武侠小说的全盛时

期，《明报》上除了金庸的文章之外，需要人写大块头，二千字左右的长文，金庸一时找不到人写，正巧与倪匡相逢，他便邀倪匡当写手了。

转投《明报》以后，倪匡的小说愈写愈多，中篇长篇都有。第一篇小说名为《钻石花》，在《明报》副刊连载，然后写了两篇武侠小说，金庸说，再写一篇。他说，现在占士邦很流行。金庸说，那你就写时装武侠小说，时代背景是现在，但是主角会武功，很特别的，可以一试。倪匡写第一篇是时装武侠小说，第二篇也是，到第三篇时，他加进一点幻想，至第四篇小说《蓝血人》起开始用上了笔名"卫斯理"，卫斯理系列小说正式走向科幻系列。他说，本来是喜欢写武侠小说的，因有金庸这位老友金玉在前，只好舍取易，专心从事科幻小说了。

武侠小说《南明潜龙传》在金庸主编的《武侠与历史》连载，几十万字，还出了书，金庸替他写前言。这本书销售很好，倪匡赚得了第一桶金。

有一日闲聊，金庸问倪匡："江湖上传闻你从内蒙古骑马到香港，是真的吗？"倪匡笑了："骑马怎么能骑到香港呢？这根本就离奇到极点！"

离奇的倪匡有着离奇的经历。他原名倪聪，生于上海，比金庸小了11岁。童年时喜欢博览群书，养成了一生好读杂书的习惯。1951年，倪匡以16岁低龄进入华东人民革命大学受训三个月，继后至苏北、内蒙古垦荒。在内蒙古，因为大雪阻路，煤运不进去，天寒地冻，很多人都冻死了。倪匡拆了一个摇摇欲坠的木桥当柴火，自以为在挽救同伴生命，结果被冠上了"破坏交通"的罪名，是现行反革命，被关在一间周围没有人烟的小房子里。每天晚上，狼群围着小房子嗷嗷地叫，他很害怕，想逃走。一个朋友给他偷了一匹马，告诉他：骑着马一直往北走。

他说，往北走不是蒙古游牧部落吗？朋友说：就是要去游牧部落呀，到了那里，你学蒙古话，过两年，改个蒙古名字，你就变成蒙古人了，娶个蒙古姑娘更好。那时候，你就可以大摇大摆地回来，不会再有人管你了。听了朋友的话，倪匡骑着马一直往北走，忽然天阴了，下了一场大雪，东南西北再也无法分辨，只好随着马乱走。大概走了几十里路，天快亮的时候，走到了一个小火车站，正好有一辆火车开来，也不知道火车是朝南还是朝北开，爬上去了，几经周折，靠伪造图章和路条，一路从内蒙古逃回了上海。①

因为父母在1950年就到了香港，所以他的目的地是香港。那时候，从上海坐大轮船到香港要450元，偷渡到香港才150元。他就用150元，让人塞进运菜的船上，到了九龙的一个码头上岸。金庸调侃地说："你不是骑马来的，是游水来香港的。"

到香港后，倪匡最初在染厂里做杂工，并开始投稿《真报》，后来被《真报》录用，任职助理编辑，同时用笔名"衣其"写专栏。

当时，有个很出名的台湾作家司马翎，正在《真报》上连载武侠小说，有一天，稿子突然不来了。倪匡跟社长说："这种小说，老实讲我写出来比他好。"社长不相信，倪匡就说："先续下去再说，因为他的稿子可能会来的。"续了两个星期，不仅没有人看出来，而且读者的反应好得不得了。后来司马翎来了，大发脾气："谁敢续我的小说？"倪匡说："谁敢啊我敢。"司马翎看了倪匡续的内容，笑着跟他说："续得很不错。"倪匡说："岂止很不错，简直是写得比你好！"司马翎生气了，不写了。社长对倪匡说："干脆你开一篇新的好了"。就这样，倪匡开始写武侠小说。②

倪匡是最多产、多样化的作家，他自称"自有人类以来，汉字写得最多的人"。倪匡的成名，却是在《明报》副刊连载"卫斯理"小说以后，这套小说写了180种。卫斯理身上体现着传统科幻小说的中心价值观——没有任何功利色彩的探索精神。卫斯理不爱财，不贪权，一辈子就跟定一个叫白素的女人，连点绯闻也没有；也不象007那样以情报部门的指令为正义标准。唯一能让他

---

① 陈远：《倪匡：被一阵风改变的人生》，《新京报》2008年7月8日。
② 倪匡：《无师自通闯入报界》，《读者》2011年第19期。

眼睛发亮并锲而不舍的,就是各种各样的神秘事件。卫斯理成了读者的眼目,专门去探看世界上各种奇闻异事。

倪匡说,他一生中最好的朋友是金庸。因而,他的小说只在《明报》连载,而大部份的小说也由明窗出版社出版。

亦舒和倪匡之少年兄妹（资料图片）

2

1965年5月,金庸以《明报》社长的身分,到英国伦敦参加国际新闻协会主办的会议,顺便在欧洲做了一次长时间的旅游,6月份才回港。

启程那天,《明报》各部门的负责人都到机场送行,并向查良镛表示自己工作的重心所在,希望他安心外游,不必牵挂报社的事。当时,报社已上轨道,查良镛并不太担心报社的编务,倒是比较担心正在《明报》连载中的武侠小说《天龙八部》。

年轻时的倪匡（资料图片）

《天龙八部》是从1963年9月3日起在《明报》连载的,这是一部风格独特的武侠小说,在写法上与查良镛以往的小说截然不同,在结构上采取了写完某一个人之后再写另外一个人的手法,看似脱节,但实际上又前后交错,将不同的人联结一起,相互映衬,绝对不会混乱,堪称绝笔。

在金庸所有的武侠小说中，《天龙八部》的人物是最繁多的，他们有如繁星闪烁在《天龙八部》这部"天书"里。这众多的人物，基本上分属公子哥段誉的故事、和尚虚竹的传奇以及英雄好汉乔峰的经历，他们配衬这三位首脑人物，犹如众星拱月，形成浩瀚的星河。

此时，《天龙八部》的故事还没有完结，也就是说还须写下去、连载下去。但这一外出就是一个多月，金庸已没办法兼顾武侠小说的事。但总不能断稿开天窗，那怎么办？金庸打算找人"代笔"。金庸找来"代笔"的人，就是倪匡。

倪匡是金庸的好朋友，两人诸多往来，时常在一起品酒论文。金庸找倪匡"代笔"，当然是欣赏他的文才。早在两年前，《倚天屠龙记》刚连载完毕时，新加坡一位报馆老板曾要求金庸续写《倚天屠龙记》，但金庸当时已着手写《天龙八部》，不能两部小说同时写，于是曾向这位老板推荐倪匡，要倪匡写《倚天屠龙记》的续篇，但倪匡以"世界上没有人可以续写金庸的小说"为由，婉然拒绝。

这次，金庸又找来倪匡，但不是"续写"，而是"代笔"。

"倪匡，我这趟外出时间较长，你帮帮忙，代写《天龙八部》三四十天吧！"承蒙金庸看得起，倪匡高兴得哈哈大笑："你说该怎样写？"金庸认真地说："我看不必照原来的情节，免得不能连贯，最好是写一段自成段落的独立故事。"当时开出的唯一条件是不可以死人，因为个个都有用。

金庸的要求正合倪匡心意，倪匡于是点头答允："那好吧，我就放胆自由发挥了。"当时，在场的还有香港名作家董千里。

倪匡答应"代笔"后，金庸又特别关照一句："老董的文字功夫很好，你的稿子写好之后，我想请老董看一遍，改过后再见报，你看怎么样？"倪匡也很佩服董千里的文才，所以满口允诺："这没问题，有老董在旁监督，我还求之不得呢！"就这样，倪匡操笔上阵，为金庸代写《天龙八部》；而金庸则放心去欧洲开会、游玩。①

金庸上午上飞机，倪匡下午就弄瞎了阿紫的眼睛，因为倪匡讨厌《天龙八部》中的阿紫，于是一怒之下，故意将她给弄瞎了。

金庸旅欧回港，倪匡已代写了六万多字。一见面，倪匡就说："金庸，很不好意思，我把阿紫的眼睛弄瞎了！"

金庸一听，唯有苦笑。接着，他自己就潜下心来，把《天龙八部》写完。

"阿紫的眼睛瞎了，你怎么办？"倪匡不怀好意：我把你喜爱的女孩子弄成了瞎子，看你怎么收尾。金庸说："我自有办法！"

金庸是大小说家，难不倒他，他作了别出心裁的处理，阿紫眼睛的那一段里面发展出来一段故事：一个为了痴情相爱，宁愿将自己的眼睛送给爱人，而一个性格顽强，将已复明了的眼睛又挖出来。这是《天龙八部》里面最凄泣的那段故事。

倪匡所写的那一段，在旧版书出版时，收进单行本中。金庸将全部作品修订改正之际，曾特地来商量："我想将你写的一段删去，不知你是否会见怪？"倪匡的回答很妙，先大声说："见怪，会见怪，大大见怪！"金庸闻言神情踌躇，大感为难。倪匡却哈哈大笑，道："我见怪的是你来问我会不会见怪，枉你我交友数十载，你明知我不会见怪，不但不见怪，而且一定衷心赞成，还要来问我！"金庸有点忸怩，说："礼貌上总要问一声。"

倪匡曾自撰一副对联，上联是"屡替张彻编剧本"，下联就是"曾代金庸写小说"，说的是平生最得意的两件事。

往后的两年，金庸与倪匡又做好拍档，他们合作写过两部武侠小说：《血影》及《长铗歌》，都在《明报》连载。至于其后在《明报周刊》出现的"金倪"武侠小说，倪匡坦白承认，小说是他个人作品，与金庸无关，他只是借助

---

① 冷夏：《文坛侠圣——金庸传》，广东人民出版社1995年版。

金庸名气而已。

当然，好弟弟的杰作发表，金庸这个老哥也乐意被利用过桥！

3

当年，倪匡的《地心洪炉》在《明报》连载，有这么一段：卫斯理从飞机上掉下南极，饥寒交迫，见一只白熊跑来，便把它杀了，剥皮取暖，吃肉充饥。读者来信骂倪匡："南极没有白熊！南极只有企鹅！"

从来不理读者来信的倪匡照样漠视投诉。结果这位读者每天寄他一封信，越写越长，分析他态度不严谨、对读者不负责任、误导，要他解释，否则再写下去就是厚颜无耻。

倪匡很火，在专栏上回复。原是250字的篇幅，他放大字体，只回答两句："XX先生，一、南极没有白熊；二、世上也没有卫斯理。"

金庸也出来说话："原来南极是有白熊的，现在没有，因为给卫斯理杀掉了。"那个读者气得吐血，最后一次来信，只写着两个大字，"无赖！"。①

金庸结识满天下，但经常与他在一起的，是倪匡和名导演张彻、名作家董千里，他们四人经常在一起喝酒玩乐。其中金庸与倪匡之间的一些生活趣事，

倪匡夫妇与儿子倪震儿媳周慧敏（蒋庆摄）

① 冯翰文：《倪匡：人生总有配额》，《外滩画报》2006年9月。

在香港文化界流传很广。

《明报》一创刊,金庸便邀倪匡为《明报》写稿。在香港,倪匡是最抢手的专栏作家和小说作家,稿酬奇高,但《明报》给他的稿费却偏低。倪匡看在老朋友份上,多年来一直不计较。后来,当《明报》每年净赚好几千万以后,他就觉得该想办法叫金庸加稿费了。

一天,一班朋友聚在一起,倪匡乘机对金庸说:"金庸,《明报》可真是越办越好啊!"金庸谦逊地说:"全靠大家支持!"倪匡紧接着问:"听说《明报》赚了不少钱,一年赚好几千万,是吧?"金庸不作否定,只说:"不多,赚一点点,赚一点点!"倪匡看时机已到,连忙直入正题:"赚了那么多钱,我的稿费也该加一加吧?"

金庸笑笑说:"好好,我加!"稿费真的加了,是百分之五,聊胜于无。倪匡不满,打电话去骂。金庸拗他不过,于是杀手锏来了。"好了好了,倪匡,不要吵!给你写信。"金庸用近乎哀求的语调说。

一听写信,倪匡昏了过去,大叹:"我命休矣!"原来以论口才,金庸口才敌不过倪匡,但讲到写信评道理,倪匡绝对不是对手。倪匡怕写信,他是一字千金,写信白写没钱收,只有傻瓜才做。独有金庸愿做傻瓜,偏偏喜欢写信。过两天,倪匡果然收到金庸的信。信中详列十条理由,解释稿酬不能加。倪匡捧着信,只能兴叹:"金庸啊金庸,你是一流的好朋友,也是最吝啬的老板。"

过几日,漫画家王司马向倪匡诉苦,表示在《明报》工作以来没加过稿费,仍然是三百元一个月。倪匡听罢,拍拍胸口,表示会在金庸面前替他争取。

倪匡了解金庸的性格,根据过往他追加稿费失败的经验,他知道不能单刀直入,开口就要金庸加稿费;而是要兜个弯,才可跟金庸入正题。倪匡见到金庸,问他:"王司马的漫画怎样?是否好棒?"金庸竖起大拇指,说:"好棒!"倪匡跟住说:"好棒,那应该加稿费了吧?"

金庸又是那一贯爽快口吻:"应该!""那你知道王司马月薪只有三百

元吗?"倪匡渐入正题。金庸听后大为惊讶:"不行,只有那么少,他想加多少?"

倪匡立即说要加至一千五百元。一向吝啬稿费的金庸,这下有点犹豫了,他向倪匡讲价:"一千二百元吧!"

王司马原先只要求加至五百元,今次竟双倍提升,倪匡这个中间人还不乐透吗?倪匡不单帮了王司马,也智取了金庸难得的稿费,这回倪匡与王司马都皆大欢喜了。

其实,金庸并不吝啬,他不过是深懂节省之理而已。他不像倪匡乱花钱,也不会富而后骄。他是应用则用,对朋友,有时也很慷慨。这一点倪匡体会很深。倪匡有什么困难,金庸都会帮忙,有时倪匡等钱用,金庸就会预支版税,并不是小数目,通常都过十万。金庸从来没有一趟皱过眉头,顶多会带点劝告的口吻对倪匡说:"钱不要乱用啊!"

有一回,倪匡又如常到金庸家里作客,他看中客厅内一只古董茶杯,便开玩笑问金庸,可否送给他;金庸随即笑笑口说:"好,你喜欢就拿去吧!"倪匡满心欢喜,便把茶杯放在一旁,待吃完饭后才拿走;怎知饭后,茶杯不见了,倪匡遍寻不获;他问金庸茶杯在哪里,金庸像没发生过事一样,表示茶杯已收好,倪匡登时为之气结。

另一回,倪匡在金庸家里,又看中一本线装书,于是要求金庸让给他。金庸就像平时的口吻一样,笑笑口说:"好,你喜欢的就拿去吧!"倪匡跟金庸说声多谢后,捧起书就开门走;金庸被倪匡的突然举动吓一跳,忙不迭问他:"为何走得那样快?都快开饭了!"倪匡立即说:"你们先吃,我将书放好后,再回来吃。"这次轮到金庸为之气结。

金庸与倪匡,虽然经常逗耍,但他们在各自心目中,仍是痛惜对方的。有一日,金庸邀请各方好友,在家里开牌局,玩沙蟹;金庸在这方面可称专家,经常赢钱。当日倪匡赌运甚差,连买相机的钱都输掉;一向赌相不太好的倪匡,一怒之下，拍案而去。金庸见状，事后即电倪匡，当时倪匡仍在生气，金庸像哄小孩一样，还说买部名牌相机给他补救。

倪匡闻言，竟觉惭愧，其后在文章中，倪匡提及此事，他盛赞金庸对朋友疏财仗义，堪称第一流朋友。

金庸小说研究出版第一人，为台湾著名出版人沈登恩，正是他推动了金庸小说的研究。倪匡的《我看金庸小说》系列评论，就是在他的鼓动下横空出世的。

在《我看金庸小说》中，倪匡用风趣而睿智的笔调，信手拈来、娓娓讲述了金庸武侠小说的创作特点，并且依照作品的不同程度，对金庸作品一一点评，排位论次；按人格的高低优劣，对金庸小说中的主要人物"品头论足"，读来情趣盎然，引人入胜。

在《再看金庸小说》中，倪匡对金庸作品《鹿鼎记》、《天龙八部》、《倚天屠龙记》作了专题评论。依照"武侠小说＝武＋侠＋小说"的观念，倪匡点评人物、随小说情节而笑而叹，浑然忘我，畅快淋漓，幽默而有余韵，并对金庸小说中的"武"做了评价。

在《三看金庸小说》中，倪匡对金庸作品《笑傲江湖》、《鹿鼎记》作了专题评论。倪匡时而移步于武林人物之间嬉笑怒骂，时而跳脱出来赞叹金庸文笔之奇之幻，将韦小宝、令狐冲两个"绝顶人物"之洒脱写得活灵活现，同时也再次说明《鹿鼎记》在金庸小说中排行第一的理由。

在《四看金庸小说》中，通过条分缕析地回溯故事，倪匡为杨康翻案，指郭靖为"伪人"，揭露黄蓉的"奸诈"，贬黄药师的"刻意"，赞欧阳锋的"自恃"、洪七公的"痛快"。金庸小说的精彩与成败尽在其中。

在《五看金庸小说》中，倪匡任情任性，陈沛然冷静沉稳。倪匡代普通读者对书中人物发话，言辞热烈，为人之常情辩护；陈沛然站在义理角度，评论痴情人的是非对错。两人以各自的方式，以"情"为中心，分别解读金庸作品中的"情书"——《神雕侠侣》。

蔡澜的微博传图：查先生和倪匡（资料图片）

倪匡称："以前，世界上未曾有过这样好看的小说；以后，只怕也不会再有了！"

1987年，金庸第一次去北京见邓小平，叫倪匡陪他一起去。倪匡说："他们不会批准的。"金庸不信："他们要我去就得要你去。"果然，新华社的人跟金庸讲："我们没有安排倪先生去北京。"金庸说："你们不让倪先生去，我也不去了。"那人很尴尬。结果过了两天，金庸兴冲冲地来告诉倪匡："他们答应让你去了。"①

1992年，倪匡移居美国，进入隐居状态，直到2006年，他才回到香港。回来之前，金庸打电话给他："你搬回来住？太好了，你搬回来我就不去英国念书。"结果，倪匡真搬回来了，金庸还是去英国念书了。倪匡问他："你怎么又到英国去啦？"金庸说："我说过不去吗？"过了两年，金庸从英国返回香港，邀倪匡一起吃饭，说："你搬回来了，我就不去英国了，我说了，没有食

---

① 陈远：《倪匡：被一阵风改变的人生》，《新京报》2008年7月8日。

言吧！"

2012年4月15日，77岁的倪匡获第31届香港电影金像奖，终身成就奖。接受媒体采访时，他坦承，金庸是自己"最喜欢敬佩的作家"，自己"永远不能达到金庸大师的实力"。有人笑问："金庸小说在文学、哲学、琴棋书画、诗词典章、天文历算、阴阳五行、奇门遁甲、儒道佛学方面均有涉猎，您说我要是把这些也都学会，能不能也写出像金大侠一样经典的武侠小说呢？"倪匡则不客气回说："不能！懂这些的人多了去，金庸是独一无二。"

"我经常和金庸、蔡澜聚餐啊，我们在一起，什么都谈，就很开心，金庸最可爱处当然是他学问大，就跟'十万个为什么'似的，什么都懂。"明明把读者逗得前仰后合，倪匡却非说自己是个矜持的人，"每次都是金庸约我，我从来不会主动去找金庸吃饭。因为他是大名人嘛，我怕他太忙没时间，被拒绝会伤心的哦……"

次日，蔡澜在微博上传了一张名为"查先生和倪匡"的图片，照片里，金庸正用鼻子嗅着碗里的美食，一脸陶醉，倪匡在旁边，眼巴巴地望着，"他们都不给我吃啊，觉得我这么老，这么胖，要得糖尿病的，哈哈哈哈。""甚惆怅。"倪匡接着幽幽地怨念了一句。这三个字，是倪匡在前段时间的微博里发过的，当时还引发了众网友模仿造句，酿成"惆怅体"。①

在倪匡的笔下，金庸是一个非常可爱的人：金庸本性极活泼，是老幼咸宜的朋友，可以容忍朋友的胡闹，甚至委屈自己，纵容坏脾气的朋友，为了不使朋友败兴，可以唱时代曲《你不要走》来挽留朋友。

倪匡啧啧称赞："查良镛是中国五千年来第一个致富的知识分子。除了传说中的陶朱公外，能够同时成为大儒和富翁实在绝无仅有。做生意当然会惟利是图，但这不一定会与良知发生冲突，因为赚钱不是坏事，做好事也可以赚钱。查良镛是一个有知识和商业才能的人。"

---

① 王湛：《77岁的鬼马倪匡，乐坏了90后》，《钱江晚报》2012年7月23日。

犹记当年写"夜话"
——助手潘粤生

"后来,我真有点后悔。"潘粤生在面对媒体记者采访时,淡淡吐出这句话:"想不到报纸会办得那么成功,而且还赚了大钱。"[1] 不错,如果他也是股东,于今何苦再营营役役。

潘粤生不仅是当年《明报》的老总,还是《明报》的创办者。那是一个风和日丽的春天,三个人聚于尖沙咀弥敦道文逊大厦一个小小写字楼内,密谋大计,为报名煞费思量。才高八斗的金庸,想爆脑袋也想不出一个好名字来,倒是潘粤生灵机一触,说:"叫《明报》怎样?'明'有'明辨是非'之意。"潘粤生就是那时加盟的,替金庸当了三十多年的助手。

三十多年的日子,低调的潘粤生只默默埋首编务,只爱躲在咖啡店里构思、书写《夜话》,就这样度过了他的青春。

1

《四人夜话》的作者余过就是潘粤生。他写的《夜话》最先在《明报》副刊连载,然后由明窗出版社结集出版。

潘粤生结识金庸当在1956年前后。在求学时期,潘粤生曾撰写散文和

---

[1] 黄仲鸣:《犹记当年"夜话"时》,香港《文汇报》2005年12月11日。

影评，投稿给《新晚报》副刊"下午茶座"的"大家谈"及《大公报》的"大公园"影评。金庸先后主编过这两个版面，虽然与潘粤生素未谋面，但却颇为赏识他的文章，尤其是他的影评。金庸认为潘粤生的影评写得很好，仅次于他自己的水平。因此在潘中学毕业后，介绍他到《长城画报》当助理编辑，成为画报两位编辑之一。另一位女编辑黄夏后来成为潘粤生的太太。

1957年初，金庸离开《大公报》进入长城电影公司当编剧，不到三年就先后创作了《绝代佳人》、《兰花花》、《不要离开我》《三恋》、《小鸽子姑娘》、《午夜琴声》等电影剧本，可谓是多产编剧了。后来他又学习导演，好在既有才气又肯下功夫，于是他不久便与人合作导演了影片《有女怀春》、《王老虎抢亲》等。当时他的笔名叫"林欢"。

看着金庸又编又导的，本来就喜欢看电影写影评的潘粤生不禁手痒痒了，私下里也写起剧本来了。潘粤生曾经编写过多部电影剧本，其中一部为《迷人的假期》，金庸推荐给了《信报》前总编辑沈鉴治制片。片子拍完了，沈鉴治在《长城画报》撰文，介绍电影《迷人的假期》制作的经过，说曾经三次修改

金庸与潘粤生（资料图片）

剧本，把年青的编剧潘粤生"磨得尖瘦"了。四十多年后，潘粤生重看《长城画报》的这段文章，看见自己当年的人像素描，不无感慨。

　　潘粤生编剧的《少奶奶的丝袜》把一部在四五十年代已经烂套的剧情讲得有声有色。故事描述两家丝袜厂为了推销丝袜各出奇谋，其中不乏安插卧底人员，涉及高智商犯罪。男主角经历翻墙，爬树，用丝袜做绳索，终于把心爱的玫瑰牌丝袜送给了心上人……竞争对手之间的间谍战转变为爱情，略带中国幽默与美式嘻哈的融合，令人耳目一新。影片于1972年拍摄上映，金庸观看后，一见到潘粤生，开玩笑地问他："你是从潮州游泳到香港来的？"这句话是剧中的一句台词。

　　金庸还说要自己动笔为他写一篇影评刊登在《明报》副刊上，后来因为他去了欧洲开会，也许给忘了，没写。

2

潘粤生编剧的《少奶奶的丝袜》（资料图片）

　　那年，金庸已写了三部武侠小说：《书剑恩仇录》、《碧血剑》、《射雕英雄传》，名震香港，名震东南亚。金庸见有机可乘，想借"大侠武夫"的威名办报创刊，打出一片自己的天地来。

　　1959年3月，金庸离开长城电影公司，与中学同学沈宝新注册登记了野马出版社，原先打算办一份小说杂志，又突然改变主意，改为出版报纸，因为报纸天天出，赚钱更容易。于是，两位股东匆忙着手筹备出版日报。金庸邀潘粤生做他的助手，潘粤生便辞了《长城画报》编辑之职。

　　由于改出日报，原先"野马"一名不太像报纸的名称，于是在出版前一个月，查、沈、潘三人在午茗时，商议着为报纸起一个新名。金庸提出，《成报》很成功，可否仿效《成报》，报名只用一个单字。三人经过一番苦苦思量之后,潘粤生提出何不用"明"字,有"明辨是非"之意。金庸一听,大表赞同,沈宝新也拍案叫好。金庸思索后又说,"明"字也有聪明之意,但是会不会被人曲解为"明日黄花"?潘粤生表示不会,于是决定取名"明报",将"野马"作为报纸副刊,名为"野马小说"。

潘粤生提出的一个"明"字,经过金庸的创造性发挥,成为《明报》的办报宗旨,金庸说:"《明报》的'明'字,取意于'明理'、'明辨是非'、'明察秋毫'、'明镜高悬'、'清明在躬'、'光明正大'、'明人不做暗事'等意念,香港传媒界有各种不同的政治倾向,在政治取向上,我们既不特别亲近共产党,也不亲近国民党,而是根据事实作正确报道,根据理性作公正判断和评论。"在《明报》当日的发刊词里,金庸即表明这张报纸要维护"公平与善良"的立场。

草创时期人手很少,连股东及职员在内只有五人。大股东金庸负责编辑部,编辑部之下只有一位员工,就是潘粤生。金庸兼社评主笔及武侠小说专栏作者之职,又要照顾第一版之大样编辑工作。其余的编务工作,一概由潘粤生负责,包括为第一、二、三、四版组稿、约稿、写稿及编辑工作,兼看二、三、四版大样,碰上金庸出缺,又要兼顾第一版的大样。第二股东沈宝新负责经理部的一切事务,包括印刷、出版、发行、广告、总务等。一年以后,人手增多了,三个人的职位才明确下来,金庸为社长,沈宝新是总经理,潘粤生便是首任总编辑了。①

金庸对身边的潘粤生他们说:"办报纸很辛苦,希望大家办好《明报》,把《明报》作为自己的事业,永不分手。"

金庸希望《明报》成为一份"走偏锋"的小报,利用小市民感兴趣的话题,再配上他的武侠小说吸引读者,发家致富。从五十年代至七十年代末期,《明报》副刊一直维持着两个版位,一版为小说,另一版为杂文。马经、足球、读者信箱等,当时并不被视为副刊。

---

① 张圭阳:《金庸与明报》,湖北人民出版社2007年9月。

潘粤生说："《明报》不倒闭，全靠金庸的武侠小说。"当时金庸的武侠在《商报》上连载已拥有大量读者，许多人为了看金庸武侠，开始关注《明报》。慢慢的，金庸的武侠小说打稳了《明报》基础。此外，金庸还亲任社论主笔，成为吸引读者的另一块黄金招牌。那时他下午写小说，沉浸在虚构的古代江湖刀光剑影里；晚上则写社论，又在现实的世界中"神雕侠侣"起来。

1962年5月的移民潮刚结束，6月8日，《明报》第一版刊登了"自由谈"征稿启事："《明报》尊敬知识高深的读书人，愿意接受他们的指导，但我们真正的朋友，永远的死党，都是广大的小市民。①"这是金庸亲自写的，为潘粤生主编的副刊掌舵定向。

副刊作者大多是社长和总编辑的老朋友，习惯于直接与他俩接触，这两个版位的约稿自然由金庸或潘粤生负责了，两版的编辑只是扮演催稿、校对的角色。因而，副刊上的许多栏目名称出自金庸或潘粤生之手，如"一笑会"、"青春"、"童心"出自金庸；"荒谬"、"自由谈"出自潘粤生。②

宋玉和高雄是香港有名的两位专栏作家，与潘粤生交情不浅，潘粤生说服金庸以加倍的稿酬将两位聘为专栏主笔。宋玉不只为《明报》写了一个副刊专栏，还化名以史得、凌侣为《明报》写杂文，又为《明报》写社评式的"明人闲话"评论；高雄以"三苏"为笔名的怪论杂文，更吸引了许多读者。如潘粤生所言："无宋玉不成副刊，无高雄不成副刊。"③

这样，潘粤生严格按照金庸的意图，经常刷新版面，更替写手，《明报》一改报格，从一份侧重武侠小说、煽情新闻和马经的"小市民报章"，提升到一份为读书人、知识分子接受的报章。

那一段日子，潘粤生虽然吃苦，但也快乐。尤其是在报端涂写的《四人夜话》专栏，更为他带来名声。《四人夜话》由明窗出版社结集出版后转到勤加缘出版社。在新一辑的《夜话》里，金庸写序介绍说："《四人夜话》是人的故事。虽然其中一部分故事谈到鬼，但仍然不是鬼故事。一般鬼故事大多消

---

① 张圭阳：《金庸与明报》，湖北人民出版社2007年9月。
② 同上。
③ 同上。

极、低沉、悲观,看后使人心情抑郁,纯然为传播迷信;《四人夜话》绝非如此。……这些是成人的童话、寓言,浪漫、大胆、激动人心,有时令人低回,有时给人启发,有时会心微笑,有时拍案叫绝,每看完一个故事,读者必略有所得。"

所谓"四人"即是日本人、美国人、英国人、法国人,四种人分别说出一个符合该国国情、文化的玄怪故事。

3

哈公是《明报》出版部经理许国的笔名。许国1951年从广东到香港,1957年加入左派长城影片公司,1967年曾参加左派发动的示威,1972年独立拍片,1975年因为经营失败到《明报》工作。许国以笔名哈公,八十年代初写"哈公怪论",取代病逝的高雄专栏《三苏怪论连篇》。高雄以笔名三苏,自六十年代起便在《明报》的"三苏怪论",以普通话、文言、广东方言的语言特点混合一体,以幽默笔调嘲讽社会百态。由于受读者欢迎,所以在高雄逝世后,《明报》仍然保留"怪论"专栏,由哈公接着撰写。《明报》编辑部众编委对"哈公怪论"甚为赞赏,认为是另类《明报》社论,对社评起了互为补充的作用。

1984年5月哈公写了一篇"胡说八道"怪论,讽刺大陆领导人。这篇文章被总编辑潘粤生抽起,认为不符合报社方针。哈公罢写九天抗议。1985年5月,潘粤生认为哈公《律政司应自律》一文不宜发表,哈公于是再度罢笔抗议。潘粤生重新调整"怪论"专栏,推出"祈弹怪论",祈弹是《明报》主笔徐东滨的笔名。

《明报》在副刊开办"自由论坛"之后,"哈公怪论"又恢复刊登。1987年2月,哈公写了一篇攻击大陆领导人的文章,再次被抽起没有见刊。哈公从此不再为《明报》撰稿,也不再在《明报》工作。

哈公在1985年的罢写事件,被外界认为是香港报业自律。1985年10月4日,《明报》以编辑部名义公开对外界的批评提出抗辩,强调"哈公怪论"并非遭到《明报》封杀。潘粤生撰写的公开信称:"……五月间,哈公怪论《律政司自律》一文,总编辑认为不宜发表,哈公罢笔抗议,本报主事人调和歧见,五月十四日致哈公函云:怪论请重论,以怪为上,求怪论连篇。……我们热诚希望哈公尽快恢复撰写怪论,至于出版部的工作,则系《明报》内部业务,与怪论纯属两事。"[1]

"本报主事人"指的是社长查良镛。事实上,哈公批评香港政府律政司,违反了《明报》明文规定的编辑方针。总编辑潘粤生对"哈公怪论"采取抽稿行动,也是执行报社的决定,准确点说,是执行《明报》老板金庸的意图。潘粤生与金庸共事三十多年,彼此已很有默契。潘粤生认为,彼此只说一句话,便已能领略对方的全部意图。《明报》的副刊编辑,也一如新闻版编辑一样,经常猜测揣度老板的意图。《明报》副刊成了反映金庸意图的一个园地。这点是外界难以理解的。

1969年12月,《明报晚报》创刊,潘粤生任总编辑。《明报晚报》是承接《华人夜报》而办起来的。晚报初期辟有"香港经济"版,后来逐步扩充,随着香港股市在七十年代初期畅旺,《明报晚报》也转变成为以经济为主的晚报。

《明报》创刊十周年时金庸一家与报社同事们合影(资料图片)

[1] 冷夏:《文坛侠圣——金庸传》,广东人民出版社1995年版。

红过脸的兄弟还是兄弟
——"明月"主编胡菊人

胡菊人（资料图片）

资深香港传媒人张圭阳说："胡菊人一名，几乎等同于《明报月刊》。"可以说，《明报》能蜕变成为一份知识分子的报纸，《明报月刊》和胡菊人的贡献不可忽略。胡菊人自1967年起出任《明报月刊》总编辑，历时12年，是《明报月刊》任期最长的总编辑。

胡菊人与金庸相知有素，被《明报》同事称为"金庸最喜欢的人"，金庸说胡菊人"他是一个有名士派头的淡雅文人，我敬重他"。胡菊人则说"查先生自始至终容忍我的学术癖性和编辑品位，我最欣赏查先生的雅致，还有典雅的文言白话。"

1

1966年，胡菊人在香港《今日世界》丛书部已经工作了4年。那年初冬，金庸突然托朋友请胡菊人到他的办公室。在不同场合，胡菊人跟金庸有过许多次的接触和叙谈，特邀至办公室交谈却是第一次。胡菊人抱着惊奇的心情前往。落坐，金庸微笑着说："我第一次读你的文章，看到你的照片，觉得你是个青年导师，像是很早就认识一样。"胡菊人接口说："是的，我们很早就认识，你的明报，你的武侠小说，香港人没有不认识你的。"两人谈得很融洽，从各自在香港这几年的生活，聊到香港的文化现状，各自的写作和态度。金庸突然说："你等一等噢。"就坐在办公桌前写了起来，不一会，金庸拿给胡菊人看，是一份亲手为他写的聘书，聘任胡菊人为《明报月刊》总编辑。这个职位原来是金庸自己兼任的，如今他礼聘胡菊人就任，还亲手为他写聘书，这超出似乎超出了他的期待，有点儿受宠若惊。

胡菊人比金庸小九岁，原名胡秉文，生于广东顺德一个农家。初中毕业后，由表哥带到香港。当过校役和教堂杂役，后来进入珠海书院半工半读，晚间补习英文，不久，到友联出版社资料室工作。其后，先后担任过《大学杂志》总编辑、《中国学生周报》社长、美国新闻处出版部编辑等职务。他既是香港报坛上的著名专栏作家，也是文学批评家，著有《小说技巧》、《坐井集》、《文学的视野》等，他所关注的，有"文学"的范畴，也有"中国"的范畴；他反对中国文学在创作上西化，也反对文学批评套用西方的名词术语和思想体系。这种以中国为本的人文思想与金庸的办报理念非常接近，这也许是金庸聘他担任《明报月刊》总编辑的原因。

见胡菊人应允"跳槽"，金庸郑重地将聘书捧到他的手里，客气地说："《明报》和《明报月刊》是兄弟，从今之后，我和你也情同手足，跟兄弟一样亲近了！"

《明报月刊》创刊于1966年1月，金庸亲力亲为主编一年，与《明报》有兄弟一样的渊源，精神上却完全独立。迫于生计，《明报》在成立之初也曾为销路使尽招数，因而《明报月刊》甫一创刊，便声明这是一份"非营利"的学术刊物，其盈亏与否，均可由《明报》负责。除了名称与《明报》有关系外，杂志内容完全独立，不受《明报》编辑部的干预。如果说《明报》是金庸不得不面对的现实，《明报月刊》则更像是他的一个理想，偶尔为生活而弯下的腰，在理想中却是风骨昂然的。

胡菊人接替后，金庸给胡菊人的聘书上提醒他，必须"遵照《明报》一贯中立、客观、尊重事实、公正评论之方针执行编辑工作。在政治上不偏不倚，在文化上爱护中华民族之传统，在学术上维持容纳各家学说之宽容精神"。金庸期望他不失昂然风骨。

金庸还强调，《明报月刊》的编辑宗旨，是"五四时代的北京大学式"、"抗战前后的《大公报》式"，能够以严肃负责的态度，对中国文化与民族前途，能够有积极的贡献。

胡菊人一直没有轻心淡忘那几句话的重量和真谛。

1967年8月，激进左派拟出了一份六人黑名单，标明这六人将会被谋杀，金庸就是其中一个目标。为了避免被暗杀，金庸便南下到了新加坡暂避，报社业务则交由股东沈宝新负责，社论则让胡菊人来顶。这期间，胡菊人和沈宝新是金庸最信赖、最顺意的左右臂。

2

从金庸到胡菊人，《明报月刊》的编辑风格当然有不少的变化，但所关注的基本方向没有变化，中国内地始终是一个重要的关注点。可是，中国在变；讨论中国的文章要写得精到、点出其变的得失，并不容易。况且，月刊总希望能够从更多方面去讨论中国的变。当时以访谈、演讲、问答的形式，胡菊人邀请余英时、许倬云、周策纵、史华慈、唐君毅、钱穆、胡适、朱光潜等诸位分题作答。如周策纵博士的《论中国知识分子》,余英时的《学术何以必须自由》,林毓生与史华慈的《自由主义为什么失败了呢?——一些关于中国近代和现代思想、文化与政治的感想对话录》等等。另外,由金耀基、唐君毅、王蒙、金庸、李约瑟、杨振宁、钱穆伉俪、胡菊人、白先勇等人联合谈论的长达一年的中国文化与现代化问题,在海内外引起相当大的反响。这种以《明报月刊》为载体进行的文化论坛式的演讲集,也成为海内外华人学者发布重要学术心得的主要平台。

《红楼梦》是一部集传统文化之大成的作品,因而对《红楼梦》的研究也就成了中国当代学术史上最复杂最集中的课题。在胡菊人主持下,《明报月刊》对《红楼梦》的研究占据了大量篇幅。20世纪60至70年代,在社会动荡中,许多大陆学者南下赴港,辗转停留,《红楼梦》几乎成为民族精神的化身。对它的研究,不仅集中体现了中国传统学术的研究方法,也寄托了当时学者对传统文化的深厚情感。期间,《明报月刊》上发表的红学文章内容广泛,作者阵容强大。从张爱玲、宋淇、潘重规,到余英时、赵冈、徐复观、周策纵,从作者家世、版本研究、创作分析,到研究态度、译本评价,众学者往来商榷,一度沸沸扬扬。但不论场面如何热闹,《明报月刊》在版面上一直表现得温文尔雅,只提供平台,而不做任何褒贬。即便是在1971年徐复观与潘重规及其指导的"《红楼梦》研究小组"之间发生论战,赵冈随后加入讨论的事件中,《明报月刊》作为一个平台,也只是如实地将各方意见刊登出来。用近来比较流行的话来说,就是"我可以不同意你说话的内容,但我坚决捍卫你说话的权利"。自由与独立,是众多学者对《明报月刊》所作出的评价。

《明报月刊》本身是名牌,金庸比喻为"名牌西装"。这份杂志反而不一定要去培养名家,名家都会在这里登文章,是一个身份的象征。许多学者把在《明报月刊》上发表文章当作地位象征。胡菊人有一篇文章讲得很形象:香港中产阶级订《明报周刊》,也订《明报月刊》,《明报周刊》放在茶几下面,

《明报月刊》放在茶几上面,表明他有文化素养。如果到哈佛大学燕京图书馆去看看,那里有两千多本中文杂志,《明报月刊》也是放在最上面的位置。但是老实讲,当然是《明报周刊》好看了,因为上面有娱乐新闻,老少咸宜。

有人说,胡菊人是"金庸最喜欢的人"。金庸自己也说,最初的十年是《明报月刊》的黄金时期。从1967年到1979年,《明报月刊》在胡菊人手里成为华人世界最文人化的刊物,它对中华文化的关怀及其流露的人文气质都是无与伦比的。这段时间恰好是香港《红楼梦》研究的高峰期。有这样一份独立开放的杂志,适逢这样一个小说研究的潮流,不知是谁更为庆幸?1981年,台湾远景出版社出版了胡菊人《红楼、水浒与小说艺术》一书,在这本书中,当也有着其在《明报月刊》编读众家观点留下的思想痕迹。

香港作家陈冠中曾经这样描述:"假设某一天,我睡意蒙眬的给吵醒,有人气急败坏的说:这是个大是大非的时刻,你一定要站出来表态,快说,你站在哪一边?我说:到底是什么事,给我点时间,让我先弄清楚状况……那人说:不行,现在就得说,你站哪一边?这时候我只得说:好吧,不过你得先告诉我,胡菊人站哪边?他站哪边我就站哪边。因为,在正义、良心、知识分子责任问题上,胡菊人肯定是值得信任的。"①

3

胡菊人的文章写得漂亮,编辑眼也独到。他从1967年起担任《明报月刊》总编辑,全身心投入,将月刊办得有声有色。《明报月刊》在文化界地位崇高,《明报月刊》的总编也自非一般报刊杂志的总编可比。胡菊人自然心满意足,不曾有过什么跳槽的想法。

但是,1980年,半路上杀出个程咬金。安心工作了12年的胡菊人提出要离职。事情源于一个台湾人。此人携巨款赴港,准备在香港办报,扬言要办一张

---

① 陈冠中:《胡菊人与我》,《中国时报》2007年2月8日。

像《明报》那样具有影响力的报纸。他先是由古龙介绍找到倪匡，后又找到胡菊人。当时胡菊人的月薪是四千七百元，那人欲以月薪万元挖走他。

胡菊人开始有点犹豫，但台湾人反复强调他要办的就是胡菊人理想中的报纸，一种充满责任感的报纸，一种能够拯救一代青年人的报纸。胡菊人不由得心动，他心想："我的理想终于实现了。"

经过多次接触、磋商后，胡菊人当机立断，决定离开《明报》，自创天下。

当他提出辞呈时，金庸整个人都呆住了。"不会是真的吧！"金庸第一个反应便是这句话："是不是薪酬不满意，菊人兄，我们可以商量呀！"金庸还以为胡菊人不满意薪酬。

"不，查先生，我在《明报》服务了这么久，从来就不计较什么薪酬问题，我只是想出去闯一闯。如今，我获得了一个千载难逢的机会，不想放弃。"胡菊人说得诚恳："我要出去办报。"

"什么？"金庸吓一跳："办报？"因为他知道胡菊人没有办报的经验。

胡菊人坦率地向金庸陈述了事情的来龙去脉。金庸听得直冒冷汗，他觉得胡菊人过于轻率，办报不同于办月刊，弄不好，会身败名裂的。这时候他倒不是担心胡菊人的离去会影响《明报》，而是担忧胡菊人将来的处境问题。

"你想清楚了吗？菊人兄？"金庸沉住气："办报可不是闹着玩的，当年《明报》的艰辛你是目睹的呀！"

胡菊人心意已决："查先生，我想过了，希望你能给我一个机会。"

金庸只好叹道："菊人兄，你再考虑一下吧！"金庸想尽可能"拖"住胡菊人，立刻打电话给倪匡："倪匡，胡菊人要走了。你平日口才那么好，除了你，还有谁说得菊人听？"

金庸真的急了眼，他爱才如命，实在不愿看到多年的手下和朋友突然离去。但是，胡菊人的决心很难动摇。金庸无奈，眼睁睁地看着胡菊人离他而去。

为了酬谢胡菊人12年来的服务，金庸特地在酒楼设宴欢送，并即席赠与黄金劳力士表，场面很是感人。金庸还向胡菊人送上三句临别赠言：不要动怒，不要忧心，不必惊慌。

金庸谆谆地说道："人的性格是各个不同的，你将来到了那边工作，他们家庭成员当然会来管事；同时，在你下面还有很多人要管，人的个性既然人人不同，那么，就算有人当面对你发脾气，拍桌子，你也要忍耐，不要动怒。""报纸杂志的销路会有起伏，如果销路下跌，你也不要忧心，只要冷静去做就是了。""你要知道，办报难免时时接到律师信，就算打官司你也不必惊慌。"

胡菊人离职之际，暗中招兵买马，心想《明报》的老同事如果愿意合作，那么一定能将报纸办好。没有想到金庸比他棋高一着，早就宣布所有工作人员获得加薪，还设宴慰劳。所以尽管胡菊人分别约请喝茶，仍未见效。看来，金庸早就料到胡菊人有此一着。胡菊人离职本来可能酿成大风暴，却被金庸化解得风平浪静。

当年，胡菊人的离职曾经轰动了香港界，有人甚至要写信开骂他，金庸劝阻说："人往高处走，他没错。红过脸的兄弟毕竟还是兄弟，我理解他，菊人兄终究是个好报人。"①

后来，胡菊人在《中报》混得不好，跳槽不到两年就掷笔出门，曾有一段日子，夜夜醉酒，发眉俱白，意志颇为消沉，只因"弃明投暗"而怨气幽幽。听说后，金庸十分难过，对他的关注依旧，常向人询问并传递安慰。对于胡菊人暗底拉拢《明报》人员，金庸从无责怪之意，反而人前人后称赞胡菊人是个好编辑。幸好，过不多久，胡菊人践行金庸的"三不赠言"，振作精神，重出江湖，自立门户，创办了一份名为《百姓》的时事刊物。

金庸对胡菊人始终念念不忘，有一年圣诞节前，他正在尖东一家酒楼宴请台湾女作家三毛，当他得知胡菊人就在附近一个酒会时，连忙通过慕容公子邀他挚谈，诚意拳拳。

---

① 钟晓毅、费勇：《金庸传奇》，《名人传记》2002年8月。

依恋旧时月色
——"明月恋人"董桥

金庸对董桥的文章"一见钟情",邀请他出任《明报月刊》总编辑。后来还干脆把《明报》给董桥掌舵。董桥先后在《明报》系统工作了十四年。

董桥说:"金庸先生的武侠小说那么成功,就是因为他有商业头脑,查先生是一个非常精明的商人,也是一个非常了不起的文人,这种结合,我看跟他的成功有很大关系,如果他一味地做文人要做的事情,或者看文人要看的东西,只限制在一个文人的小圈子里面,他就不会变成现在的金庸了。"

对金庸的学识、著作,董桥亦时作佳评。他说:"金庸于'文'能'化',具见他的小说。金庸于'史'能'化',具见他的《明报》社论。他对当世中外情势的把握、预测,令人惊叹。"

金庸说董桥:**"没有董桥,就不可能有《明报》的今天。"**

1

胡菊人的离开,使《明报》集团失去了一位可以独当一面的要角,金庸极为痛惜。无奈他亲自兼任老总,觉得十分不便,便四出找寻适当人选,结果找到了董桥。董桥那时在中大有教职在身,不想放弃。金庸看过董桥的翻译，视为第一流高手，因而一定要把他请到才甘心。他知道董桥是为了中大的丰厚薪资，方始犹豫，于是答应董桥给予同样的待遇，终于"挖角"成功。

那是1979年底，董桥37岁，有过在英国BBC电台中文部工作的经历，1979年到香港后任职于美国国际文化交流总署，曾打算去广州的中山大学任教。

"挖角"之前，金庸与董桥有过一次谈话。

金庸：听说你是福建晋江人，怎么会在印尼出生的？

董桥：那时福建乡下地方很穷，没有什么生路。父亲一早就跟当地许多百姓一样，下南洋闯荡，上世纪20年代左右在印尼落脚。少年时，我师从父执亦梅先生习之乎者也，如沐春风。先生曾教我读一本《博物要览》，书中描写各种珠玉犀象，可珍可玩的雅品，每则只有三言两语，言简意赅。先生说，你学会用简洁的笔墨描摹眼前的景物，以后作文不致累赘。因而我反复诵读，默记于心。

金庸：你写的文章有明清小品文的味道，大概是你听从先生的教导磨砺成的结果。

董桥：还有南洋土地遗民种子的营养。我的父亲与舅舅合伙开书店，做商务印书馆的代理

董桥（资料图片）

商,这让我从小就能泡在书堆里。后来父亲开办工厂,又让我的童年过得相当富足。我上小学就有私家车接送,我比同辈的同学生活优越很多。

金庸:我读过你的《书房窗外的冷雨》,你的文章描摹父亲书房里雅致、古典的气氛:紫檀书桌,乌木书橱,窗外荷塘蛙鸣……

董桥:父亲的书房内是静谧,书房外却是多事之秋。1958年印尼"排华",读到高中便读不下去了,我只身到台湾求学,攻读下成功大学外国语文学系的科班。1964年刚毕业,我便结了婚,太太是在外文系的同班同学。

金庸:你才20多岁吧?

董桥:还不足22岁,当时年轻气盛,早早就把自己拴住了,一拴就是四十多年。因为在台湾找不到像样的工作,我便带着妻子到香港找谋生机会。当时香港经济还不景气,最多的时候,我一天干三份工作,当过商铺记账的,干过公司文书,日子过得很艰难。

金庸:跟我初到香港时差不多。

董桥:大女儿出生后,经济压力增加,我不得不寻找更高薪水的工作。刚巧英国广播电台在香港招聘,既能去英国,也算一份优差。于是去考试,没想到考上了。70年代初,我将一家迁往英国伦敦,我半工半读,开始了在英国的8年留学生涯。小儿子在英国出生了。

金庸:你写的《中年是下午茶》,很有绅士味道,就是那时候写的吧?

董桥:是的。我喜欢喝下午茶,我觉得这是英国人挺好的一个习惯,很惬意。

金庸:我觉得你的文章很雅致,有情趣,我觉得有一种意境与巧思。你不在英国喝下午茶,怎么跑到香港来了,想吃夜排档了呢?是否因为你有学贯中西的知识背景?

董桥:哎呀,学贯中西是绝对谈不上,只是我的经历、学历一直都是一半中文,一半外文的。因为我发觉香港经济在腾飞,便动了回来的念头,为了觅一只称心的饭碗。

金庸:好啊!《明报》这只饭碗给了你,你称心就好好干下去。

董桥自喻是文化遗民,他那遗民的种子植根于南洋的土地。金庸选择董桥出任《明报月刊》总编辑,看中的是他的经历:董桥生在南洋,学在台湾,常居香港,他的身上融合了中西古今的太多种元素。金庸曾评价董桥:"经历培养学识,董桥的文章文化品位高,涉猎中西,文字上多属中,气质上多西化,行文独具一格;中西文化的影响,是董桥形成个人风格的真正成因。"[1] 董桥正是靠个人的学识、才情才免于沦为快餐文化,提升了品位。

在《明报》,董桥亲近知识避免酬酢,生活在办公室、书房逼仄的方寸天地间,既当《明月》总编辑,又是专栏作家,在香港这块被人称为文化沙漠的荒原上耕耘,培植绿洲。把他的人生发挥到了极致。与此同时,董桥结识了金庸等一批围绕《明报》的文人雅士,丰富了人生阅历和素养,最终养成心中"长剑一杯酒,高楼万里心"那一缕乾坤清气。

2

从1980年1月起,董桥做了近七年《明报月刊》总编辑,共编了八十期,在他手里继续将《明报月刊》发扬光大。1999年8月12日,董桥这样回忆:"1980年我接编《明月》的时候,文革过去了,邓小平拖着重伤的中国跌跌跄跄走回国际舞台,月刊的政治文化取向面临新的考验,我不断参考英美各类杂志的编辑方针,不断修葺自己的视野。"[2]

有人比较《明报月刊》的三任总编辑,认为胡菊人的使命感强,张健波的社会触角广,但文化、学术的联系,则是董桥的优势。

---

[1] 李文:《董桥风雅 只此一家》,《广州日报》2008年3月23日。
[2] 董桥:《没有童谣的年代》,文化艺术出版社2001年1月。

董桥认为，杂志和人一样，气韵之间既要有窗前寒梅的体贴，也要有雪中送粥的涵濡，不必轻加类别。因而，从窗前寒梅到雪中送粥，关怀社会秩序与文化秩序中的和谐境界，实际上就是《明报月刊》的风格。对此，1985 年 12 月，董桥写过一篇题为《静观的固执》短文："接编《明报月刊》的这六年里，我看到中国大陆痛定思痛，埋头修补人类尊严的一块块青花碎片；我看到台湾经济拖拉机机件失灵，大家忙着清理大观园内物质文明的污水；我看到香港的维多利亚陈年披巾给拿掉，政治着凉的一个喷嚏喷醒了多少高帽燕尾地春梦。就在这个时候，我也看到朝秦暮楚的个人信仰随随便便篡改价值观念；各种政治宣传向商业广告看齐，利用现代传媒科技的视听器和印刷品，日夜不停骚扰中西文化中静观冥想的传统。于是，我和我主编的《明月》也都生活在两个世界里，一个是热性的政治世界，一个是冷性地文化世界；我和我主编的《明月》也有两个声音，一个是对文化之真诚与承诺，一个是站在政治边缘上的关怀和呼吁。"1981 年英国公布新国籍法白皮书，260 万具有英国国籍的香港居民只有国民身份而无公民资格，《明报月刊》以此为题组织讨论，使之香港舆论哗然，逼迫英国政府改变主张。

1986 年 10 月离开《明报月刊》前，董桥在 21 卷 10 期发表了《"八十"自述》一文："当年，查先生给我的聘书上提醒我必须'遵照《明报》一贯中立、客观、尊重事实、公正评论之方针执行编辑工作，在政治上不偏不倚，在文化上爱护中华民族之传统，在学术上维持容纳各家学说之宽容精神'。……我虽然无权判断自己是不是做到了查先生给我的提示，我却一直没有轻心淡忘那几句话地重量和真谛。政治要有用世地寄托；文化要有高洁的灵机；学术思想蕴蓄地应该是人情所系的关爱。一本综合性的思想、文化、生活杂志有这样一股毫不凝滞的气质，也许足以在时代思维地大道上留下一星半点的脚印了。"

文人身份之外，办报其实才是董桥的主业。《明月》副刊的三个新专栏，体现出董桥掌帅后《明报月刊》编辑方针的不变和编辑风格的变化。

《大讲堂》，承继的是20世纪早期梁启超的《新民丛报》，以及其后的《新青年》、《语丝》、《新月》、《创造》、《小说月报》的遗风，秉持独立自由的人文精神传统，以期成为海内外学者发布重要学术研究心得的主要平台。在金庸的倡导下，就国家、历史、民族与当时的社会重要问题，以访谈、演讲甚至问答的形式，请文、史、哲、音乐、电影等领域等有巨大影响力的学者分题作答。那些被遮蔽掉了的大师的声音，让它们重新颤动起来，其要旨，乃思想独立是最高的真理。在此意义上，诸多文化界、思想界名人为表述学术、思想自由而发出的多元化"声音"，弥足珍贵。

《出入山河》则是《明报月刊》的专栏作者，如饶宗颐、李欧梵、林海音等名家的国内外散文游记，其文字栩栩如生，优美有趣，曲径通幽，不乏哲理。且不论恢宏的山川沙漠令人胸怀开阔、新丽瑰异的域外风光使人耳目一新，就是最为普通常见的京城胡同、江南小镇，也同样散发出闻所未闻的清幽之香，别有味道。

另外，《茶酒共和国》谈酒说茶，不能不说人，尤其是爱酒茗茶的人，酒中知己，壶里春秋。此专栏刊登的是名人大师们关于茶饮养生和酒里人生的美文精华。

2012年8月，董桥在参与腾讯《大师》访谈录时说："到《明报月刊》跟查先生做了很久，大概有十几年，当然学到很多东西，因为查先生是非常聪明、非常重要的一个作家，我可以跟在他身边，对于我来说是一种荣幸，有机会跟他学做人，学做文章，都是很好的。他也不会教你什么，总之是潜移默化，你天天跟他来往，天天看他上班、下班，跟他一起，你慢慢就知道查先生这个人怎么会写出那么多书，武侠小说、社评会写那么好啊，慢慢你就会摸到一些东西。"

从 1988 年到 1995 年，董桥又做了七年多《明报》总编辑。"《明报》是查先生一手创办的文人报纸，是很正统的一个知识分子报纸，可以说我是搭最后一班车，在我之后就没有像我那么大的运气，会跟查先生这样的人，跟他学，跟他做，这个是比较难得的经验。""金庸最信奉一句格言：'事实是神圣的，评论是自由的。'在相当长的时期内，他办的《明报》恪守了客观、独立和公正的原则，也就是追求新闻自由的理想。"[①]董桥这样描述自己与金庸结交后的幸运。

董桥刻过一枚"董桥依恋旧时月色"的闲章，想是从锻句炼字中感觉到旧时的美好，旧时的美好，当然包括了金庸和他的《明报》。《旧时月色》是由别人编的董桥散文集，多是董桥在《明报》所写的专栏作品汇集。散文清丽娴雅，或点或染，着墨成情。多年后，依然在董桥心中挥之不去的，《明月》的印记。董桥自喻"明月恋人"："我真正觉得我的东西人家会重视，就是在做《明报月刊》期间，我开始觉得可以写得好，之前我不会感觉到我自己会走这条路。那时我的文章，我不用签名，人家也知道是董桥写的。"[②]

3

1994 年，金庸宣布正式退休。不久，董桥也离开《明报》去了风格完全不一样的《读者文摘》，后任《苹果日报》总编辑。有人问他为什么，他回答："我在《明报》的时候因为查先生在，他是马首之瞻他说了算，我们可以学到很多东西，大家就看着一个报纸的主管，他每天写社评，本身就已经是知识分子了，所以这个报纸不用伪装也是一份知识分子报纸。查先生不在后，我也离开了，我就不再介入一个所谓知识分子报纸的东西，我觉得查先生不在了就没什么意思了。"

[①] 腾讯：《董桥：他们那一代人的风采》，《大师》访谈录 2012 年 8 月 16 第 80 期。
[②] 王绍培 王昉：《董桥："我是一个很自负的人"》，《出版日报》2012 年 3 月 12 日。

1999 年 12 月 2 日，董桥在《苹果日报》发表《我们头上没有光环》一文："我追随查先生做杂志、做报纸那么多年，期间当然也经历过很多很多风风雨雨，我看到他真的做不到'八风不动'的佛家教导。可是，他对每一场风雨的反应，确实让我得到好多启示。'有容乃大，无欲则刚'虽然是他办报的格言。我始终觉得那只是他最愿意与报馆同仁共勉的理念；我在查先生学到的最实际的东西，是他对新闻写作与评论的技巧，以及他对编采人员的专业的尊重与宽容。"

作为金庸的下属、同事、文字之交，他对金庸的了解远超过一般人，他写过一篇《为天龙八部所见》，以特有的"董桥体"写出了他眼中的金庸："这是金庸十四部小说的神髓：每一部小说里无处没有金庸；每一部小说里处处不见金庸。……金庸和查先生是矛盾的杰出人物，他在困厄的环境中培养出坚毅地反叛精神，他在芬芳的书香里享受才士的大名盛举，他在财富的殿堂上乐于亲近浅俗的欢笑，他在情感的风雨下不辞暴戾脆弱地心灵。千万读者从他的小说政论中传燃侠义的薪火，他却始终没有滥用他的侠骨丹心。千万读者从他的小说政论中培养至情至性的气魄，他却始终保持冷静淡远的气度。金庸的旅程是心路的旅程，不是躯体的旅程；他的文字胜过他的口才。""我发现，查先生很会随环境气氛的变化更换衣装。后回香港，再见查先生，他穿着名牌西装，与香港衣香鬓影又融为一体。"

金庸当年在《明报》天天写社评议论世局国事，有口皆碑。董桥说："查先生是小说家，写政论往往穿插一些说部的笔触：添一些对白，描几幅景象，说两句自己，行文里顿时多了三分情趣。……金庸精于论世，在报刊上撰写政论，历时三十余年，最大的特色是'喜作预测'，常常公开对未来事情的发展提出明确而肯定的判断。'我作的许多大胆推断，后来事实大都应验了，并没有重大失误。这不是我眼光好，只是运气不错。'金庸说。这些大事包括林彪

担任香港《苹果日报》社长的董桥
（沈安柔摄）

倒台、邓小平复出、香港回归等。"

金庸判断政情为什么那么准？董桥说得更到位："利己之心的确是人类秉赋之自然也。查先生私底下总爱说，人是自私的，推测个人或政府的用心和行动，必须推己及人，先从其自私的角度衡量其得失，然后判断其下一步之举措，一定不会离题太远。这就是洞察世事人心。"

对金庸的文字，董桥更是向来佩服，他在《声音与愤怒》文中说，金庸在1981年的一篇社评中对英国前贸易大臣的一句话"译得很传神"[1]。1999年8月28日，他在《香港的两枝健笔》文中诚挚地说："我未必同意查先生的一些保守观点，可是，他的每一篇文章我都细读，读的是那毫不保守的文字和气势。跟随查先生十几年，我从他的原稿中注意到字斟句酌而不留斧痕的功力。""他的文章好看，他会懂得怎么安排会好看，所以武侠那么多人看，一代一代流传下去。他的文字不是很讲究的，他讲究他制造出来的气氛，制造出来的情节，让你去追，这是他了不起的地方。"[2]

但董桥就是董桥，即使对亦师亦友的金庸，在关键时刻，他也能坚持原则，毫不含糊，如1999年12月发表的《金庸在杭州的谈话》，尽管他的批评是那么婉转、那么含蓄、那么有节制、有礼貌，是非却是分明的。

金庸说："董桥在《苹果日报》，我跟《苹果日报》这些人都不往来。他年纪大了，兴趣在古董字画上面了。"

---

[1] 董桥：《文字是肉做的》，第142页。
[2] 董桥：《没有童谣的年代》，第153页。

金庸"小字辈的朋友"
—— 文坛知音的潘耀明

潘耀明（资料图片）

十多年前，早年做过金庸秘书八年的作家莫圆庄（笔名圆圆），从加拿大返港，某日到《明报》找潘耀明。两人在会客室打对面而坐，聊了片刻，她倏地对潘耀明说："我怎么越看越觉得你的样子像金庸。"临走，她又很认真地重复了一遍这话。

提起潘耀明，特别是内地传媒，把他冠以"金庸的秘书"、"金庸的代言人"的名衔。对此，潘耀明不敢掠美。为此，他发表过无数声明、澄清启事，甚至对每一位来访者和电话访问的传媒记者一再表白："我既不是'金庸的秘书'，也不是'金庸的代言'，金庸是我的前辈，我顶多可以说是'金庸的小字辈朋友'"。

潘耀明和金庸相识并共事20多年，是无话不说的好朋友。金庸是《明报月刊》的第一任总编辑，而潘耀明是第四任，也是任期最长的一位。

1

1991年,《明报》总编辑董桥有一天突然给潘耀明打电话:"查先生要见你。"潘耀明有点意外,也有点兴奋。在此之前,他给《明报》副刊写了一个"每天"的专栏外,与金庸大都是在文化聚会上遇见,只是点头之交而已。

潘耀明诚惶诚恐地跑到当年北角明报大厦查先生的办公室,金庸与董桥已坐在那里。寒暄过后,金庸让他坐下稍候片刻,他则移步到办公桌去伏案写东西。时间一秒一秒地过去,空气静寂得像凝结了。为了打破这闷局,潘耀明偶尔与董桥闲聊几句,都是不着边际的话题。

大约过了半个钟点,金庸从书桌起身走来,亲自递了一份刚誊写好、墨香扑鼻的聘书给潘耀明,请他负责《明报月刊》,而且给了潘耀明在出版界少有的高待遇。潘耀明意外受聘,颇感惊奇,十分感动,还没有提前三个月向香港三联书店辞职,就答应了金庸。金庸手写的那份聘书,潘耀明专门拓了影印本,保存至今。[1]

《明报月刊》由金庸创刊并主编,后来历任的胡菊人、董桥等七八位主编,都是赫赫名流。在他们的前后经营下,这份杂志已经建立了相当高的学术水平和文化品位。作为著名报人,金庸能毫不犹豫地将自己心血浇灌的名牌杂志托付给潘耀明,想来他的专业学习训练和在出版业界的优异表现,他广阔的国际视野和丰富的人脉资源,都是为金庸看中的原因。

潘耀明,福建南安人。儿时,潘耀明就憧憬着外面的世界,父亲满足了他看世界的愿望。20世纪50年代后期,下南洋到菲律宾的父亲把妻子和儿子从福建南安贫瘠的山村,申请到了大都市香港。那年,潘耀明10岁。

在摩天大楼肩摩踵接的香港,他和母亲的生存空间,连一扇窗户也没有,只能放下一个衣柜和一架双层床。困苦成为他努力向上的催化剂。入中学就开始成立文学社,有志于文学创作的潘耀明,出中学校门后,进了《正午报》,

---

[1] 胡晓:《潘耀明蓉城澄清误会》,《华西都市报》2010年4月14日。

从见习校对、校对、见习记者,直当到编辑。这时受著名文史学家曹聚仁的勉励和启发,他树立了自己的文学志向。1966年后,潘耀明历任香港《正午报》记者、《风光画报》督印人,香港《海洋文艺》杂志执行编辑,三联书店有限公司董事、副总编辑。

潘耀明从20世纪70年代初起步于文学创作,至今在中国大陆、香港、台湾出版了20多本著作,并多次获奖。在他的创作中,丰富的写作题材,紧扣着他的生命律动和人生足迹;散文、随笔、纪游、海内外作家作品研究,涉猎广泛文类驳杂的体裁,体现了他作为编辑家和出版家的职业特点。潘耀明曾多次回大陆采访,幸晤了钱钟书、巴金、沈从文、俞平伯等当代著名作家。他陆续撰写访问记,向海外报道。在此基础上,结集出版了50万字的文学评论集《中国当代作家风貌》。可以说,是编辑工作推动了他的研究和写作,反过来,也奠定了他从事编辑出版业的丰富过硬的人脉资源。

作为作家,他多以笔名"彦火"名之;作为编辑家和出版家,他则以本名"潘耀明"面众。

2

潘耀明在香港柴湾明报工业中心的办公室向海,藏书多,字画多,名家手札多,但一见难忘的还是金庸的题字:"看破,放下,自在。人我心,得失心,毁誉心,宠辱心,皆似过眼云烟,轻轻放下可也。"①

第一天上班,潘耀明向金庸报到,希望他就办《明报月刊》作一点指示。令潘耀明感到意外的是,金庸说话不多,依稀记得,他只淡淡地说了一句:"你瞧着办吧!"当潘耀明向他征询,除了之前他在《明报月刊·发刊词》揭示的"独立、自由、宽容"办刊精神外,他在商业社会办一份亏蚀的文化性杂志有什么其他特殊原因吗?他回答得简洁:"我是想替明报集团穿上一件名牌西

---

① 李怀宇:《潘耀明点评香港文化生态》,《时代周报》2011年8月11日。

装。"

换言之,办《明报月刊》的另一层意义,也是为了明报集团打造一块文化品牌。后来,金庸在另一个场合对潘耀明说,《明报》当初上市的股票,实质资产只有一幢北角明报大厦,每股港币一角,上市后第一天的股值跃升了二元九角。换言之,有二元八角是文化品牌的价值。他说,文化品牌是无形财产,往往比有形资产的价值还要大。

潘耀明接手《明月》时,正是杂志最困难的时候。社会变化的大背景,新兴读者群口味的变幻,都对这个老牌的杂志造成冲击。"金庸先生委任我当总编辑的同时,还交给我一个总经理的位置,这也是一种双重期许。"过去胡菊人、董桥只当《明报月刊》的总编辑,都没有兼任总经理一职,他悟出意思来了:除了办杂志,还要对它的销量负责。

潘耀明觉得,杂志初创刊,肯定要有名家的稿子,才能将品牌打出来,到一定时候,就不一定要用名家了,自己可以培养名家。《明报月刊》可以"我有你没有",才能突出风格,人家才对这份杂志感兴趣。杂志的个性化是很重要的。1991年接手时,《明报月刊》只有一个封底是手表广告,稿费也非常低,一千字一百块。潘耀明跟金庸讲,"我们不如还是登广告,将稿费提升一下。"稿费逐渐提高到一千字三百块。多年以后,《明月》一直保持水准,而且广告量时有上升,殊为不易。

在潘耀明任下,"明月"销量大为攀升,这当然归功于他的市场眼光,他自称是当年留学美国,发现人家的出版管理和编辑思想很是灵活机动,也学了一些招数。

金庸每次的约晤,大都安排在黄昏时段。他往往先让秘书打电话来,表示潘耀明如得空,让他过去聊聊。从柴湾的明报大厦到金庸办公室所在的北角,也不过是十分钟的车程。金庸的办公室,像一个偌大的书房,估量也有近二百平方,两边是从墙脚到天花、排列整齐的一行行书柜;其余的尽是大幅的落地玻璃。从玻璃幕墙透视，一色的海天景观，可以俯览维多利亚港和偶尔划过的点点羽白色的帆船和渡轮。

那当儿，金庸和潘耀明各握一杯酒，晃荡着杯内金色的液体，酒气氤氲。彼时彼刻，两人拿目光眺望玻璃幕墙外呈半弧形的一百八十度海景，只见蔚蓝的海水在一抹斜阳下，浮泛着一条条蛇形的金光，渐渐粼粼地向他们奔来……心中充盈阳光和憧憬。两人在馥郁酒香中不经意地进入话题。在服下一大杯后，金庸操他的海宁普通话，潘耀明讲他的闽南国语，南腔北调混在一起，彼此竟然沟通无间，一旦话题敞开，天南地北，逸兴遄飞。①

1993 年，《明月》曾做过一个特辑，当时中英关系不协调，为了探讨中英政治和香港的前景，在金庸的主导下，潘耀明请了彭定康，也请了新华社分社副社长张浚生为《明月》撰稿，发表他们的见解。这样，读者看到，两方虽然见解不同，但他们都不希望将香港引向一个危险的边缘。这个特辑大家都觉得很有价值。

潘耀明主编《明月》，刊登关于中国传统戏剧的文章是不少的，这大概跟金庸本人的爱好也有些关系。《金庸散文集》里面，开篇就是"看戏"，七篇文章，《姚期》、《除三害》、《空城计》……听得有板有眼。

2006 年 9 月，潘耀明主编"明月四十年精品文丛"，他在这套文丛的后记里面说："从一九九八年起，我第二度接任编务。胡菊人历时达十二年；其次是董桥，也有七年；我在前一时期做了四年，后期也八年了，合共十二年，与胡菊人一样。《明月》最初十多年是黄金时期，销路很好，她的创刊号还要再版哩。但正如查良镛先生所说'前十年是相当艰苦'，一面倾尽心血与汗水，一面还要遭受攻击与炸弹。我不过是一个接棒者，以个人的知识水平来编这一本誉满海内外的杂志，自问力有不逮，对尺度的拿捏甚至具体编务，难免有不周全的地方，期间又经历了金融风暴和香港经济衰退时期，读者阅读心态十分飘忽，香港杂志销路日渐萎缩，甚至个别名牌杂志也在这场狂飙中没顶了。《明

---

① 潘耀明：《永恒流动的情感》，人民日报出版社 2011 年 3 月 1 日。

月》还能够维持下去,订户不跌反增近一倍半,销路在稳定中发展,这可以说是一个异数。""金庸在武侠小说中长袖善舞,写尽了中国传统文化的魅力,原来底子都在这里。一本散文集中,看戏、听歌、品舞、赏画、翻书,虽也偶涉西学,骨子里却是中国传统文人的路数。以这样的背景创办《明月》,难怪成为了'文化中国'的代表"。

潘耀明说:"查良镛先生虽然出售了《明报》企业,但他一直关注《明月》的成长,他所撰述的文章,绝大部分优先给《明月》披载,他希望《明月》越办越精彩,并相信一个'群星灿烂月华明'新局面的可期。"

3

1990年代中期,金庸卖了《明报》,也曾想过另起炉灶,做一番文化事业。首先他想办一份类似历史文化的杂志,他准备写长篇历史小说,并在这份新杂志连载。于是他找潘耀明过档到他自己经营的明河出版社集团有限公司,为他策划新文化杂志和管理出版社。须知明报集团卧虎藏龙、人才济济,金庸单挑了潘耀明,令他受宠若惊。为此,两人曾在位于北角嘉华国际中心的办公室把酒聊天过好几次。每一次聊天,金庸运筹帷幄,兴致很高,他从一个隐蔽的酒柜取出瓶威士忌来,亲自给潘耀明斟酒,然后自己斟小半杯,都不加冰,是纯饮式的。

金庸给了他一个特别大的办公室。不料,金庸动了一个心脏大手术,不大顺利,后来就写不出历史小说了。不久,潘耀明回到了换了老板的《明报》,再次主编《明报月刊》,并担任明报出版社和明窗出版社总编辑及总经理。

那时,明报出版社亏损严重,他有压力。因为明报集团已经是上市公司了,股东就要看杂志有没有赚钱,倒不是看杂志有什么好文章,这跟以前金庸在的时候不一样了。"未曾尝试不轻言败",这是潘耀明一向做人和做事坚持的座右铭。他使出浑身解数,既满足股东们的"向钱看"的要求,又不能放弃自己和金庸的文化理想。为此,他特别成立了明文出版社,推出"培养作者计划"和"成就学者出版计划",帮助作者自费出版,既可以降低投资风险,也可发掘新进作者、帮助年轻学者圆出版梦,并能利用明报的优势宣传推广。

1996年4月,潘耀明陪金庸到日本签合约。德间出版社的老板德间康快(他最早曾通过于品海洽谈购买《明报》),拥有包括电影、出版、报纸的综合大企业,他们决定斥巨资出版《金庸全集》,组织了日本一批汉学家翻译,准备花五年时间出齐,第一阶段先出精装文库版,再出平装。两年后第一部《书剑恩仇录》日文文库版出版后,很快便告售罄再版。

潘耀明有一个朋友,在巴黎开一个大书店,潘耀明向他推荐了金庸小说,可他不晓得金庸的书在法国是否销得了,就向法国教育部申请一笔钱翻译金庸的武侠小说。这位朋友通过申请到的一笔翻译金翻译了《射雕英雄传》,潘耀明向金庸介绍了这位朋友,金庸对他很好,只象征性地收他一块钱的版权费。这本书后来得了奖。于是,潘耀明牵头一个法国出版社,将金庸的全部作品都翻译成法文,并在法国出版了。[①]"此前金庸作品被翻译成西方文字,都只是节选,这次是内容最全、规模最大的一次翻译工程。这位翻译家还为此成立了一个'金庸翻译工作室'。在欧洲,法国人最喜欢金庸的作品,很多读者将金庸比作'东方的大仲马'。"潘耀明说。

在他的努力下,明报出版社终于扭亏为盈,如今,从出版物的品质和社会影响看,这家出版社,以及他主编的《明报月刊》,不但是香港,也堪称是整个华文世界出版业界的翘楚。

潘耀明对金庸小说推崇备至,当有学者将金庸作品列入"四大俗"时,他发表长文称"金庸是根深叶茂的大树,是扳不倒的"。"金庸的武侠小说之所以广受欢迎,重要的一点是故事情节好,扣人心弦,读之令人废寝忘食。亦舒有一段话可以作为注脚:金庸小说里充满流行因素,通篇都是俊男美女凄迷的

---

① 王嘉:《金庸全部作品将在法国出版》,《成都日报》2011年11月10日。

潘耀明是《明报月刊》第八任总编辑（孙展摄）

2004年9月24日，金庸和潘耀明等友人在成都品尝成都小吃。（韩杰摄）

潘耀明（资料图片）

爱情故事，出人意表的诡秘奇突的情节，书中好人坏人与怪人都性格分明，惹人注目。又不断加插稀奇古怪的学武过程，刺激读者观感，看他的小说，情绪没有片刻静止，完全被文字操纵，脑海一幕幕尽是五彩缤纷的画面，鲜明的描述加读者想象力，比看电影还要精彩，看得入迷。"①

后来，他在广州接受《南方都市报》记者专访时说："金庸小说的最大魅力在于他将中国的白话文典雅化了，他已经将中国传统的白话小说、笔记文学提升到一个全新的境界，他的小说中的许多段落只要单独抽出来，都可以成为一篇优美的散文。"在他眼中，金庸首先"是一个具有多方面才能的人。一个文人办报，继而成为大亨，这是古往今来都没有过的，他具有多重身份：一个成功的报人、作家和企业家。同时，他又是一个知识相当渊博的文化人，他很重感情，对于中国传统的儒学、佛学甚至琴棋书画，都有相当精深的造诣。金庸的成功，除了天分之外，勤奋也是很重要的，我们以前经常在一块出差，在机场候机时，他从来不会干等，总是到处找书店去看书，你们没有见过金庸的办公室，那才是真正的坐拥书城"。

如今，潘耀明任职香港作家联会会长。包括金庸的文化人都说，如果将香港文化圈比喻成梁山泊，潘耀明就是宋江式的角色，统领大家一齐上山干事。这一方面，包括金庸的文化人都说他为人敦厚，甘为香港文化人做嫁衣，另一方面，则夸他有聚集各方才学的气度。

---

① 彦火：《扳不倒的金庸》，《收获》2000年第1期。

还唤金庸 为"小查"
——"快乐画家"黄永玉

著名画家黄永玉与金庸同事，且在两人初闯香港、举目无亲之时，可谓"患难知己"。金庸对黄永玉赞不绝口，夸他是个"最接地气的画家"，是个全才。

1981年7月，两位老朋友在北京相见，万分高兴，追忆起30年前的往事，两人不禁兴叹岁月已逝。

1

1948年，黄永玉在香港参加"人间画会"，从事木刻创作做自由撰稿人。当年，24岁的黄永玉进入《大公报》，非常凑巧的是，金庸也在《大公报》编副刊，两个中国现代文化史上的传奇人物就这样走到了一起。

在黄永玉眼中，这位同事真是了不起："我们的年龄是一样的。我们以前不叫他金庸，我们当时在《新晚报》大家都叫他小查，他叫查良镛，我到现在也叫他小查，他说现在在香港叫我小查的没有几个了。"①

"金庸是大侠，黄永玉是怪侠。"《大公报》的另一位同事梁羽生这样评价他俩。

确实，黄永玉的经历有点儿怪。他是土家族人，跟金庸同龄，1924年7

---

① 李辉：《黄永玉谈金庸：怎么弄成武侠小说家了？》，《中国文化报》2003年10月24日。

月9日出生在洞庭湖西岸的"世外桃源"常德,半岁后随父母回到凤凰县城沱江镇。因家境贫寒,黄永玉12岁时就背着小包裹独自离开家乡,到外地就读。16岁的黄永玉就能靠木刻养活自己。在苏州写生时,他被司徒庙中有"清奇古怪"之称的四棵汉代古柏吸引,连续三天早去晚归为其写生。日后,面对被他用准确而流畅的白描线条展示在丈二大纸上的这四株阅尽人间沧桑的古柏,人们无不称奇叫绝。

那年,黄永玉在泉州开元寺巧遇弘一法师。这段奇缘后来被人们演绎成他对法师持弟子礼、得真传。而他自己的说法则是:上树摘玉兰花时被一老和尚发现,极不情愿地下来后随之来到禅房,开始时并不知道这位貌不惊人的和尚

黄永玉(资料图片)

竟是赫赫有名的弘一法师。虽然并没有真的拜师学艺,但短暂的交往仍带给他一些启迪和不小的震撼。后来,弘一法师临终前曾留给他一张条幅,上面写着:"不为众生求安乐,但愿世人得离苦"。

18岁时,黄永玉来到江西一个小艺术馆里工作。在那里,他碰到了一位美丽大方的广东姑娘张梅溪。为了将这位国民党将军的女儿追到手,而自己又无钱,无貌,于是只有成天在楼上吹小号,以表爱心。有一天,他终于忍不住了,便对张梅溪说:"如果有一个人爱你,你怎么办?"她就说:"要看是谁了。"黄永玉说:"那就是我了。"她回答:"好吧。" 两颗心终于走到了一起,张梅溪冲破家中阻力,与黄永玉私奔成婚,流落到了上海。

后来金庸听说这段极具戏剧性的爱情故事,对黄永玉说:"如果换成今天,这是一段不错的电影对白。"

1948年,参加了左翼运动的黄永玉,为了逃避迫害,不得不离开上海远赴香港。在这个陌生而充满竞争的城市,他一边给电影公司写剧本,一边坚持刻木刻。在《大公报》,黄永玉和金庸在同一间办公室里共事,黄永担任美术编辑,金庸任国际电讯翻译。1950年《新晚报》创刊后,金庸调任《新晚报》副刊"下午茶座"编辑,并撰写影评文章。

黄永玉租住在九龙荔枝角。金庸新婚不久,他曾带着妻子一块来这儿与朋友聚会。其间,乔冠华、胡风、臧克家等人都是常客。"他们不会讲广东话,谁要租房子,我就帮他们张罗。他们都叫我'保长'"。当年批判胡风的《论现实主义道路》,在香港开了座谈会,晚上胡风就来找楼适夷发牢骚。"当时只有一层隔板,但我也听不懂。到半夜时聊得饿了,他们就来找我借点点心。"①《新晚报》总编辑罗孚讲过一件趣事:一家店名叫"美利坚"的童子鸡做得很出名,黄永玉约金庸、梁羽生等朋友经常去,有一次吃到一半,大家发现口袋里都没有钱,大家显得很尴尬。这时,黄永玉对着饭馆里饲养的热带鱼画了一

---

① 姚勇:《黄永玉的大公故事》,《大公报》2012年4月24日。

张速写，用手指头蘸着酱油抹在画上，算是着色，画完后，金庸给在《星岛日报》工作的叶灵凤打了一个电话。没过多久，叶灵凤笑眯眯地来了，黄永玉交上画，叶灵凤预付稿费付清了饭钱，大家尽欢而散。

黄永玉名分上是编辑，实际却也承担了记者工作，主要为新闻报道做插画。汽车辗过一个小孩之后跑了，他马上跑到现场画个速写，回来刻个木刻；赶上电车工人闹罢工，他马上就画罢工；有个美国兵跑去找妓女，偷了妓女的东西跑了，他就画一个哭诉的妓女。

对于因写武侠小说而在华人文化中影响深远的金庸，耿直风趣的黄永玉却是如此评价："那时写影评是我先写的，写武侠小说也是陈文统（梁羽生原名）先写的。那时大公报所属《新晚报》销路不好，为了吸引读者，陈文统就到街上买了几本武侠小说回来看，边看边写。我们都当作笑话。"不过，黄永玉十分赞赏金庸和梁羽生后来在创作上取得的成就。

黄永玉回忆："那时刚解放，他呀，就穿个花衬衫到北京，找乔冠华他们，要到外交部工作。我们知道后当做笑话讲，其实他那是爱国和进步的表现。那时我们觉得他不懂事，一个党外人士，怎么可能当外交官呢。"当然，幸亏金庸没当成外交官，要不，文学界也便少了一位大家。

有一次闲聊，金庸得知《边城》作者沈从文是黄永玉的表叔，便对黄永玉说："你的老家在湘西，抗战时我在湘西住过两年，当地汉人苗人没一个不会唱歌，冬天的晚上，我和他们一齐围着从地下挖起来的大树根烤火，一面从火堆里捡起烤热了的红薯吃，一面听他们你歌我和地唱着，我就用铅笔一首首地记录下来，一共记录了厚厚的三大册，总数有一千余首。湘西民风淳朴，风景也美，你可以写写他们，写写你过去的生活。"于是，黄永玉写的一组家乡特写《火里凤凰》在《大公报》副刊上连载。文章描写一九三七年以前的凤凰人，自在地打发日子有如时时刻刻过年玩花灯，太阳下的风景在红尘中自由、放荡地活出真我。文中插图由黄永玉亲自执刀木刻，意韵无穷。

黄永玉的文章与他的画风格相似，总要落要实处。中国画一般讲究实从虚生，飞白是最显示功夫的地方。黄永玉的画却经常反其道而行之，很满，他追求虚从实生，画面中隐藏的趣味常常让人难以捕捉。金庸在添加的编者按中写道："这组散记反映的是画家的眼光、诗人的心灵，及小说家的手腕和笔触，其间那种别致的美、深邃的情，有与其表叔沈从文文笔暗合之处。"①

针对溥杰称中日关系恰如夫妻吵架、过一晚就好的说法，经历过八年抗战的黄永玉怒不可遏，忿忿然以毛笔写下一篇《狗杂种，溥杰》，刊登在《大公报》金庸主编的副刊上。

还有一次，作家端木蕻良写了一篇文章《毕卡索致张大千书》，金庸打算刊登，请黄永玉画插图。黄永玉给起了笔名叫"张大毛"，还画了个小报头。孰料，文章尚未见报，有人跑去告密，还叫个律师来警告时任《大公报》社长费彝民，说不得刊登这篇文章，要登的话就告你。后来才发现这告密人是个特务。

自从《大公报》连载《火里凤凰》之后，黄永玉跟金庸更加亲近了。

2

那天，黄永玉和金庸、关忾两位朋友一起坐在咖啡馆里，商量着该如何应对一场狂风暴雨。那是1951年初，内地掀起知识分子思想改造的高潮，此风迅速刮到香港，黄永玉成为了首批"枪打出头鸟"的目标，因为1948年5月下旬，初到香港的黄永玉在香港大学图书馆举办了他人生中第一个正式的个人画展，画作有手印木刻集《烽火闽江》，自印木刻集《春山春水》，诗歌刻画等200多幅。两年之后，香港《文汇报》、《大公报》连续发表四篇批评文章，指

---

① 李辉：《黄永玉：黑白之间，指责与自辩》，《书城》2008年7月号。

责他 1945 年前后在江西信丰时，为诗人朋友野曼、彭燕郊、黎焚薰的诗歌刻插图，朋友的诗歌如今成了"毒草"，他的插图也就成了"毒画"。黄永玉被推到了一个特殊的场景中，不得不为之否定自己，批判自己。

金庸因为欣赏黄永玉的画作和文章，被视为一伙；后来成为香港名医的关愔当时是香港大学的学生，因为帮助黄永玉办展也遭受批评。三个年轻人不得不为之的同时，又有困惑与怨气。金庸说："大丈夫能屈能伸，暂且屈一下吧，我想，永玉兄能写能画，总有伸展出头的那一天。"

于是，黄永玉先后在《大公报》上撰文《批判自己的创作偏向》、《检查我这次的画展》，作自我解剖，自我鞭挞。他违心地写道："我进步得太慢了，这说明我过去承袭资产阶级的遗毒极深，以致现在得花出十倍于别人的力量来进行和自己的这场搏斗。"① "我的生活思想，还沿袭于二十年前旧家子弟的那种小趣味，和江湖浪荡汉的、不负责、闲散的反严肃生活；感情上，无强烈的阶级爱憎，有革命的愿望，无坚定的立场，是自由主义和个人主义混合着的，登峰造极化身。因此，反映在作品上只能是一些贫弱的、架空的艺术形式。我很希望早点结束我这种创作生活，我将毫不可惜地抛弃我那些腐化发霉了的意识形态的作品，我将重新学习创作表现新的生活、新的主题的木刻。"②

相对于"文革"后期遭遇的批判猫头鹰"黑画"风波，香港的最初批评，对于黄永玉来说，仅算是一场让人觉得意外的冷雨。但是，即便一场冷雨，却也让人措手不及，紧张万分。黄永玉后来回忆说："当时我熟悉的聂绀弩、臧克家他们那些人都到北京去了，感觉没有人能保护我。八年抗战，我一个人背着行李到处走，从来没有感到孤独过，虽然人不在一起，但心在一起。这时却感到孤独。我留在香港，那么卖力地工作，总想跟上时代，但却给我泼冷水。我感到很委屈。那时没有经验，还是有些害怕。"③

除了心理上的害怕，还有生活上的压力。此时，《大公报》的薪水在交了房租后已所剩无几，黄永玉还得靠刻木刻、画速写、写点散文投稿过日子。尽

---

① 黄永玉：《批判自己的创作偏向》，《大公报》1951 年 1 月 7 日。
② 黄永玉：《检查我这次的画展》，《大公报》1952 年 8 月 17 日。
③ 黄永玉：《与李辉的谈话》，转引自《检讨与辩白》，《济南时报》2010 年 9 月 27 日。

管生活依旧清苦，但黄永玉总是一个善于发现快乐的人。他居住的屋子很窄很小，但窗口很大，他骄傲地称这个栖身之所为"破落美丽的天堂"。

黄永玉打算离开《大公报》。金庸请求一位电影界朋友的帮助，介绍他去了长城电影公司，一面参加美术活动，一面担任业余编剧。

由长城电影公司主办的《长城画报》，创刊于1950年8月1日，主编为长城公司的经理袁仰安。黄永玉在《长城画报》上，分别以"黄永玉"、"永玉"、"张观保"、"观保"等笔名，发表了数十幅速写，包括风景、演员肖像漫画、影人日常生活等内容。刘琼、龚秋霞、顾而已、夏梦、石慧、舒适、韩非、陈娟娟、万籁鸣、万古蟾等，这些当时活跃于香港影坛的明星与导演，都成了黄永玉速写的对象。

期间，黄永玉编剧的《海上故事》、《儿女经》被拍摄成电影，女明星石慧因在喜剧《儿女经》的表演而当选为最佳女演员。① 金庸因为撰写影评喜欢上了电影，后来也在长城电影公司任编剧，还导演过几部影片。

1953年初，黄永玉的艺术灵感奔涌而出，他的木刻画在香港渐渐有了名气，很多人争相购买。

这时，黄永玉接到了表叔沈从文的来信，信中说："你应速回，排除一切干扰杂念速回，参加这一人类历史未有过又值得为之献身的工作。"1953年的早春二月，黄永玉和张梅溪带着七个月大的孩子离开香港到了北京，从北京火车站坐着古典的马车到了沈从文的四合院。

从此，黄永玉与金庸各分南北，难得一见。

3

回到北京，黄永玉在中央美术学院教授版画。这段日子里，黄永玉创作的木刻《春潮》、《阿诗玛》轰动了中国画坛。后来，黄永玉开始学习国画，他

---

① 李辉：《黄永玉：香港电影的"搬运夫"和"鼓手"》，《北京晚报》2009年12月21日。

喜欢上了梅花与荷花。他笔下的荷花，在形态、色彩、风韵上都独具一格，令人眼前一亮。他喜欢养狗，喜欢音乐，喜欢玩，喜欢一切新鲜的事物，就像金庸笔下的"老顽童"。

"文革"期间，黄永玉被"四人帮"指控为反动学术权威受到批判，被遣送回家乡凤凰。

1973年，周恩来总理把一批所谓下放的画家都请了回来，黄永玉参与北京饭店壁画的创作。在启程前往长江沿线写生之前，在老朋友画家许麟庐的家中，偶然间，黄永玉随手在一个册页上画了一只猫头鹰——"睁一只眼闭一只眼"的猫头鹰。

返回北京，黄永玉听到一点风声，北京正在开展一个"批黑画"的运动，且扩大到全国追查"黑画"，其实主要"黑画"就是一张猫头鹰。黄永玉听了之后居然一点都不在乎，还懒洋洋地说："唉，画一张猫头鹰算什么呢？我也不经常画猫头鹰的嘛。"后来，他自己跑去看展览，看看到底是幅什么画。一看，这只惹祸的"猫头鹰"正是出自他的手笔。当时，台上的批斗者说："你这个人创作上从来不严肃，从来都是玩！"黄永玉大笑："你小子要平时这么说我，我一定请你吃西餐。你算是说出了艺术的真谛，画画当然是玩，不快乐的话，画什么画呢？"此刻，他的脊背上已被答出道道血印。

很快，他被关进了"牛棚"。一家人被赶进一间狭小的房子，房子紧挨人家的墙，光线很差。张梅溪的身体本来就弱，加上这一打击就病倒了。黄永玉心急如焚，请医生治了也不见好，他灵机一动，在房子墙上画了一个两米多宽的大窗子，窗外是绚丽的花草，还有明亮的太阳，顿时满屋生辉。

"文革"之后，步出炼狱的黄永玉当上了中国美协副主席，等到了他的黄金时期：他创作设计的金猴邮票成为目前炙手可热的珍藏；在美国大都会博物馆举办个人画展；获意大利总统颁发的最高司令勋章，1980年，《黄永玉画集》由香港美术家出版社出版。

黄永玉对妻子的爱情宣言：相爱十万年（金鹰摄）

黄永玉晚年居住在凤凰古城的夺翠楼（金鹰摄）

金庸获知老朋友复出，非常高兴，在《明报晚报》撰写了《读黄永玉的画》一文，深情地写道："……黄永玉最爱画的就是这些角色，就是平民老百姓，即使曾经英雄过，但现在倒霉落魄生活着的一些人。正因如此，黄永玉之画的能量在香港是最接地气的。""他在造型、色彩上的运用，讲故事的方法，都很有个人的特点，真有些让人意想不到。但更想不到的是，离开大公报以后，他进步了，还是一位文采风流的作家、诗人，是个全才。"[1] 黄永玉先后出版了《罐斋杂记》、《芥茉居杂记》、《太阳下的风景》以及长篇小说《无愁河的浪荡汉子》等多部作品，一本散文集《比我老的老头》风靡读书界；其散文和小说笔调深沉，语言诙谐，寓意深刻，嬉笑怒骂皆成文章。

1980年代初，金庸访问北京。一对老朋友相见，万分高兴。得知黄永玉30年间屡遭劫难，金庸无限感慨，十分敬佩黄永玉这样的知识分子，觉得他们有胆识、有骨气。回香港后，当有记者提起《明报》因长期

---

[1] 李辉：《传奇黄永玉》，人民日报出版社2010年7月。

以来反对"左倾"遭恐吓时，金庸深有感触地说："比之国内大多数的知识分子的遭遇，我们是幸运上万倍了。在大陆如黄永玉那样反对'极左派'，那才是真正需要风骨和气节。在香港抨击'四人帮'和'极左派'，算不了什么。大陆成千上万的人为了反对'极左派'而惨遭迫害，闹得家破人亡，妻离子散。我们是躲在庇护所里叫叫嚷嚷，有时慷慨激昂一番，有时冷嘲热讽一番，那绝对不能跟人家相比。"①

1988年，他黄永玉携妻子回到阔别了35年的香港，儿子黑蛮的出生地。在这个宽松的环境里，黄永玉有了新的创作，也有了新的住宅。黄永玉的家位于香港太平山的半山腰，故取名为"山之半居"。这里成了一个文化沙龙，每天工作完了休息的时候朋友来聚聚，跟金庸一块喝喝咖啡，黄永玉觉得是个乐事。

黄永玉对金庸这个人的评价，不是一般的高："这个人是个很聪明，很有魄力的人……他是很有意思的一个人……他是很内在的人……他是很可爱的人，很温和的人，而且那种神奇的力量你很难想象，他在念中学的时候，就出过全国发行的一本书，他在做中学生的时候就出版《中学汇考指南》，真是了不起，脑子真是好，同我们就不一样了，我们看'汇考指南'也看不懂。"不过，黄永玉对金庸武侠小说的评价，可不是一般的低。也不是只低看金庸武侠，黄永玉就看不起所有武侠小说，金庸小说，他干脆就没看过。不看，并且为金庸惋惜不已："以他的才能、他的智慧怎么写武侠小说呢？他应该做比这个重要得多的事情……在我来讲是可惜了……我感觉太奇怪了，他怎么弄成武侠小说家了？"②

1999年，在香港大学博物馆举办《流光五十年》个人画展，金庸来了。其时，黄永玉完成了大幅作品《春江花月夜》，画的是夜晚的沱江。这幅画以红、绿、蓝为基本色调，大家开始十分纳闷，"夜晚的沱江有这么绚烂吗？"但是等到大家夜泛沱江时，灯火倒映，才发现沱江真是画中的样子。这幅《春江花月夜》以100万元的价格被金庸订购。有人开玩笑地对黄永玉说："你和金庸

---

① 唐藩：《他，黄永玉，笑死个人》，《湖南广播电视报》1329期2004年8月11日。
② 李辉：《黄永玉谈金庸：怎么弄成武侠小说家了？》，《中国文化报》2003年10月24日。

是老朋友，你就不给他打点折优惠一点？"黄永玉原则性很强："朋友是朋友，但是画价钱该多少就多少。"

　　黄永玉在凤凰的家里曾贴着一张有趣的告示，对前来求画者，"当场按件论价，铁价不二，一言既出，驷马难追，纠缠讲价，即时照原价加一倍。再讲价者放恶狗咬之，恶脸恶言相向，驱逐出院。"这绝非是玩笑，多年前，一位香港商人慕名前来，欲求购一幅画收藏，谈好十万一幅。小气的商人大概是为了省下些银两，突然向黄老提出，他和香港的金庸是好朋友，朋友的朋友自然也是朋友，看在这一缘份上，画价可否再降一些。叼着烟斗的黄老眼皮都没眨一下，"十五万！"香港商人傻了，他认为黄老不相信他的这套话，忙掏出手机拨通了金庸的电话，如实这般地说了一遍。和黄永玉交往多年的金庸在电话那端早急了："赶快交钱吧！不然就涨二十万了！"[①] 黄老鲜明的个性可见一斑！

黄永玉（资料图片）

---

① 唐藩：《他，黄永玉，笑死个人》，湖南广播电视报1329期2004年8月11日。

大侠金庸(资料图片)

亦师亦友

◎现实社会人与人之间有阶级、背景、贫富、利益等种种鸿沟，获得推心置腹的知交谈何容易。或许是我过分重视友谊，以致不能想像在友谊之外还有什么更高尚的伦理的与美的情操。我始终认为，友情是人生最大的安慰，而广交天下寻觅志同道合的人，怀着诚意和尊敬去结识各式各样的新朋友，乃是一大乐事。

——在湖南岳麓书院"千年论坛"的演讲

◎刘关张三人结义成为友谊的典范，《水浒传》中的一百零八将的结为兄弟，更是后世秘密会社的标准方式。另外，不管是《三国演义》还是《水浒传》都强调：不但讲"友谊"，还讲"义气"，友谊主要源自感情，义气则包含了理智的判断。即使和一人感情并不深厚，但为了"应当这样做才合道理"，往往会作出重大牺牲，那是所谓"义气"。

——与池田大作对话

金庸曾向日本友人池田大作介绍，他在香港时时有一种"温暖人情"的感觉："初到香港，最鲜明的感觉是天气炎热，以及一句也不懂的广东话，想不到在这陌生的城市一住就凡达五十年，大半个人生都在这里度过。我在香港结婚、生儿育女、撰写小说、创办报纸，家庭和事业都是在香港建立的。和我曾久居过的上海相比较，那时的香港在经济上、生活上、文化上都比较落后，有点到了乡下地方的感觉。不过一般香港人坦诚直爽、重视信用、说话可靠，我很快就喜欢了他们，觉得香港的人际关系比上海好……"

结伴同游最长旅途的人
——美食家蔡澜

蔡澜教会金庸一边品尝美景,一边品味美食。(李丽摄)

蔡澜和金庸同被江湖之人列入"香港四大才子",金庸的"才"是"写",写武侠小说,而蔡澜的"才"却是"吃",吃遍天下美食,他是著名美食家、专栏作家、电影监制、电视节目主持人。

蔡澜说金庸是自己的长辈、也是自己的朋友,"他对我很爱护照顾,我们认识多年,也常常一起去旅行、聊天,他生病的时候我也去看他,我跟他家庭的关系也搞得很好。他教了我很多东西,常常告诉我要写作的话就要多看书,因为年轻人不大看书,写来写去都是那些东西,他这句话也是在教我,所以我一直是多看书的。"①

金庸说蔡澜,"我喜欢和蔡澜交友交往,不仅仅是由于他学识渊博、多才多艺,对我友谊深厚,更由于他一贯的潇洒自若。好像令狐冲、段誉、郭靖、乔峰,四个都是好人,然而我更喜欢和令狐冲大哥、段公子做朋友。"②金庸曾如此评价蔡澜:他是一个真正潇洒的人,见识广博,懂的很多,人情通达而善于为人着想,琴棋书画、酒色财气、吃喝嫖赌、文学电影,什么都懂,于电影、诗词、书法、金石、饮食之道,更可说是第一流的通达。③

亦师亦友

① 《蔡澜说金庸》,《南方都市报》2006年11月13日。
② 金庸:《走进蔡澜》,《成都商报》2010年5月1日。
③ 张中江:《蔡澜笑谈金庸古龙往事》,中国新闻社北京1月21日电。

1

1983年秋,成龙主演的动作喜剧片《快餐车》正在拍摄,蔡澜担任监制一职。有一日,他刚从外景地西班牙返回,休息时读报,读着《明报》副刊上的影评文章,蔡澜突发奇想:到《明报》弄个专栏玩一玩。

拍摄间隙,他去找老朋友倪匡,说了自己的想法,请他帮忙。倪匡一听,当即面露难色,说:"蔡兄啊,你让我为难了,你知道吗,金庸将《明报》当成自己的性命,尤其那个副刊,一直以来他死抱着不放。你要写《明报》副刊,真是难过登天。你还是让我请你吃顿饭,来得容易,这专栏的事,太难了!"蔡澜不甘心,恳求道:"倪大哥,你还是帮帮我,你不帮我,恐怕普天下没人帮得了我啦!"倪匡最怕哀求,当下便说:"让我想想办法,不过,你别太急。"犹豫了一会又说:"给个期限,三个月吧!"

《明报》副刊的专栏质地非常之高,当时能够在《明报》副刊上拥有一个专栏的都被视做身份象征。金庸虽然早已经将总编辑一职让出,一般的编务他也基本不过问,不过,专栏作者的聘请却一定要通过他批准,别人无权决定,这是《明报》人都知道的事儿。

此后几天,凡是有金庸的场合,倪匡必谈蔡

蔡澜(资料图片)

澜。起初,金庸并不在意,过了一个星期,终于忍不住了,问:"蔡澜是谁?"倪匡心中暗喜,嘴上却说:"哎哟!文章写得这么好的人,你居然不认得,你快点去买张《东方》看看吧!"《东方日报》是香港发行量最大的报纸,蔡澜是"龙门阵"的专栏作家。过了三天,金庸见了倪匡,主动说:"你说得对,蔡澜的文章写得不错,他有多大年纪?"

"四十左右吧。"倪匡答,蔡澜那年42岁。

"这么年轻文章就写得这么好,难得难得!"金庸赞道。

"还不止呢。"倪匡便把蔡澜精于饮食电影、琴棋书画的事,一一告诉了金庸。①

蔡澜生于新加坡,家住戏院楼上,自小受电影熏陶。父亲是潮州人,烽火年代移居南洋,以诗文著称。母亲是小学校长。小时候,父亲就喜欢买一大包书回来,放在地上,随他们兄弟姊妹挑自己喜欢的书拿去看,并从中观察儿女对哪样的书有兴趣。在这段时间里,蔡澜处于狂热的阅读状态,读了大量古典小说和世界名著,并对写作产生了浓厚的兴趣,中学时代已在新加坡《南洋商报》撰写影评。

十几岁时,一心想当画家的蔡澜,想到法国去学画。但母亲非常担心自小喜欢喝酒的他,到了那儿就成了真正的酒徒,后来蔡澜改变主意决定到日本,母亲很高兴地说:"那里好,有米饭吃。"说起这件事,蔡澜非常得意,因为母亲显然忘了日本还有著名的清酒。到了日本,蔡澜读了一些电影课程,并帮邵氏公司选日本片到香港播放,开始与香港电影界有初步接触。

蔡澜先后旅居东京、纽约、巴黎等地,通晓多国语言。1963年赴港定居,任职邵氏制片经理,1982年出任香港嘉禾电影公司副总裁。曾为多部电影担任监制一职,成龙在海外拍的戏多由蔡澜监制。

在商业与艺术间徘徊,令蔡澜逐渐感到无味,于是他拿起笔来给报刊写稿。他给《东方日报》"龙门阵"专栏每周写两篇,写身边的人与事,多是千字以

---

① 沈西城:《金庸与倪匡》,香港利文出版社1984年版。

下的小品文。

"真是英雄出少年，什么时候替我介绍认识他一下？"金庸对蔡澜有了兴趣。

"他很忙，我替你约约看。"倪匡吊了金庸三天胃口后约了蔡澜。

金庸盛装赴会，一见蔡澜，态度诚恳，令蔡澜不知所措。三人欣然就座，天南地北地畅谈，至中席，金庸推了推倪匡，轻声说："我想请蔡先生替《明报》写点东西。"倪匡一听，皱了皱眉头，结结巴巴地说："这个……这个嘛……"金庸又推了他一把，倪匡这才勉强说了。

蔡澜欣喜若狂，因为距他求倪匡向金庸说项前后仅两个星期而已。

蔡澜受聘为《明报》副刊的专栏作家。

2

金庸对副刊专栏作者的要求非常严格，一旦察觉专栏作者长期"长吁短叹，风花雪月，艰深晦涩，读之无味"，就会毫不客气地炒其鱿鱼。

初来乍到，蔡澜便遇到这样的事：有几位作者在副刊已经写了几年的专栏，但金庸不喜欢他笔下"言之无物"，便力主停掉他们的专栏，其实蔡澜跟其中一位作者还是朋友，于是跟金庸说详情，让给他一个改进的机会，但金庸"炒意"坚决，蔡澜也没有办法。后来，那位作者竟误认为是蔡澜从中作梗，他不知道的是，《明报》副刊专栏作者的约稿大权，始终都掌握在金庸手中。

蔡澜欲为《明报》副刊打造一个"名店"里的"名牌"。经金庸批准，他打算和倪匡、董梦妮三人轮流执笔，撰写游、玩、吃方面的有趣见闻，本来拟好的专栏名字是"三洲书"，专栏出世前一日，金庸通知他，专栏命名为"海石榴手札"。"海石榴"是蔡澜借住旅馆的所在地名称，三人合写的主意是在该处产生的。蔡澜觉得这个新栏名来得亲热，字面上也较有诗意，很佩服金庸的用心。金庸给专栏定下的选稿标准是:"新奇有趣首选,事实胜于雄辩,不喜长吁短叹,自吹吹人投篮。"① 这个要求正合了蔡澜率真潇洒、不拘一格的性情。

有关生活的吃住用行,蔡澜无所不晓,无所不可以妙笔生花地写,但最广为人知的还是他关于美食的撰文。蔡澜将自己的好吃秉性,归结于父亲起名的"不慎",他对金庸说,大哥蔡丹,侄子蔡晔,"于是一家人正好拿着菜单(蔡丹),提着菜篮(蔡澜),去买菜叶(蔡晔)",不爱吃,可能吗?

那时候,翻开《明报》,就会读到蔡澜的文字,简短而清新,美食、旅游、电影、人生,声色犬马,无所不谈。走进街角一家普普通通的茶餐厅,不经意间发现,墙上的菜单旁边标有"蔡澜推荐"。在香港,蔡澜成了家喻户晓的文化名人。

金庸曾经撰文评价他的专栏文章:"蔡澜见识广博,懂得很多,人情通达而善于为人着想,琴棋书画、酒色财气、吃喝嫖赌、文学电影,什么都懂。他不弹古琴、不下围棋、不作画、不嫖、不赌,但人生中各种玩意儿都懂其门道,于电影、诗词、书法、金石、饮食之道,更可说是第一流的通达。他女友不少,但皆接之以礼,不逾友道。男友更多,三教九流,不拘一格。他说黄色笑话更是绝顶卓越,听来只觉其十分可笑而毫不猥亵,那也是很高明的艺术了。"②

《明报》副刊办得很成功,但专栏作者却不是金庸用高薪请来的,这在当年的一众专栏作者中已经不是秘密。林燕妮叫查老板加稿费,金庸笑眯眯地说:"你那么爱花钱,加了又花掉,不加。"亦舒也曾叫他加稿费,他依然笑眯眯地说:"你是不花钱的,加了稿费有什么用?"蔡澜在《明报》写专栏,稿酬也十分之低,但本着"只管耕田,不问收获"的原则,他始终不曾跟金庸计较过。因为他相信金庸对他的《明报》有着十足的信心,即使专栏稿酬低,他也以能在《明报》拥有一个专栏为荣。

蔡澜写作多年,出版之书籍超过了60本,有《蔡澜的缘》、《附庸风

---

① 石贝:《金庸办报纸副刊"五字真言"》,《羊城晚报》2009年3月2日。
② 金庸:《走进蔡澜》,《成都商报》2010年5月1日。

雅》、《忙里偷闲》、《蔡澜游日本》、《一点相思》、《狂又何妨》、《海隅散记》、《二乐也》、《放浪形骸》、《乐得未能食素》、《给成年人的信》、《给年轻人的信》等，这些文章大都是他在《明报》和《东方日报》的专栏文章。蔡澜小品文谈吃、谈喝、谈文艺、谈电影、谈老友、谈风物，题材不拘，大受读者欢迎。

十几年间，蔡澜在《明报》开了十几个专栏，同时他在几十家媒体开过专栏。有一次金庸问他有没有透支的感觉，他笑着摇摇头："我经常旅行，看新事物，总能从细微处看世界，我是不会江郎才尽。我是个好奇的人，如果不好奇，就没资格做写作人。我的书，都是主张要积极地面对人生。我鼓励读者多些好奇心，绝对不能悲观。"他认为一个作家应该圈子放大一点，多旅行、多接触人、多看人生，不旅行也行，看很多很多的书。他绝对与金庸志同道合，意气相投。

金庸曾经这样称赞蔡澜："论风流多艺我不如蔡澜，他是一个真正潇洒的人。作为一个潇洒文人，他笔下的世界，充满了奇妙与鲜活。美食更是专长，对佳肴盛宴的描写不仅活色生香，更是具有浓厚的风韵情调。对于生活则完全拥有自己的态度，崇尚自由、无拘无束、不假斯文，对异性懂得欣赏也懂得尊重，绝对的风流倜傥。"[1]

3

1993年2月，金庸正式出售明报企业，宣布退休，打算读书旅游，安享晚年。

退出《明报》、隐身江湖的金庸最喜欢跟蔡澜一起了。金庸说过："除了我妻子林乐怡之外，蔡澜兄是我一生中结伴同游、行过最长旅途的人。"[2]他俩结伴共游欧洲，从整个意大利北部直到巴黎，同游澳洲、新、马、泰国之余，

---

[1] 金庸：《走进蔡澜》，《成都商报》2010年5月1日。
[2] 金庸：《走进蔡澜》，《成都商报》2010年5月1日。

再去北美，从温哥华到三藩市，再到拉斯维加斯，然后又去日本，去柬埔寨看了吴哥窟的浮雕。在法国的一条运河上，他们租了一条船，船上有厨师，到了一处就靠岸，去菜市场买菜，做饭。两人共同经历了漫长的旅途，一起享受作伴的乐趣和旅途中所遭遇的喜乐和不快。

蔡澜每到一地均能发现当地好吃、好玩、好看之事物、人物和风景，然后妙手著成文章，《蔡澜叹世界》就是TVB专门为蔡澜制作的旅游节目，赴13个国家拍摄代表了人生最高享受的生活场景。金庸为此写文章称赞："蔡澜是一个真正潇洒的人。率真潇洒而能以轻松活泼的心态对待人生，尤其是对人生中的失落或不愉快遭遇处之泰然，若无其事，不但外表如此，而且是真正的不萦于怀，一笑置之。'置之'不大容易，要加上'一笑'，那是更加不容易了。他不抱怨食物不可口，不抱怨汽车太颠簸，不抱怨女导游太不美貌。他教我怎样喝最低劣辛辣的意大利土酒，怎样在新加坡大排档中吮吸牛骨髓，我会皱起眉头，他始终开怀大笑，所以他肯定比我潇洒得多。"①

结伴同行，走过千山万水，蔡澜教会金庸一边品尝美景，一边品味美食。

作为美食家的蔡澜是位烹饪高手，他与香港、台湾的酒楼合作，设计金庸食谱，如黄蓉、洪七公烹调的菜式等，在世界十大名食店之一的香港镛记酒家大规模推出金庸食谱，其中如"射雕英雄宴"就颇受欢迎。金庸所著《射雕英雄传》中，黄蓉为跟洪七公学打狗棒法，为他烹制了不少美食，其中有一道"二十四桥明月夜"，跟写武功一样，金庸写得漂亮，这道菜自己却不会做。有一次两人同游杭州，蔡澜给他做了。其实，制作此菜的原料很简单，一只金华火腿，几块豆腐即可，不过比较费火功。先将金华火腿蒸两个小时左右，蒸软后，将火腿一侧的皮用刀片开，露出平整的一面火腿肉，用刀具在火腿肉上挖24个洞，然后用小勺将豆腐剜成小球状，分别填入火腿上的洞

蔡澜与杨峥展示金庸题字（王晓静摄）

---

① 金庸：《走进蔡澜》，《成都商报》2010年5月1日。

中，最后将片下的火腿皮盖在火腿上，蒸四五个小时。蒸熟的"二十四桥明月夜"，火腿的鲜味已全到了豆腐之中，没加任何调料，材料不过火腿和豆腐，一荤一素，一鲜一淡，可经过蔡澜的巧手，火腿的原汁原味和豆腐的鲜嫩滑爽融为一体，妙极。①

久之，金庸自己也成了个老饕，在品味美食之余，常下厨博好友一笑。儿子查传倜也好吃，金庸替他找了个美食师傅，就是蔡澜。

2007年4月，由香港无线和深圳卫视联手打造的美食栏目《蔡澜提菜篮》播出，金庸专门送了亲笔题字以祝贺，蔡澜特意展示了一番，幽默地表示："我想多少能提升点知名度吧。"2009年，金庸曾以《蔡澜此人》为题替《饮酒抽烟不运动的蔡澜》一书作序，说："相对喝威士忌、抽香烟谈天，是生活中一大乐趣。自从我去年心脏病发之后，香烟不能抽了，烈酒也不能饮了，然而每逢宴席，仍喜欢坐在他旁边，一来习惯了，二来可以互相悄声说些席上旁人不中听的话，共引以为乐，三则可以闻到一些他所吸的香烟余气，稍过烟瘾。"

2012年元旦，蔡澜约了金庸和倪匡夫妇来了一个"香港三大才子"的新年聚会。金庸特别地打理了一番，以白衬衫搭配黑色背心，显得特别有精神。三人虽然年事已高，但依然兴致很高，一边喝着红酒，一边谈笑风生。因为金庸几次在网上被谣传"去世"，蔡澜第二天特意在网络上公布了一张三人聚会的照片，引发了无数网友的关注。有人好奇地问蔡澜："这次聚会谁买单？"蔡澜回复："是查太太买单。""听说查太太对查先生管得很严，这个不让吃，那个不让吃，是不是真的？"蔡澜回复："哪一个不是（被太太管得很严）？"这回答让网友们纷纷感叹："好身体都是好太太管出来的。"②

真实情况却是，金庸的美食口味与蔡澜不同，他当面就跟蔡澜讲过："你讲好吃的东西，我绝对不吃。你是新加坡人，喜欢的东西我全部不喜欢，你美食家再美也跟我没有关系，你推荐的东西我就不吃。"

蔡澜说起好朋友金庸，"他是我最敬佩的人，因为那时候看他的小说，看得入迷了。我最近又在翻看，很好看，写得很精彩。"

---

① 李怀宇：《香港大才子蔡澜印象》，《蒙古教育》2007年第11期。
② 夏洪玲：《蔡澜微博"曝光"金庸》，《重庆商报》2011年1月7日。

和而不同的老友
——老报人董千里

董千里（资料图片）

董千里和金庸，虽然彼此的政治观点颇有距离，董千里写文章却称金庸是一个和而不同的谦谦君子，所以并不理会闲言闲语，与之保持交往几十年。董千里喜欢金庸的小说，写过很多有关评论，著有《金庸小说评弹》，对金庸小说除了赞誉，也有批评。

金庸说："《诸子百家看金庸》的'诸子百家'，包括了柏杨、三毛、董千里、林清玄、林燕妮、叶维廉诸氏，其中董千里先生写得最多，感觉也是评得最到位的一个。"①

1

董千里和金庸结识很早，在《"书剑"的两条主线》文中，董千里说："'书剑'

---

① 刘国重：《读金时代》，《第一财经日报》2009年3月24日。

最初在报上连载时,我从头到尾均未错过,深佩作者之才,由此结识。"1960年,他就开始为《明报》写专栏,1969年到1974年,他断续为《明报》撰写社评。

董千里又名项庄,原籍浙江,比金庸年长三岁,他是30年代的文艺少年,40年代的大学生,做过《申报》记者、编辑,1950年到香港,任国泰电影公司编剧主任,1970年任邵氏影片公司副经理,还参与过一些电影的编剧。董千里笔耕数十年,著有《董小宛》、《马克·波罗》、《柔福帝姬》、《成吉思汗》、《玉缕金带枕》等长篇小说,也写杂文、散文,行文简洁,历史知识丰富,人物有真实感,有《舞剑谈》《读史随笔》等随笔集问世。他长期在港报上开专栏,与金庸、蔡澜、倪匡等人过从甚密。

七十年代的《明报》有两大名专栏,一是简而清的《东拉西扯集》,另一就是董千里的《舞剑谈》,署名项庄。当日,金庸称赞他:"取其意是'项庄舞剑'的故事,栏名起得好,笔名起得也好。"项庄舞剑,意在沛公,这是大家都知道的典故。董千里说,所以取此名,确因对世上大大小小的沛公看不顺眼,明知杀不了他们,至少也可吓他一吓。

1964年,金庸赴欧洲前夕请倪匡代写《天龙八部》连载,曾当着董千里他的面对倪匡说:"老董的文字,较洗练,简洁而有力,文字的组织能力又高,你的稿子写好之后,我想请老董看一遍,改过之后再见报!"可见金庸对他文字的肯定和对他的信任。结果,倪匡代笔一月有余,得文约6万字。《明报》当时的订户数约10万,追读《天龙》连载的,总在20万人以上。数十万读者竟被倪匡轻轻骗过,无人觉察。

倪匡自己说道,"我的作品和金庸作品之间有好几百万光年距离",这是谦辞,其实,倪匡的想象力只在金庸之上,只是要他模仿金庸那种雅洁隽永的文字,终究太难。遵照金庸的嘱咐,倪匡写出《天龙》稿后,董千里确实作过非常细致的再加工，即金庸出人物，倪匡出故事，老董出文字，这才令几十万《明报》读者在几十天的阅读中完全看不出有人在为金庸捉刀代笔。《天龙八部》阿紫瞎眼就是这样产生的。

金庸说，董千里的文字颇有古意，如《玉缕金带枕》一书，写甄氏与曹氏父子三人之间的情感纠葛极细腻入神，即使是一些情欲描写也极具古典小说风韵，并不一味地写性欲，而是通过文字引人无限美好的遐想。

董千里评说电视剧《射雕英雄传》（资料图片）

2

董千里写过一篇《和而不同的老友——金庸》，他说："我和金庸订交逾二十年，勉强可以说是老友，在这二十年中，几乎不曾间断为他所创办的香港明报写稿，有一个时期而且担任实际职务。当我们相识之初，彼此的政治观点颇有距离，但我在金庸的作品中和谈话中体会出他是一个彻头彻尾的自由主义者，是可以和而不同的谦谦君子，所以并不理会闲言闲语，不仅保持交往，而且发生业务上的关系。后来的事实发展证明我判断无误，虽然我们迄今在若干问题上仍然和而不同。"①

董千里著《成吉思汗》（资料图片）

董千里是刁钻派的，而金庸属于温和派。两个人对待历史和现实常常有不尽相同之处如金庸笔下的成吉思汗是"你要战，便作战"。金庸对成吉思汗作过这样的评价："他是人类历史中位居第一的军事大天才，他的西征南伐

---

① 董千里：《和而不同的老友——金庸》，《金庸茶馆3·诸子百家看金庸之一》，第71页，中国友谊出版公司1998年版。

虽然也有沟通东西文化的功劳,但对于整个人类,恐怕终究还是罪大于功。《射雕英雄传》所颂扬的英雄,是质朴厚道的平民郭靖,而不是灭国无数的成吉思汗。"

而写过小说《成吉思汗》的董千里反对金庸的观点,他说:"成吉思汗七年西征,确实杀了好多人,可是他是杰出的,是伟大的军事家、政治家,不只是只识弯弓射大雕。成吉思汗深沉有大略,用兵如神,是一位伟大的政治家、军事家,他顺应社会发展的趋势和人民渴望和平与安宁的愿望,统一了蒙古草原,建立了强大的蒙古国。成吉思汗不是罪人,他是英雄。"

"九七"之前,有人猜度金庸颇有意于香港特区首任行政长官的职位,董千里也认为他想弃文从政,曾委婉道之:"我追金庸小说,大概自从《天龙八部》以后已不如何关心……也许正为他力求上进,又一心一意要突破前期的面目,因而窒息了和读者之间的共鸣度。"

金庸起而辟谣:"当行政首长有什么好?金庸的名与利相信都不会差过港督。今日全世界知道金庸的,会多过知道不论哪一位港督呢!一百年之后,恐怕相差更远吧?"[①] 话说得很大,却非骄狂。

曾经最好的一对朋友也有几次正面冲突,每一次都很难简单的用胜负来衡量,他们之间的关系可用倪匡一句曾经很有感触的文字来形容——"难为知己难为敌"。

金庸自 1955 年闯入武侠世界,至 1972 年 9 月封笔,前后十七年写了十五部作品。70 年代中期,金庸对其作品作了逐字逐句的修订;有些作品删改较大,某些章节甚至重写,至 80 年代中期才完成全部修订工作。董千里觉得"这个就没有必要了",他曾当面批评金庸"多此一举"。董千里在《玉像与裸女图像》中说:"重看《天龙八部》,一些关键处竟有看新书的感觉,不知是因为自己记忆力衰退得厉害,还是金庸修订得厉害,总之两'害'必居其一,更可能的

---

① 刘国重:《谈笑傲江湖的金庸与金庸的〈笑傲江湖〉》,《北京文艺》2006 年第 8 期。

是'害'不单行。"其实看《射雕》又何尝不是如此。修改工作做到老读者有"看新书"的感觉,可见手术之大。情节都面目全非,更不用说文字了。

他认为,金庸当时写得神采飞扬,尽管是每天写一段,可能有些废话,有些矛盾,但是不妨碍小说吸引人。后来一改再改又三改,为了前后逻辑完整,牺牲了很多当年的精彩部分,成了一个没有棱角、没有缺陷的东西,让很多读者感到失望。"比方说加入的黄药师和梅超风的感情,就摧毁了读者对东邪的印象,本来东邪对他夫人是非常深情的,他怎么会在心里的某处背叛了夫人呢?金庸是否有权力来破坏这些老读者的认知?在这点上面,我不是很认同。"①

对此,金庸在不同场合有过解释,董千里还是固执己见,"以一个读者的立场来讲,我仍然喜欢原来我所熟悉的那个世界、那一个空间、那里面的人物。"

3

虽然,董千里和金庸的历史观和艺术看法有许多不同,而更多的是不约而同,即"和而不同"。1986年7月,台湾著名作家柏杨第一次来香港,金庸跟他辩论了一次。柏杨认为秦始皇很好,金庸认为秦始皇坏到透顶,两人辩论得很剧烈。柏杨说秦始皇统一中国,把一些乱七八糟的小国统一成为一个国家,所以秦始皇对中国有贡献。这时候,也在会场的董千里说:"我跟查先生的观点一致,秦始皇是个独裁者,他不讲和平,不讲民族和谐,我们反对他的猖狂作为。"当然,讨论学术问题不损害友谊,柏杨生病的时候,董千里和金庸去看过他。

1984年4月,台湾远景出版社出版的《诸子百家看金庸》一书,董千里的评论被金庸看作"评得最到位的一个",所谓"到位"是因为有赞赏,有批评。1997年出版的《金庸小说评弹》一书,董千里对金庸作品更是又评又弹,有挑剔,也有调侃。

---

① 周超:《金庸拟第四次修改小说遭质疑》,香港《文汇报》9月27日。

董千里认为，金庸最好的作品是《射雕英雄传》和《神雕侠侣》。《射雕英雄传》写出了"东邪西毒南帝北丐中神通"的传奇故事，以笔掀惊涛的巧妙安排和细腻入微的心理描写，使武侠小说变成一种令人读之不忍释卷、回味再三、击掌叫好的艺术品。《神雕侠侣》的主题是一个"情"字："问世间，情是何物，直教生死相许？"这说明金庸小说除了表现传统武侠小说"忠奸"、"恩仇"的主题外又有了新的变化。金庸塑造了有叛逆性格的杨过与任情而为的小龙女（武侠世界中的两大艺术典型），并通过杨过与郭靖的矛盾冲突，去表现社会与人的本性的不可调和。就主题而言，此书是令人刮目相看的佳作。

董千里在《武戏文唱与雅俗共赏》文中说："金庸作品也能够做到雅俗共赏，层次或不如《红楼梦》之多而且高，亦已为以后所仅见。他数年前之所以辍笔，恐怕也因发现自己逐渐离开了这一原则。"①

董千里说，《碧血剑》里那个温青青，原来只是黄蓉的初稿，以人物性格和艺术范式而论，本该有个为情而死的悲剧结局，像是林黛玉那样。结果金庸心软，给了青青一条生路，让她和袁承志一起到海外逍遥去也——只苦了袁承志，后半辈子只好跟一个随时会爆炸的醋坛子一起过活了。

金庸在一次演讲中曾说："我的朋友项庄写过一本书，说金庸小说中女主角有一些是花旦，有一些是青衣，京派第一青衣程灵素不漂亮，但很能下毒。她是第一流人物，我是很喜欢的。她对情郎有着刻骨铭心的爱，品格高尚，下毒也是刻骨之爱的一种表现形式。"②

董千里去世于 2006 年 6 月。金庸谈论起这位亦师亦友的老报人，感慨地说："用'和而不同'来形容董千里亦颇恰切，如果要加一句，我必定选'威而不猛'。目如鹰，鼻如鹰，其相独特，何其威雄哉，但其人不猛，虽挥剑而舞，始终是一介书生而已！"

---

① 董千里：《武戏文唱与雅俗共赏》，《金庸茶馆 3·诸子百家看金庸之一》，中国友谊出版公司 1998 年版。
② 金庸：《小说创作的几点思考》，明报月刊 1998 年 8 月号。

有"金石姻缘"的评点人
——"红学"专家冯其庸

　　冯其庸是著名的《红楼梦》研究专家，同时他对金庸小说推崇备至，一边研究《石头记》，一边酷爱金庸的武侠小说，他曾戏称这叫作"金石姻缘"。

　　冯其庸与金庸有着很深的友谊。他是第一个公开肯定金庸的大陆学者，是《评点本金庸武侠全集》的主要评点人。金庸故乡浙江海宁的"金庸旧居"大门外这四个字，以及"赫山房"的匾额都出自冯其庸的手笔。

冯其庸（资料图片）

1

冯其庸和金庸同庚，都是 1924 年 2 月出生的。比金庸大八岁的哥哥查良铿是冯其庸的国学老师。

1982 年 3 月的一天，远在江苏六合的查良铿收到一封来自北京的信。信是当年班上学生冯其庸写来的，接着又寄来他的照片，希望老师去北京一聚，还有 300 元的车旅费。5 月，当火车缓缓驶进北京站时，查良铿一眼就认出了站台上迎接他的当年学生。他住在西苑宾馆，冯其庸每天陪他逛街、看风景。

冯其庸是江苏无锡人，22 岁时进入无锡国学专修学校读书，查良铿是他的国学老师，授的课有古文字学和中国古典文学。在课堂上，冯其庸第一次听说了古代名著《红楼梦》和旧派武侠小说《荒江女侠》。查老师勤于读书的习惯深深影响了他。

1948 年秋，冯其庸从国专毕业后任教于无锡女中。1954 年调往北京中国人民大学，历任讲师、副教授、教授等职。

上世纪六十年代中期，正当金庸以《书剑恩仇录》、《雪山飞狐》、《射雕英雄传》在香港大红大紫的时候，远在江苏六合的查良铿却背上了"里通外国"的罪名。罪证是三年自然灾害时期，有人从邮局寄给他奶粉等食品，还有人从香港邮来物品和外汇。其实，给他寄奶粉等营养食品的是他的学生冯其庸，正在北京工作，从香港寄来钱物的是他的弟弟查良镛。

后来冯其庸以研究《红楼梦》知名于世，查良镛成了写武侠小说的金庸，均成为大家。由查良铿的介绍，冯其庸与金庸开始了书信往来。

1980 年，冯其庸从美国参加国际《红楼梦》研讨会路过香港，首次与金庸见面，金庸赠他《天龙八部》一部。回到北京，当时未及展读，不久即再赴美国。1981 年秋天，应斯坦福大学之邀，冯其庸赴美讲学，住在帕洛阿尔托的陈治利先生家，陈和他的夫人都是金庸迷，家中藏有成套的金庸小说。闲时，冯其庸随手取读。第一部读的是《碧血剑》，他读了一个通宵，第二天白天，稍稍处理了一些事情就将此书读完。这也是他读金庸小说的开头。

在美国的几个月里，冯其庸最大的乐趣是读金庸小说。只要一开卷就无法释手，经常是上午上完了课，下午就开始读金庸的小说，往往到晚饭时，匆匆吃完仍继续读，通宵达旦，直到第二天早晨吃早饭，才不得已暂停。这样，他把陈先生所藏的金庸小说全部读完，大约已占金庸小说的三分之二，才不得不暂时停止。但是，隔了些时候，突然觉得当初读得太快，来不及品味，于是又回过头来重读了几部。

1984 年，冯其庸收到金庸寄赠的《鹿鼎记》，他后来回忆说，当时"乃急发而读之，虽在美时已读过一遍，此时重读，如逢故友，颇有别来无恙之感。从此，我读金庸小说之积癖又大发作而不可复止矣。"[1]

七十年代末、八十年代初，金庸小说已在内地民间悄然流传，但仍属"下里巴人"，未能进入学术的大雅之堂。1979 年，厦门大学郑朝宗首倡"金学"即金庸小说研究，但响应者寥寥。1986 年，冯其庸在《中国》月刊上发表《读金庸》一文，指出金庸小说具有广博的社会历史内涵和不同凡响的艺术成就，认为把研究金庸小说称为"金学"是有道理的。冯其庸说："金庸的小说所反映的历史生活面、社会生活面如此之广阔，在他的作品里，各色各样的人物都有，而且也确实不乏穷凶极恶之人，因为他所要写的是社会，而社会是复杂的而不是单一的，由此，他的小说所起的作用，当然也不是单一的。因此，我赞成应该对他的小说作认真的研究，很好地来分析他的作品，引导人们来理解他的小说的积极的思想内容和艺术成就。前些时候，看到一篇文章，提倡要研究金庸的小说，而且他称关于研究金庸小说的学问，叫做'金学'。我想这位朋友的见解，是有道理的，不应该仅仅把它作为谈资。"他的强化"金学"给人们留下了很深的印象。

这是大陆学者中第一篇公开肯定金庸的文章。随后，"金学"研究便在港

---

[1] 冯其庸：《读金庸》，1986 年第 8 期《中国》月刊，收入《落叶集·小说戏曲篇》。

1996年10月,中国武侠文学学会向金庸颁"终身成就奖",并颁发金剑。此为冯其庸与金庸在颁奖会上(资料图片)

金庸致冯其庸信(资料图片)

澳台地区及内地勃勃兴起。随后,冯其庸在为曹正文《金庸笔下的一百零八将》一书所作的《序言》中,如痴如醉地赞美道:"我是金庸小说的热烈读者,十多年来,我读金庸小说尽管重复了三四遍,但至今仍如初读时的热忱。我一边研究《石头记》,一边却酷爱金庸的武侠小说,我曾戏称这叫作'金石姻缘'。""我可以说,金庸是当代第一流的大小说家,他的出现,是中国小说史上的奇峰突起,他的作品,将永远是我们民族的一份精神财富!""金庸小说的情节结构,是非常具有创造性的,我敢说,在古往今来的小说结构上,金庸达到了登峰造极的境界"。紧接着,三联书店推出了15种36本的《金庸作品集》,接着北京师范大学的王一川教授对"二十世纪中国小说大师"的"座次"进行"重排",把金庸的位置排到了第四位,一时引起了很大的轰动。另外,中国现代文学研究专家严家炎教授在授予金庸北京大学名誉教授仪式的贺词中,盛赞金庸小说是"一场静悄悄的文学革命",金庸是以精英文化改造通俗文化的"全能冠军"[①]。

"金学"热闹的背后是一位"红学"大家对金庸小说的推崇。

1996年11月11日,金庸学术研究会在金庸的故乡浙江海宁成立,学术刊物《金庸研究》创刊,冯其庸任名誉会长和专家顾问。这天,冯其庸、严家炎等专家会聚海宁,参加首次研讨会。历来,金

---

① 严家炎:《一场静悄悄的文学革命——在查良镛获北大名誉教授仪式上的贺词》,《通俗文学评论》1997年第1期。

庸不参加对他作品的研讨活动,可他听说冯其庸来到他的家乡,立刻改变主意,特意从香港赶回海宁,接待冯其庸一行,以尽地主之谊。会见时,冯其庸题诗一首《赠金庸》,称其为"巨笔如椽":"千奇百怪集君肠,巨笔如椽挟雪霜。世路崎岖难走马,人情反复易亡羊。英雄事业春千斛,烈士豪情剑一双。谁谓穷途无侠笔,青史依旧要评量。"

冯其庸还为《金庸研究》创刊号写了开篇之作《〈金庸研究〉叙》,满怀激情地写道:"金庸的出现,是当代文化的一个奇迹。他是一座高原,同时又是高原上突出的高峰。……而他的十五部小说,就是在这广阔高原上排列着的十五座高峰。"

2

1996年12月,冯其庸与文化艺术出版社一位副总编赴港,与金庸签订出版《评点本金庸武侠全集》的合同。当年随着"金庸热"的不断加温,书市上出现了许多金庸小说盗版本,错字连篇,印刷粗糙。面对"金庸迷"们的抱怨声,金庸决定独家授权文化部文化艺术出版社出版豪华珍藏版。

当日,《明报》较大篇幅地报道冯其庸的谈话。他说,金庸小说已经成为经典,需要注释,需要评点。"几年前,我在评点《书剑恩仇录》的过程中,曾五次到了新疆,上了海拔4900公尺的红旗拉甫,我还到了塔克拉玛干大沙漠和塔里木盆地深处,特别是还去了莎车、叶尔羌河、黑水营遗址和横盘乡,再往前走就是《书剑恩仇录》里写到的玉山(密尔岱山)了,这是小说里十分动人的地方,我越调查越钦佩金庸的盘盘巨才……"早在1988年前后,冯其庸就开始评点金庸的武侠小说了。

过了三月,金庸致信冯其庸:"尊驾来港晤谈甚欢,惜为时无多,殊憾来去匆匆也。所赐茶壶,日夕相对,常感怀吾兄厚谊……"所赐茶壶是冯其庸请宜兴陶匠用上等紫砂烧铸的，所镌图案是《神雕侠侣》中的插图，情趣盎然。

1998年10月，由金庸本人重新点校，冯其庸和严家炎、陈墨等19位专家历时三载评点的豪华珍藏版《金庸武侠全集》由文化艺术出版社出版。4个月后，金庸在杭州拒绝为手持评点本的读者签名，并指责出版社是"聪明的盗版"，还说"像这样的评点，就是小学生也会写的"，酿成风波，冯其庸牵涉其中。

冯其庸不仅是"金学"的倡导者，还写过《论〈书剑恩仇录〉》《〈笑傲江湖〉总论》，评点过《书剑恩仇录》，有此交情，金庸的全套"评点本"才在他的主持下进行。冯其庸对该书的评点包括总评、回评及内文详评，有画龙点睛之妙。

如今，金庸看了评点本以后表示不满，作为文化界名流，冯其庸有何感想？当媒体记者这样询问他时，他却口气温和地表示："我和金庸先生交往几十年了，没有必要对他过多计较。我不想对他的话再说什么，请大家理解。其实对于'小学生'之类的话根本用不着辩解，也没有意思，难道我还用证明我是不是小学生水平吗？"

几日后，香港媒体就"评点本"风波采访金庸，金庸开口就说："冯其庸、严家炎、陈墨三位专家的评点让我心悦诚服。"他解释说："我去购买了全套《评点本金庸武侠全集》来细细阅读了一下，发觉对我这十五部长中篇小说，有几位评点人确实是花了心血、认真其事地'评'与'点'，而且他们有才有识有学问，懂文学、懂小说，指出了原作的优点与缺点。我阅读的时候心存感激，当时对他们的指教就心悦诚服。这主要是指冯其庸、严家炎、陈墨三位先生的评点，他们的评

冯其庸（左1）与无锡国专的老师合影。背景中的照片是当年他毕业时与国文老师查良铿（金庸之兄）等人的合影。（李天摄）

点,我认为是'批评'与'指点'。……我个人认为,有些评点的态度很轻率,随手写几句'此段好'就此敷衍了事。有一本书其中的一页,只写'妙!妙!妙!',接连三个'妙'字,就算评点了。我说'连小学生也会写',只是针对这类评点而言,当然不是指所有的人。"

一场连环官司在冯其庸的调和下,最终庭外和解。

3

"评点本"风波并没有影响金庸与冯其庸的友谊,也没有阻碍"金学"的发展。

1999年11月1日,北京作家王朔在《中国青年报》刊载一篇长达3000余字的文章:"第一次读金庸的书,书名字还真给忘了,很厚的一本书读了一天实在读不下去,不到一半撂下了。那些故事和人物今天我也想不起来了,只留下一个印象,情节重复,行文罗嗦,永远是见面就打架,一句话能说清楚的偏不说清楚,而且谁也干不掉谁,一到要出人命的时候,就从天下掉下来一个挡横儿的,全部人物都有一些胡乱的深仇大恨,整个故事情节就靠这个推动着。这有什么新鲜的?中国那些旧小说,不论是演义还是色情,都是这个路数,说到底就是个因果报应。初读金庸是一次很糟糕的体验,开始怀疑起那些原本觉得挺高挺有卤的朋友的眼光,这要是好东西,只能说他们是睁眼瞎了。"

四天后,金庸接招,在《文汇报》发表《不虞之誉和求全之毁》一文,继后,各家报刊纷纷转载,一场围绕金庸作品的论争由此打响。

冯其庸担纲首席顾问的金庸学术研究会适时推出《名人名家读金庸》、《阅读金庸世界》两本专集,汇集冯其庸、严家炎、陈墨等著名学者的研究文章。冯其庸称赞金庸:"笔下的一些英雄人物,具有一种豪气干云、一往无前的气概,给人以激励,给人以一种巨大的精神力量,一种要竭尽全力去为正义事业奋斗的崇高精神！并且他笔下的人物，也使人感到有深厚的民族感情和爱国思想。"对王朔的观点加以驳斥。

话音刚落，南京作家陈东林的长篇评论新著《人妖的艺术·金庸作品批判》匆匆出炉，矛头直指金庸："金庸小说为了猎奇，吸引读者，换言之为了媚俗，在人物形象的塑造上，创造了一系列似人非人、似神非神的一大批各色各样的怪物……以'人妖'一词来形容最为恰当。"他直言批评："一味地替金庸小说抬轿子、吹喇叭，在国内学术界，有两个人是这方面的典型代表，一位是文学批评界大名鼎鼎的'红学家'冯其庸先生，一位是大陆'金学'第一大家陈墨先生。"然而，冯其庸出版了他的《夜雨集》一书，重点谈金庸的武侠小说，以《既是武侠的更是文学的》等文章，漫不经心地回击了一下陈东林的"过招"。

2008 年 7 月，重庆大学出版社采纳冯其庸的建议，出版《金庸茶馆》系列。"金庸茶馆"指的是"金庸小说研究丛书"，"茶馆"二字，为金庸本人所题写，因为金庸本人因谦虚不想用"金学"这个名称，于是选择了"金庸茶馆"这样一个非常大众化的名字。《金庸茶馆》最初是台湾著名出版人沈登恩的创举，后来易手台湾远流出版社，已经出版了金庸茶馆丛书40册。1998 年，中国友谊出版公司推出过六卷本的《金庸茶馆》，收录了 12 种金学评论。

重庆的"金庸茶馆"精选推出了倪匡的《我看金庸小说》、《再看金庸小说》、《三看金庸小说》、《四看金庸小说》、《五看金庸小说》，温瑞安的《谈笑傲江湖》、《析雪山飞狐与鸳鸯刀》、《天龙八部欣赏举隅》以及三毛、冯其庸、林清玄、柏杨等人的金庸研究文章合集《诸子百家看金庸》二册。冯其庸的多篇评论文章从人生的角度、欣赏的角度谈金庸的武侠小说，是对金庸小说很好的导读。

半师半友的学术同道
——北大教授严家炎

严家炎是中国现代文学研究会会长,北京大学中文系教授、博士生导师,从 1995 年春开始,他在北京大学中文系开设"金庸小说研究"课程。严家炎认为,金庸小说的出现是一场静悄悄的文学革命。

他的《金庸小说论稿》是第一部从学理上研究金庸小说的专著。

严家炎被金庸称为半师半友。

1

严家炎在一本金庸小说研究专著的序言中说,他的同伴钱理群教授向他讲述过一个故事:那是发生在 1981 年的事。

钱理群正在给学生讲"中国现代文学史"。有一天,一位学生跑来问他:"老师,有一个作家叫金庸,你知道吗?"钱理群说第一次听说这个名字。当场,那位学生半开玩笑、半挑战性地对他说:"你不读金庸的作品,你就不能说完全了解现代文学。"学生还告诉他,几乎全班同学都迷上了金庸,轮流到海淀区一个书摊上用高价租借金庸小说来看,而且大家认为,金庸的作品比课堂上介绍的许多现代作品要有意思得多。这是第一次有学生向他提出金庸的文学史地位问题,而且是一个如他这样的专业研究者都不知道的作家,钱理群大吃一惊。"既然那么多年轻人都喜欢读金庸小说,做老师的完全不了解似乎说不过去。"怀着这样的心情，钱理群试读了《射雕英雄传》，一读之后，竟然就放不下来了。①

初读金庸小说，严家炎说，他跟钱理群教授一样，"我之阅读、思考乃至研究金庸小说，可以说都在青年朋友的推动、督促之下。"

1991年，严家炎去美国旧金山讲学，又有青年朋友鼓动他为当地一个华文文化中心讲讲他对金庸小说的看法。为了写好这篇讲稿，他在史坦福大学的东亚图书馆作了一点调查。他们馆藏的金庸小说，几乎都借出过几十次、上百次，"借书日期"、"还书日期"栏内盖的戳子密密麻麻。许多书都已被翻看得陈旧破烂。图书馆工作人员告诉他，他们已买过两种版本的金庸小说，结果都相似，因为借阅的人实在太多。

回国后，他开始关注国内读者的阅读状况。他曾经以为男性青年学生才喜欢金庸小说，谁知一调查，出入非常大，许多女学生照样爱读。而且他们的父母亲和许多上了年纪的华人也同样喜欢读，真是到了不分性别、不分年龄的地步。除读者阅读现象非常值得注意之外，金庸小说本身还包含着一系列难以索解的有趣现象，如金庸小说虽然产生在香港商业化环境中，却没有旧式武侠小说那种低级趣味和粗俗气息。又如，金庸自己完全不会武功，却能把武林人物的打斗写得那么吸引人；金庸小说明明是武侠小说，却又有着浓重的文化气息，简直可以当作文化小说来读。再如，武侠小说一般都以神奇、曲折来吸引人，可是金庸小说同时又相当贴近生活、贴近人生，相当生活化。诸如此类，金庸小说似乎充满了许多不易诠释之谜。

后来，他渐渐觉得不为青年学生做点事似乎欠了一份感情债，心里头有重压之感，觉得不开设金庸小说研究课程，自己有愧于文学史研究者的责任，也辜负了年轻朋友的期待。

1995年3月3日，严家炎趁赴港出差之际访问金庸，发表了《金庸答问录》。金庸对他说："我的小说中有'五四'新文学和西方文学的影响，但在语言上，我主要借鉴中国古典白话小说，最初是学《水浒》、《红楼》，可以看得比较明显，后来就纯熟一些。我在电影公司做过编剧、导演，拍过一些电影，也研究过戏剧，这对我的小说创作或许自觉不自觉地有影响。小说笔墨的

---

① 严家炎：《金庸小说论稿序》，北京大学出版社1999年1月版。

质感和动感,就是时时注意施展想象并形成画面的结果。戏剧中我喜欢莎士比亚的作品,莎翁重人物性格、心理的刻画,借外在动作表现内心,这对我有影响。"

与金庸多次接触,严家炎终于认定,科学地揭示现象背后的诸多原因,深入地探讨金庸作品魅力之所在,解开谜底,把金庸小说放到中国文学发展的背景上加以考察,从而衡定其在文学史上的地位,正是现代文学研究者们共同面对的课题和任务。

从 1995 年春开始,严家炎在北京大学中文系开设"金庸小说研究"课程,以"经典文本研究"的方式将金庸引进大学课堂。紧接着,深圳大学、浙江大学、广东社科院设立了"金庸作品研究室",同时出现了以金庸作品为选题的博士毕业论文。

严家炎的课堂讲稿以学术论文的方式,先后在香港《明报月刊》、岭南学院《现代中文文学评论》、中国社会科学院《文学评论》杂志、武汉《通俗文学评论》、广州《东方文化》杂志、北京《中国文化研究》上刊载。

严家炎发表于《文学评论》1996 年第 3 期的《论金庸小说的现代精神》一文,从五个方面论述了金庸小说中体现的"现代精神":一是根本批判与否定"快意恩仇"、任性杀戮的观念,这与鲁迅等新文学家思想一致,二是承认并写出了中国少数民族及其领袖的地位和作用,用平等开放的态度处理民族间的关系,三是借人物之口表述了他对正邪、善恶的鉴别应以符合大多数群众利益为准,提出"权力产生腐化"。四是在个人与个人、个人与社会的总体关系上,应尊重个人性情与服从总体利益的原则,这正体现了现代意识中人既要有社会责任又应有独立人格的两个重要侧面,五是融现实感受体现在作品中的独立的批判精神。

1999 年 1 月,严家炎将历年讲稿整理而成的专著《金庸小说论稿》交由北京大学出版社出版。书中,他赞颂和推崇金庸小说,认为金庸小说作为 20 世纪中华文化的一个奇迹,自当成为文学史上光辉的篇章。

严家炎说:"金庸小说是可能成为经典的,经典就是传之后世,历久弥新,一般是能经过五代人的考验的。金庸小说已经历了三代人。金庸曾经说现在有许多人是在用中文写外国小说，我觉得金庸小说创作中也采用了很多外国的艺术手段。"

听到严家炎的话，金庸立刻解释道："我说现在有些人是在用中文写外国小说，是说现在有很多人用中文写出来的小说，就像外文一样让人看不懂。"

2

1994年10月，金庸赴北京大学访问，严家炎放下手头的工作，陪他参观故宫、长城，访问学者，切磋文学。

在中文系，金庸一开口就十分谦逊，"我没资格坐在这里，这里许多老先生的书我都读过，第一次见面，很崇拜，很仰慕。"又对严家炎说："我今年春天去过绍兴，到兰亭王羲之以前写字的地方。那里的人要我写字，我说在王羲之的地方怎么可以写字呢？但他们非要我写不可，我只好写了八个字：'兰亭挥毫。'班门弄斧很狂妄，在兰亭挥毫就更加狂妄了。这次到北大，说好要作两次演讲，我自己写了十六个字：'班门弄斧，兰亭挥毫，草堂题诗……'在大诗人杜甫家里题诗，第四句是：'北大讲学。'"

对历史很有研究的金庸说，读《汉书》时，有一个问题让他百思不得其解。刘邦一直想废掉太子刘盈，但被誉为商山四皓的四位老先生劝刘邦后，刘邦就放弃了废太子的想法。"商山四皓没有兵权，没有谋略，为什么刘邦会听他们的话？"一见到严家炎等几位教授，金庸就立即请教这个问题，听了解释他说"现在我清楚了"。

演讲会上，他对大学生们说："北大是我从小就很仰慕的大学。我的亲伯父就是北大的毕业生，故乡人大多不知道他的学问如何，但听说他是北大毕业生，便都肃然起敬。我念初中时候的班主任也是北大毕业生，他学识渊博，品格崇高，对我很爱护。虽然现在时隔五、六十年了，我还常常想念他。……严家炎教授是我半师半友的一个学术同道，我非常仰慕你们能够经常听他讲课，讲述文学的学理。"

在授予金庸北京大学名誉教授仪式的贺词中,严家炎盛赞"金庸小说的出现,标志着运用中国新文学和西方近代文学的经验来改造通俗文学的努力获得巨大成功。""金庸小说的出现是另一场文学革命,是一场静悄悄地进行着的革命"。

在严家炎的诚恳要求下,金庸的"北大讲学"前后有两次。面对中国最高学府的学子和教授们,金庸说:"现在我是北京大学的一分子了,可以称大家为同学了。我衷心感谢北京大学给了我很高的荣誉,授予我名誉教授的称号。……抗战时期,我考大学,第一志愿就是报考西南联大,西南联大是由北大、清华和南开三所大学合办的。我有幸被录取了。或许可以说,我早已是北大的一分子了。不过那时因为我没有钱,西南联大又在昆明,路途遥远,没法子去,所以我不能较早地与北大同学结缘。今天我已作为北大的一分子,跟大家是一家人了,因此感到莫大的荣幸。"

严家炎向金庸转达大学生们的一个要求,听他讲讲武侠小说。金庸婉拒了,说:"写小说并没有什么学问,大家喜欢看也就过去了。我对历史倒是有点兴趣,今天我想简单地讲一个问题,就是中华民族如此长期地、不断地发展壮大,到底有何道理,有哪些规律?"

然后,金庸从华夏民族的七次大危机又都是七次大转机开题,讲述了民族的同化、融合和壮大、统一问题。他说:"我在武侠小说里写了中国武术怎样厉害,实际上是有些夸张了。中国人不太擅长打仗,与外国人打仗时,输的多,赢的少,但是我们有耐力,这次打不赢没关系,我们长期跟你干,打到后来,外国人会分裂的。如匈奴很厉害,我们打他不过。……有意思的是,匈奴的一半被中国抵抗住了,投降了,另外一半却把整个欧洲打垮了。"[1]

金庸在北大住了26天,与严家炎几乎朝夕相处,竟然有点难舍难分了。有一天,他说:"我的学问不够,真想长住在北大,好好读读书,听听你讲的课。"晚年留在世界著名大学继续读书的念头由此而生。若干年后,他赴英国在剑桥大学读博三年。

1994年,对金庸来说是极为辉煌的一年,先是三联书店推出了15种36本的《金庸作品集》,接着王一川对"二十世纪中国小说大师"的"座次"进行

---

[1]《金庸的中国历史观》,《明报月刊》1994年12月号。

"重排",把金庸的位置排到了第四位,一时引起了很大的轰动。

1998年5月中旬,被称为"武林大会"的"金庸小说与二十世纪中国文学"国际学术讨论会在美国科罗拉多大学召开,严家炎应邀与四十多名知名学者专家在洛矶山下唇枪舌剑,纵论"百年一金庸","比武过招"了整整三天。严家炎在发言中揭示金庸的成功之谜,"随着金庸小说读得越多,我越是觉得自己对金庸的新文学根底及其在小说创作中的作用估计不足。事实上,五四新文学和西方文学的影响,对于金庸武侠小说创作不是起着一般的作用,而是起着决定性的作用。可以说,在很大程度上决定着小说的思想面貌和艺术素质。如果说,中国传统文化构成金庸小说丰富的建筑材料的话,那么,五四新文学和西方近代文学的修养,造就了金庸小说的内在气质。金庸写武功时常常强调内功是各门功夫的基础,我们可以说,五四新文学和西方文学的修养,就是金庸真正的内功。"

在闭幕式上,严家炎代表与会者讲话,他说:"虽然在此之前,我研究过金庸,但通过这个会议,才真正体会到金庸小说的丰富性,明白到研究金庸可以用多种方法,其中比较突出的至少有三类:一类是以知识实证的验证方法;一类是以才气、灵感为特征;另外一种从理论来研究。三种方法各有长处,可以互补。"

严家炎称1998年是"金庸年",一个月前,他刚刚参加了云南大理的金庸小说研讨会,五个月后他还将出席在台湾举行的一个国际性金庸小说讨论会。

1995年,严家炎(右一)参加江苏省现代文学学会年会后与叶子铭、黄修己等好友合影。(资料图片)

3

1999年初,严家炎的《金庸小说论稿》发表,这是第一部从学理上研究金庸小说的专著。严家炎在这部专著里,从"文化生态平衡与武侠小说的命运"、"金庸小说的现代精神"、"金庸小说的影剧式技巧"以及金庸笔下的"义"、"武"、"情"等诸多方面对金庸小说进行"破解"。

然而此时,文坛上由王朔挑战同金庸发生了一场论争。王朔在11月1日的《中国青年报》上发表文章,以其特有的调侃方式批评金庸,认为金庸小说与旧小说毫无差别,主题是以道德的名义杀人,在弘法的幌子下诲淫诲盗,人物大多狭隘、粗野,是很不高明的虚构的中国人形象,而且情节重复,行文罗嗦,讲因果报应,并将金庸小说列入四大俗。

严家炎(资料图片)

11月10日晚7点,北师大500座阶梯教室。严家炎与北师大学生有一场对话在这里举行,主题是关于金庸。

对话中,有学生问严家炎:"您怎么看最近王朔对金庸的评价?"严家炎回答:"我今天上午看到那篇文章,是别人传真给我的。读作品有感想很正常。一个作品读不下去,有各种原因。可能作品本身不好,可能作者的某些描写习惯读者不适应,也可能读者存在某种心理障碍。举一个我的例子。我十三四岁时读《红楼梦》,读不下去;十七八岁读后,在日记里骂贾宝玉;20多岁上了北大,重读《红楼梦》,就感触很多。关于金庸语言不行的说法,文艺评论家李陀曾说过,金庸使中断了传统的白话语言起死回生。同一个问题,可能有相反的看法,不少海外华人为吸引子女学汉语,教材是金庸的小说。王朔的一些感触,譬如对段誉的看法,不一定没有道理,但不谈乔峰,而谈段誉,是没好好读《天龙八部》。"①

严家炎(资料图片)

有学生问:"您读金庸的阅读动机是什么?"严家炎答道:"是年轻的同学促使我读的。年轻人告诉我,有个金庸的小说他们很喜欢。我读后,觉得喜欢不是偶然的,有作品思想和艺术的原因。年轻人要我讲,又逼着我进一步研

严家炎与金庸谈笑风生(资料图片)

---

① 《北大严家炎教授谈王金之论战》,《中国青年报》1999年11月11日。

究。"

严家炎认为金庸小说的情节结构艺术有五个特点:一是跳出模式,不拘一格,二是复式悬念,环环相套,三是虚虚实实,扑朔迷离,四是奇峰突转,敢用险笔,五是出人意料且在人意中。同时,也指出金庸作品也有情节上站不住脚处。

时过多年,"金庸热"久久不散,对金庸的批评也随之增多,甚至形成了一种"围剿"之势。2007年5月,中国社会科学院著名学者袁良骏在中国现代文学馆发表演讲,批评严家炎对金庸的评价"不符合金庸小说的实际,是一种廉价的吹捧"。同时,有一些学者批评北大为金庸吹喇叭、抬轿子,实在有辱"北大精神",是在搞复古倒退,是"自贬身份的媚俗"。

不久,严家炎在中国现代文学馆进行了《我看金庸小说》的演讲,在两个多小时的演讲中,诺大的报告厅座无虚席,严家炎先生侃侃而谈,幽默风趣,显示了他的博学和睿智。

有读者提出,金庸小说90%是武打描写。对此,严家炎指出:"只要稍稍读过金庸小说的就知道,金庸小说是文武交错。如果金庸小说90%以上是武打描写,我敢说,没有几个读者会去看金庸小说——他的小说怎么能够销售上亿册?"

严家炎说,有评论家对金庸的《倚天屠龙记》和《笑傲江湖》的武打描写进行仔细的统计发现,前者的武打描写占全书的18%,后者的武打描写只占全书的15%。"这个距离太遥远了,信口开河的评论是不可信的。事实上,金庸小说在一张一弛的艺术节奏中,给读者很大的审美享受。"严家炎说。

有一种说法:金庸在武侠小说里写了大量的帮派斗争,金庸是鼓吹帮派斗争的。对此,严家炎指出,江湖世界是社会现实的折射,是社会现实曲折的反映,只不过金庸运用了夸张甚至荒诞的形式。但金庸描写这些极其复杂的帮派斗争,并不是像有的学者指出的"金庸鼓吹拉帮结派"那样。金庸实际上是在揭露和批判这种斗争。

严家炎对"金庸小说只是通俗文学"的观点也进行了批驳。他指出,第一,金庸的小说是娱乐,是通俗文学,大家都这么看,但那不是一般的娱乐,而是

"有思想的娱乐";第二,与其他传统武侠小说相比,金庸小说具有真正的现代精神;第三,金庸小说吸收了多种艺术题材和多方面的长处,对西方文学和中国新文学进行了改造。金庸小说是用精英文化改造通俗小说的成功,是多方面的借鉴、吸取和创新;第四,金庸小说的门类虽属于通俗文学,但具有丰厚的文化内涵和较高的文化品位。

严家炎说:"金庸小说的出现,标志着运用中国新文学和西方近代文学的经验来改造通俗文学的努力获得了巨大的成功。""许多武侠小说大师的长处常常在其某个方面,如古龙长于精神分析的运用,梁羽生则有丰厚的文学气息和对古诗词的运用,他们都是单项冠军,但金庸的成就是全面的,是一个全能冠军。"

2012年11月,受深圳读书月"读书论坛"之邀,年近八旬的严家炎做客宝安图书馆,分享他对于金庸小说的见解。他说:"中国大陆对武侠通俗小说的误读很严重。上世纪30年代开始,新文学的不少学者就对传统武侠、志怪的通俗文学有猛烈的批评。而50年代起,对武侠小说更是持禁毁的态度,有些报刊当时还写过社论批判武侠小说。到现在很多人还是对武侠小说非常不以为然,所以金庸的出现,意义重大。"

他认为,金庸扭转了对武侠小说的误读。"金庸小说将中国传统通俗小说与五四以来新文学以及西方文学统一得非常好,他的作品可以说填平了高雅文学与通俗文学之间的沟壑,真正做到了雅俗共赏。我以前说过金庸小说是'一场静悄悄的文学革命',虽然他作品的形式是传统的武侠小说,但他小说中的人物、性格和观念都带有西方现代思想的影响,也吸收了各种文学形式的尝试,将武侠小说这种通俗文学带上了文学殿堂。"

2010年,严家炎主编的《二十世纪中国文学史》出版。作为普通高等教育"十五"国家级规范教材,这部文学史中有单独的一个章节写港台的武侠小说,主要讲的是金庸的成就,这是以往文学史所没有过的。

"后辈小作家"最钦仰的人
——文学家巴金

巴金原名李尧棠,字芾甘。据他说,"巴金"的"巴"字出于对客死他乡的巴恩波同学的纪念,巴金说:"我和他很熟,但是他自杀的消息使我痛苦。我的笔名中的'巴'字就因他而联想起来的。""金"字则是一位学哲学的安徽朋友替他找的一个容易记住的字,取自巴金当时正在翻译的《伦理学》一书的作者克鲁泡特金。小行星8315正是以他的笔名命名的。

金庸称巴金"是我最钦仰的文学家"。金庸9岁时便看完了四大名著,书里最喜欢的是小说,小说中最喜欢的作家是巴金。

1

2004年9月,金庸在"四川魅力之旅"接近尾声时,听说成都龙泉驿区有个巴金文学院,他在欣喜之余提笔为巴金文学院题词,以表达他对巴老的敬意:"巴金先生是我最钦仰的文学家,他的作品给了我最多的教导与启发,不但在艺术上,而且在人格上。后辈小作家金庸敬书"。

巴金比金庸年长20岁,金庸刚进小学课堂时,巴金已经完成了第一部中篇小说《灭亡》,创作了"激流三部曲"中的第一部《家》。金庸最初读巴金的小说,当时是念小学六年级,在浙江海宁家中。哥哥见到他正看着《家》,说道:"巴金是我们浙江嘉兴人,他文章写得真好!"

金庸说:"不是吧?他写的是四川成都的事,写得那么真实。我相信他是四川人!"

哥哥说:"他祖上是嘉兴人,不知是曾祖还是祖父到四川成都去做官,就此住了下来。"哥哥那时已在读大学,读的是中文系,意见很有权威,良镛就信了他的。同时觉得,《家》中所写的高家,生活情调很像江南水乡的,不过他家的伯父、堂兄们在家里常兴下围棋、唱昆曲、写大字、讲小说,《家》中高家的人却不大干这些事。

金庸觉得,巴金在《家》中写得最精彩的是觉慧和鸣凤,不过,家里的丫头们不好看,不及学校里的女同学美丽,他觉得觉慧与鸣凤恋爱不合理。年纪稍大时,他才认为觉新、瑞珏和梅表姐三个是写得最好的,因为多懂了些人情世故才这样想的。

巴金(资料图片)

金庸说,他喜欢巴金,因为巴金后来说了真话。金庸的写字桌上摆放着绘有巴金头像的瓷画。(资料图片)

巴金和妻子萧珊(资料图片)

《随想录》(资料图片)

金庸念中学时,巴金的长篇小说《春》和《秋》出版。当时,金庸最爱读的是武侠小说,因此觉得《家》《春》《秋》《春天里的秋天》这一类小说读来还不够过瘾。直到自己也写了小说,才明白巴金功力之深,才把他和鲁迅、沈从文三位列为他最佩服的现代文人。

2008年1月,金庸撰文纪念《文汇报》创刊70周年,回忆说:"后来年纪大了些,知识也增进了。反右运动期间,我感到十分惶惑,从《文汇报》中去寻找指导,许多政治性的文章我看不懂,我只从《文汇报》中寻找知识分子有关的文字。那时候巴金先生充满了感情的文章仍然对我具有重大的吸引力。到了香港,当时我办《明报月刊》,除了巴金先生的文字外,我开始觉得《文汇报》的内容有些格格不入。后来才了解了《文汇报》被夺权后的情况,再结合《大公报》上连载的巴金先生的《随想录》,才了解到一家报纸在'文革'中受打击、受摧残的可怕情况。"

从1979年到1986年,巴金一共写了五集《随想录》,其中颇大的篇幅,是责备自己在"文化大革命"期间意志不坚、骨气不够坚强,在政治压力之下,写了一些"违背良心"的检讨与批评,不少更是指控自己,也指控了朋友与其他的文艺工作者。《随想录》最初在香港《大公报》连载。"我读了《随想录》之后只有更加佩服,自愧不如。——我如果处在同样的环境之下,表现不可能比他好上半点。"金庸说，"巴金先生一直是我所十分敬佩的文人。不但由于他文字优美，风格醇雅，更由于他晚年所表现的凛然正气，巨大的正义感。文革时期，我身在香港，后来读到巴金先生发表在《大公报》上的《随想录》，自忖：如果我遇到巴金先生那样重大的压力，多半也难免屈服而写了那些他当时所写的违心之论，但后来却绝不能像他那样慷慨正直地自我检讨，痛自谴责。"

1996 年 12 月中旬，金庸以香港作家的身份，受邀到北京参加中国作家协会第五次代表大会，巴金因高龄患病而无法出席大会，但仍被选举为作协主席。会后，金庸特去医院探望。

看到这位世纪老人那种永不言倦，拥有巨大的创作能源的样子，金庸感叹不已。

返港不久，金庸与池田大作进行了第三次对话。两人同声称赞巴金为"笔的斗士"。金庸回忆，在中学之时，男女学生读得最普遍的是两位作家，一是巴金，二是俄国的屠格涅夫。

"对于我们这一代的青年，巴金几乎是唯一喜爱而敬佩的当代中国作家。那时，我们是一群生活在山温水软、环境富裕的江南，不知天高地厚的幸福青年，若非经历八年抗战的艰苦生涯，恐怕到现在还是浑浑噩噩，过着醉生梦死的生涯。巴金先生所写的《家》、《春》、《秋》，和我们的生活、思想情感很接近，他笔底充满温情，所描述的爱和同情，直接触到我们的心灵。"[1]

金庸出身于一个地主和银行家的家庭，社会地位和小说《家》的高家差不多，不过地处江南小镇，和高家在成都这座大城市不同。江南小镇接近上海，风气之开放比成都为早，所以家庭中的封建色彩和高家类似却不如其浓厚强烈。他的家里也有不少丫头，似乎没有鸣凤那样美丽而伶俐之人。读到《家》中觉慧和鸣凤的恋爱时，当时的心情和读《红楼梦》差不多，对鸣凤的同情，相当于对晴雯、芳官的同情。

"巴金先生以'所有破坏爱的东西'为敌人，决心与封建落后的制度作战，

---

[1] 金庸：《正直精神，永为激励》，《文汇报》2005 年 10 月 21 日。

这个目标，他的小说是达到了的。他写觉新的懦弱与悲剧，也表明都是腐朽的封建制度所造成。当时我年纪虽小，却也深受其感动，与他看法一致。"①

金庸说，巴金的《灭亡》与《新生》描写革命青年的思想情感，那时他就不大懂了，只对其中一些戏剧性的情节感到兴趣。印象最深的是他的两个中篇：《春天里的秋天》、《秋天里的春天》。一部是创作，一部是翻译，因为抒写的是少年人的心怀和轻淡的恋情，少年人觉得是自己的事，对于真诚之爱受到挫折的不幸，感觉是极深的。

金庸向池田大作推荐巴金的《随想录》，"这些自我揭露和自我批评，读来真令人感到惊心动魄。巴金先生骂自己这种行为可卑可耻，如此直截了当的公开自责，中国历史上完全没有先例。""'文革'期间，在当局的压力之下，在殴打与酷刑之后，在家人受害的威胁下，更加卑屈的话都有不少人曾经写过。但巴金写《随想录》时完全没有受到任何压力，纯粹是一个正直善良之人的真诚忏悔。相信与他一生十分佩服法国大作家罗梭有相当关系。"

2

1997年11月25日，是巴金先生93周岁的生日，这天深夜，北京天文台施密特望远镜一直在进行宇宙观测。凌晨4点的时候，科学家通过它在巨蟹座靠近狮子座的方向上一个编号为Mr04的天区中发现了一颗小行星，经报国际小行星中心确认，它是一颗新发现的小行星。1998年2月，国际小行星中心确定该小行星永久编号为8315。1999年6月，北京天文台施密特CCD小行星项目组以8315号小行星发现者的身份向国际小行星中心申报，经国际天文学联合会下属的小天体命名委员会批准，该小行星被命名为"巴金星"。

1998年2月6日，金庸74周岁的生日，由参加北京施密特小行星计划的科学家在河北兴隆县观测到的一颗新发现的小行星。2001年7月8日，国际小行

---

① 金庸：《正直精神，永为激励》，《文汇报》2005年10月21日。

星中心确定该小行星永久编号为10930,被命名为"金庸星",并向金庸郑重颁发了小行星命名证书和金庸星轨道运行照片。

此刻,茫茫宇宙,浩瀚星空,又多了两颗由中国人发现并以中国人名字命名的星星——巴金、金庸一起遨游太空。小行星是目前各类天体中惟一可以由发现者进行命名并得到世界公认的天体,用杰出文学家和科学家等知名人士的名字命名小行星,是一项崇高的国际性永久荣誉。在全世界只有极少数人获得这种名扬宇宙、永垂史册的殊荣。

当天,金庸透露了小行星命名的背景:"本人没有半点功劳,当之有愧。给我颁发证书的陈建生院士告诉我,他们天文台同事有时候在研究天象时,恰遇乌云遮日,观测不到星星,就坐下来神聊我的小说,他们中有我的铁杆武侠迷,这就是为什么会以我名字命名这颗小行星的内幕消息。"[1]

3

2005年10月17日,102岁的巴金逝世,得到此噩耗时,金庸正在剑桥大学学习,第二天他给新华社亚太总分社发传真,以一篇题为《正直精神,永为激励》的悼念文章,表达对巴金辞世的哀悼。

悼文说:"刚上完麦大维教授的读书课,硕士班的同学共五人,读的是拓本的《李邕墓志铭》,铭文头两句是:'物寒独胜,高不必全'。麦教授让大家讨论,我举了毛泽东爱写的两句话:'木秀于林,风必摧之;堆出于岸,流必湍之'为例解释,这是中国人传统的处世哲学,俗语所谓,'人怕出名猪怕壮''枪打出头鸟',教人以养晦为上。……巴金先生是文学界的大作家,不论是非,当然免不了中枪,正如《李邕墓志铭》中所说……巴金先生文革时苦受批判,幸而精神坚毅,得保性命,不致如李邕那样'年七十三,卒于强死',巴金先生坚持到今日,写了一部掷地作金石声、惊天动地的《随想录》。他多

---

[1] 张乐:《金庸透露小行星命名内幕》,《扬子晚报》2001年7月8日。

活了三十几年,实在是中国文学界的大幸事。巴金这样的英豪之士,正如孔璋对李邕的评价:'文堪经国,刚毅忠烈,烈士抗节,勇不避死,难不苟免。'"

"我一直想到上海医院去看望这位我从小到大都钦佩的人,只是想到他老人家病中不宜劳神,这才就此永远失去了机会。他女儿李小林小姐曾送我一张印有巴金先生肖像的瓷碟,我放在书房的架上,一转头就可见到他慈祥的笑容。巴金先生去世,我深为悲悼,写这篇悼文时我在英国,但我知道,他的肖像仍竖立在我书房的架上,巴金先生正直的精神永远是我的激励!"

金庸称赞巴金,"他的文字中充满了激情,他说他写作的宗旨是'把心交给读者'。的确,在他所有的文章中我们都能接触到他的心,领会他丰富而充沛的感情。以古典主义的观点来看,似乎是不够含蓄,发泄过分。我自己创作,当常喜欢文静一点,清淡一点。不过我确曾为读巴金的文字而流泪,少年时是读到鸣凤的自杀、瑞珏的难产而死,最近是读到他写妻子萧珊的逝去。作者并非单纯是感情的奔泻,而是在深刻的哀伤和痛楚之中,忍住了自己的眼泪。他在写作时忍住了眼泪,我在阅读时却忍不住了。"

巴金一家人(资料图片)

喜欢吃鸡蛋，更喜欢那只生蛋的鸡
——"钱门弟子"余英时

余英时眼中的金庸，"无疑是现代武侠小说最有创造力的作家，是当'大师'之称而无愧。1970年代我回到香港工作了两年，和金庸变成了朋友，对他深厚的文史造诣更为欣赏"。余英时经常在《明报月刊》发表文章，是金庸亲自选定的"大家堂"特邀作家。

余英时也是金庸小说读者之一，他最爱读《射雕英雄传》，认为金庸"笔触有千军万马之力"。

1

1973年10月，以治中国思想史闻名的余英时受香港新亚书院之邀，从美国返回香港，在母校担任院长，跟着又兼任香港中文大学副校长。就在此时，金庸与余英时相识了。

金庸与余英时的交往，多与围棋有关。金庸曾对采访的记者说："余先生喜欢下围棋，他棋艺比我好一点。他太太自称为'围棋寡妇'，余先生老是下棋，没有时间陪她。余先生的岳父陈雪屏围棋下得很好，好像你要娶我女儿，先下一盘棋看看。"事后，余英时闻听此言哈哈大笑："这是小说家言了，我和太太陈淑平谈恋爱的时候，还不认识陈先生，是等到1971年结婚七年了才正式见到陈雪屏先生。"①

一日，金庸邀余英时到家里下围棋，突然聊起史学家钱穆。金庸说："钱穆先生也是我的老师，四十年代我在重庆的中央政治学校念书，钱穆先生是客座教授来给我们上课，他谈起中国历史来丰富又博学。"金庸回忆说，"钱穆先生是无锡人，说话的口音同学们听不懂，我是浙江人，大致能听懂，就帮忙翻译，也受同学们的欢迎。"他说，自己那时算是用功的学生，每天必读一本中文书和几页的英文书，中文读的是《资治通鉴》。"自己若有什么小成就，就是来自当年在政大念书时打下的国学根底。"

余英时笑眯眯地说，"那我俩是同门了，你是我的师兄啊！"

即时，两人将围棋换成茶杯，一边喝茶，一边聊起童年求学和当年拜师的情景——

余英时说道："我是1930年在天津出生的，从出生到1937年冬天，我住过北平、南京、开封、安庆等城市，但是时间都很短，记忆也很零碎。1937年抗日战争开始，我的生活忽然发生了很大的变化。这一年的初冬，大概是10月左右，我回到了祖先居住的故乡——安徽潜山县的官庄乡……在最初五六年中，我仅断断续续上过三四年的私塾，念经、史、古文。大概在十岁以前，我偶在家中找到了一部残

余英时（资料图片）

① 李怀宇：《金庸：办报纸是拼命，写小说是玩玩》，《时代周报》2009年1月8日。

破的《罗通扫北》的历史演义，读得津津有味。从此发展下去，我读遍了乡间能找得到的古典小说，包括《三国演义》、《水浒传》、《西游记》、《封神演义》等。我相信小说对我的帮助比经、史、古文还要大，使我终于能掌握了中国文字的规则。"

"十一二岁时，私塾的老师有一天忽然教我们写古典诗，原来那时他正在和一位年轻的寡妇闹恋爱，浪漫的情怀使他诗兴大发。我至今还记得他写的两句诗：'春花似有怜才意，故傍书台绽笑腮。'诗句表面上说的是庭园中的花，真正的意思是指这位少妇偶尔来到私塾门前向他微笑。我便是这样学会写古典诗的。"①

"我第一次见到钱穆先生是一九五〇年的春天，我刚刚从北京到香港，那时我正在北京的燕京大学历史系读书。我最初从北京到香港，自以为只是短期探亲，很快就会回去的。但是到了香港以后，父亲告诉我钱先生刚刚在这里创办了新亚书院，要我去跟钱先生念书。我还清楚地记得父亲带我去新亚的情形。钱先生虽然在中国是望重一时的学者，而且我早就读过他的《国史大纲》和《中国近三百年学术史》，也曾在燕大图书馆中参考过《先秦诸子系年》，但是他在香港却没有很大的号召力。当时新亚书院初创，学生一共不超过二十人，而且绝大多数是从大陆来的难民子弟，九龙桂林街时代的新亚更谈不上是大学的规模，校舍简陋得不成样子，图书馆则根本不存在，整个学校的办公室只是一个很小的房间，一张长桌已占满了全部空间。我们在长桌的一边坐定不久，钱先生便出来了。我父亲和他已见过面，他们寒暄了几句。钱先生知道我愿意从燕京转来新亚，便问问我以前的读书情况。他说新亚初创，只有一年级。我转学便算从二年级的下学期开始，但必须经过一次考试，要我第二天来考。我去考试时，钱先生亲自出来主持，但并没有给我考题，只叫我用中英文各写一篇读书的经历和志愿之类的文字。交卷以后，钱先生不但当场看了我的中文试卷，而且接着又看我的英文试卷。阅卷之后，钱先生面带微笑，这样我便被录取了，

---

① 余英时：《我走过的路》，引自陈致《余英时访谈录·序言》，中华书局 2012 年 3 月版。

成为新亚书院文史系二年级第二学期的学生了。这是我成为他的学生的全部过程。现在回想起来,这是我一生中最值得引以自傲的事,因为钱先生的弟子尽管遍天下,但是从口试、出题、笔试、阅卷到录取,都由他一手包办的学生,也许我是唯一的一个。"①

1952年6月,余英时成为新亚书院文史系的第一位毕业生。次年,钱穆得到亚洲基金会的资助,在九龙太子道租了一层楼创办研究所,这是新亚研究所的前身。当时只有几个研究生,余英时也在其中。"我在新亚时代,在钱先生指导之下,比较切实地研读中国历史和思想史的原始典籍,与此同时,我又在香港的美国新闻处和英国文化协会两个图书馆中借阅西方史学、哲学与社会科学的新书。"1954年,余英时的《民主制度的发展》、《民主革命论》、《到思维之路》三本学术著作在香港出版。

1955年春天,经新亚书院推荐,时任助教的余英时获得去美国继续攻读研究所的机会。"从1955年秋季到1962年1月,我一共有六年半的时间在哈佛大学安心地读书。我的运气很好,在香港遇到了钱先生,在哈佛大学又得到杨联陞教授的指导。"②1962年,余英时获哈佛大学历史学博士学位,曾历任哈佛大学中国史教授、耶鲁大学历史系教授。

余英时回忆说:"我在香港念书,待了有三年,竟然不知道查先生早是'钱门弟子'了,而且早来了香港。"

2

1974年初,《明报月刊》总编辑胡菊人主掌"大家堂",作为海外华人沟通心声的一个桥梁。余英时受金庸邀请担任特邀作家,这是他重新转向东方的开始。

8月,《明报月刊》创刊百期,在纪念专号中,金庸以"中国过去、现在、

---

① 余英时:《犹记风吹水上鳞——敬悼钱宾四师》,《书屋》1990年9月。
② 余英时:《我走过的路》,引自陈致《余英时访谈录·序言》,中华书局2012年3月版。

将来"为题，请余英时畅谈学术与人生的问题。余英时答问中谈到："如果我们肯撇开民族的偏见，撇开大汉族主义的观点，撇开汉族自大的观念，然后整理历史，我们可以发觉清代的皇帝不一定比明代差……康熙有他的长处，在中国历史上是一个少见的好皇帝……明太祖没有康熙好。明太祖本身当然有功有过，可是从改善一般人民的生活来说，就比不上康熙……（满清政权）并不见得比汉人政权更专制。"①

可以说，余英时与金庸，在对明清两代与康熙皇帝的评价上，观点几乎一致。

经金庸审定刊发的余英时文章，检《明报月刊》影印本，最早应该是关于《红楼梦》的讨论。七十年代上半期，香港的红学气氛非常浓厚，因此红学论争迭有发生。1973年秋天，余英时在香港中文大学举办的学术报告会上，以"《红楼梦》的两个世界"为题作了讲演，然后撰写成《近代红学的发展与红学革命》、《红楼梦的两个世界》两篇论文，刊载于《明报月刊》。余英时详尽地阐释和分析了《红楼梦》这部书中大观园以内的世界与大观园以外的世界的关联，通过对众多个例的对比和分析，如大观园和太虚幻境的关联，给读者展示了一虚一实两个鲜明的世界。

此论一出，立刻在红学界引起关注和讨论。台湾《红楼梦》考证专家赵冈在《明报月刊》1976年6月号上发表商榷文章，题目为《"假作真时真亦假"——红楼梦的两个世界》。针对余英时的两个世界论，赵冈说，对曹雪芹家事的考证其实是"舍从攻主，去假存真的还原工作"，意义正不可低估，不同意余英时所说的"半个世纪以来的红学其实是曹学"的观点，他称旧理论为"盛衰论"，称余英时的新理论为"理想世界论"；并在文章末尾写道："雪芹深知'假作真时真亦假'的心理作用，我们会不会不知不觉地走进了雪芹预设的圈套呢？在孰真孰假、孰主孰从尚无法十分肯定的阶段中，研究雪芹的身世背景尚有其功用。"②

---

① 余英时：《学术何以必须自由》，引自钱穆《明报·大家大讲堂》，新星出版社2008年版。
② 刘梦溪：《赵冈与余英时讨论〈红楼梦〉的"两个世界"》，《红学问题评论》2006年8月17日。

余英时回答赵冈的文章，连载于 1977 年 2 月至 5 月号的《明报月刊》，题目是《"眼前无路想回头"——再论红楼梦的两个世界兼答赵冈兄》，文长近四万字，对两个世界的理论做了进一步的申说。赵冈提出的真假主从问题，余英时没有回避，而是从文学创作的角度加以论述，写道："我可以承认作者在个别人物和事件方面曾经取材于他的生活经验，但是当他在写作的过程中，他究竟是以真实的生活材料为'主'呢，还是以他自己虚构的创造意图为'主'呢？毫无可疑的，这时他的材料必须为他的创意服务，是为创意的需要所驱遣。换句话说，许多真实材料在《红楼梦》中都经过了一番虚构化然后才能派得上用场。"又说："这样我们就看到一个极有趣的现象：以真假主从而论，曹雪芹所经历过的现实世界和他所创造的艺术世界恰好是颠倒的。现实世界的'真'在艺术世界中都转化为'假'；而现实世界的眼光中所谓的'假'（虚构）在艺术世界中则是最真实的。这正是赵冈兄所引'假作真时真亦假'一语的主要涵义。《红楼梦》一书由于种种原因引起了我们的历史考证的强烈兴趣，这是完全可以理解的，并且也是相当必要的。但是曹雪芹写《红楼梦》决不是为了要保存他的家世盛衰的一段实录。曹家的盛衰只是给《红楼梦》的故事发展提供了一个时间架构，文学的乌托邦往往需要一个历史的背景以为寄身之所。"

其时，余英时和赵冈虽各不相让，却不失学者风度，使论争起到了互补的作用。事后，金庸说："余先生关于《红楼梦》的想法我很欣赏，一般人不是研究《红楼梦》，是研究曹雪芹，我就认为这个作品可能不是曹雪芹作的，

余英时在美国家中
（资料图片）

余英时在香港时的留影。
（资料图片）

作者如果不是曹雪芹，研究曹雪芹根本是错的。余先生的方向我觉得是对的。我认为《红楼梦》不见得是曹雪芹写的，完全没有证据证明是曹雪芹写的，现在有人研究曹雪芹生平，一写几十万字，我觉得这个路线可能是错的。如果最后证明这个小说完全不是曹雪芹写的，那你的研究完全是空的。需要肯定作者是谁，如果连作者都不知道，去研究曹雪芹完全没有用的。"①

余英时与金庸，曾经在两年时间内多有交往，不能说哪个影响到另一个，至少二人的观点，有太多相通甚至相同。

余英时说过："我一生投过稿的报刊不计其数，但我始终觉得《明报月刊》最令我有亲切之感。自由、独立、中国情味大概是我对《明月》最欣赏的几点特色。"②因而，余英时作出了一次重要的转变，许多中文东西都是那时候开始写的。"否则我在美国多半是写英文。这样我就换了一个世界，文字上回到中国的世界，我觉得很好。因为我当时的感觉，如果我写的东西是中文的，可以在东亚有普遍的读者，包括日本跟韩国，他们都可以读汉文。如果只写英文，只能让美国少数汉学家或研究生读。所以我觉得这个基础不一样。"③在香港出版的《情怀中国》是余英时应金庸所约为《明报月刊》所写的学术文章，《会友集》是他在"大家堂"对现代文化名流的访谈录，从史学家顾颉刚、洪业、郭沫若，文学家鲁迅、周作人、林语堂、钱钟书，到思想家梁漱溟、陈独秀，着墨最多的是陈寅恪、胡适及钱穆三人。

从此，每逢余英时的学术著作出版，都会引起人文学术界的广泛注意，而他的言论也在华人地区发挥影响力。

3

1973年4月，金庸访问台湾，从台北到桃园、新竹，高雄到金门，短短十天的行程，金庸的脚步是匆忙的，但收获很大。访台结束后，金庸写下了长达三万字的《在台所见·所闻·所思》，从1973年6月7日起在《明报》连载十

---

① 李怀宇：《金庸：办报纸是拼命，写小说是玩玩》，《时代周报》2009年1月8日。
② 潘耀明：《从历史走廊穿行过来》，《明月四十年精品文丛》编后记，作家出版社2006年9月版。
③ 李宗陶：《对余英时先生的访谈》，《南方人物周刊》2007年第4期。

天，轰动一时。初到香港，余英时就读到了金庸的这篇文章。

一日，他对金庸说："查先生在海峡两岸吃得开，海外读者非常关心你对台湾的访问，可是在海外，他们只能读到《明报月刊》，读不到《明报》，《明月》可否也登载一下？"金庸说"好"，《明报月刊》再次分期刊出了这篇长文。金庸认为，台湾再喊"反攻大陆"的口号，已是不合时局形势，两岸的现实是和平统一。在文中，金庸对大陆也有颇多赞赏。出于对两岸统一的心愿，他始终想在两岸之间寻找平衡，力图做到不偏不倚，所以说他"在海峡两岸吃得开，他以后不仅是台湾的常客，而且三度成为中南海的座上宾。"

1978年10月16日，余英时率美中学术交流委员会"汉代研究代表团"回到阔别29年的中国大陆，从北京出发，一月之内先后参观了洛阳、西安、敦煌、兰州、长沙、昆明、成都等地的汉代遗址和出土文物。余英时写道："除了北京之外，这些地方都是我一九四九年底离开中国以前所未到过的。我确实开了眼界。……此行我又先后会见了俞平伯、钱钟书、唐兰、唐长孺、缪钺诸先生，他们是我心仪已久的学术前辈。我个人的收获是十分丰富的。"①

这是余英时自1950年离开中国大陆后唯一的访问，虽然只有一月，却深深地勾起他的"中国情怀"。从敦煌回来的路上，他诗情勃发："一弯残月渡流沙，访古归来兴倍赊。留得乡音蟠却鬓，不知何处是吾家。"他还在《明报月刊》发表《常侨居是山，不忍见耳》一文，叙述自己的"中国情怀"。金庸读了这篇文章，评论道："在余先生的文字中，'中国情'一词最为人熟知的。如果说余先生每次抒发自己的中国情怀，几乎都会引用明末清初周亮工《因树屋书影》卷二中'鹦鹉救火'的佛教故事，那么，至少在1981年，余先生为其1954年香港版的《到思维之路》一书撰写的再版自序中，已经引用这个故事了。而在那篇自序中，余先生特意提到，在他就读香港新亚书院钱穆先生门下期间，这个故事是最让他感动的。"②

余英时也是金庸小说读者之一，认为金庸"笔触有千军万马之力"。冯其庸1981年到耶鲁大学，"遇余英时兄，畅谈的内容之一，就有金庸的小说。"

---

① 余英时：《悼张光直：一座没有爆发的火山》，《读书》2002年第2期。
② 彭国翔：《余英时的中国情怀》，《中华读书报》2012年7月4日。

余英时对冯其庸说:"我的消闲活动不多,读武侠小说是其中之一,但这是早年学生时代的事,中年便停止了。我是从读传统武侠小说开始的,青少年时期喜欢《七侠五义》、《小五义》之类的公案小说,《水浒传》更是不在话下。但是20世纪以来的新武侠小说如平江不肖生、还珠楼主之类的作品反而对我没有很大的吸引力。1950年代我在美国读的武侠小说主要是梁羽生和金庸两家,但以金庸的《射雕英雄传》最合我的口胃。"①

余英时还说,"我们的关系主要是'棋友'而非'侠友',因为我们对围棋有共同的嗜好,曾多次晚间到他家中参加棋会。我记得只有一次棋会之后谈及他的武侠作品。他自己最满意的是封笔之作《鹿鼎记》,恰好新儒学大师牟宗三是他的知音。牟先生也是棋友,每次都和我同去下棋。这是我最值得回忆的一段交游生活,但已是30多年前的旧事了。1992年我因事重访香港,和金庸兄在稠人广坐之中匆匆一晤,可惜没有深谈或手谈的机会,至今引以为憾。回美后承他寄赠一整套修订本武侠全集,我珍藏在床头,时一翻阅,如晤故人。借用钱钟书先生的俏皮比喻,我不但喜欢吃鸡蛋,而且更喜欢那只生蛋的鸡!"②余英时尊崇金庸,更多是金庸的学识而非仅指他的小说好看。

2001年,余英时从普林斯顿大学退休,但仍然保留了荣誉教授头衔,定居在美国。

余英时著书逾30部,包括《从价值系统看中国文化的现代意义》、《史学与传统》、《历史与思想》、《中国思想传统的现代诠释》、《中国近代思想史上的胡适》、《朱熹的历史世界》、《方以智晚节考》等。2006年12月5日晚,美国华盛顿国会图书馆杰斐逊大厦大厅,国会图书馆馆长詹姆斯·比林顿博士将第三届克鲁奇奖的奖章颁给了76岁的余英时。克鲁格奖有"人文诺贝尔奖"之誉。余英时则希望这一拨热闹快些过去,好让他在普林斯顿郊外绿树环抱的家中静心读书、写字。他说自己"一辈子在书斋工作",得奖原因相信是由于"一生的学术成就",但他不希望外界把他当作多么了不起的人物,他不要成为媒体炒作的对象,更不希望做"明星",否则"是对学问的大不敬"。

① 蒋泥、孔庆东:《金庸的醉侠世界》,东方出版社2011年1月版。
② 李宗陶:《对余英时先生的访谈》,《南方人物周刊》2007年第4期。

行过大礼的围棋老师
——棋师聂卫平

聂卫平是中国围棋史上唯一正式获得"棋圣"殊荣的人,他是金庸的围棋老师,行过大礼。他俩和林海峰、沈君山共同发起举办了"炎黄杯"名人围棋邀请赛。

聂卫平对金庸的欣赏,完全是在棋盘之外。他说,"在徒弟当中我最喜欢金庸,虽然他的棋是我徒弟里最臭的。"

金庸则喜欢聂卫平的性情,"至于他喜欢打牌与喝酒,我觉得一个人性格是这样,劝不过来的,我自己的性格也是这样。"

金庸聂卫平黑白论道
(资料图片)

1

1983年,聂卫平正在广州进行"新体育杯"的卫冕战,突然有人转告他,金庸要在从化拜他为师。

几年前，聂卫平听说金庸是一个不折不扣的围棋迷，在他的小说里经常有关于围棋的描写，甚至还把棋子当成大侠的暗器，甚为有趣。不仅如此，上世纪八十年代，金庸时常把书送到国家围棋队，年轻国手每天躲在被子里，打着手电看他的书。聂卫平便向队友借了几册金庸小说来读。金庸得知后，特意从香港寄了一套小说给聂卫平。聂卫平虽然读过他的小说，可并不认识他，今天他怎么要拜他为师了呢？

聂卫平以为他不过是想跟他学学棋，而且也想认识他，于是就赶到了从化。

一见面，金庸真的就要像他在小说里描写的那样行大礼，三叩九拜，举行拜师仪式。金庸比他大20多岁，这让他怎么受得了。聂卫平大大咧咧，不客气地说："鞠三个躬就行，现在不是古代了。"金庸果真照做，恭恭敬敬鞠了三个特别深的躬。就这样，聂卫平成了金庸的老师，金庸一见到聂卫平就以"师傅"相称。① 两人也就成了很好的朋友。

"此后，一有机会就跟他下棋，不过他的水平……这么多年没什么提高，还是在很业余的阶段徘徊，还好他不怪我这个师傅。有一回，我跟林海峰一起跟金庸先生下棋。开始我和金先生搭档，他走一步接着我走一步，对阵林海峰，我们没有赢。之后金先生和林海峰搭档走棋，也没有下赢我……"聂卫平与人说。

经常让聂卫平手足无措的是，每次金庸与他下完棋，都要从口袋里拿出一个小信封，毕恭毕敬地双手呈上，里面装的是或多或少的指导费。"不收都不行，金老态度特别认真，他认为职业棋手以此为生，不收学费便是破了规矩。"聂卫平说。

不仅如此，金庸还有一个爱好，只要是棋力比他高的棋手，有机会金庸都要拜于门下，而每次拜师，全是仪式庄重，要行拜师礼，并恭敬地奉上礼金或礼品。"有一次，金老一看常昊，喜欢得不得了，拉着就要拜为师傅，我就暗

---

① 郭婷婷：《三九段神侃金庸》，《北京青年报》2004年2月7日。

自叫苦，常昊是我的徒弟，金庸也叫我师傅，现在他要拜了常昊，岂不是乱了我们的辈分？好在江湖人士都知道金庸的师傅多，不会取笑于我。"

1984年，"新体育杯"的决赛在香港金庸的家中进行。金庸知道聂卫平爱吃螃蟹，专门在家里设了螃蟹宴。这顿饭，从下午5点一直吃到晚上10点半，聂卫平一共吃了十三只螃蟹，金庸一直在旁边陪着。那天，有两个佣人对聂卫平稍有怠慢之意，第二天，金庸的太太就把她们"炒"了。①

金庸和沈君山也是很好的朋友，由金庸介绍，聂卫平认识了沈君山。1987年夏天，聂卫平和沈君山在香港参加"应氏杯"青少年围棋比赛，香港方面知道他俩喜欢打桥牌，特意安排了一场桥牌比赛。那时，大陆和台湾的关系正处于微妙时期，国民党的所谓"戡乱"条例还没有取消，两岸还处于"敌对"状态，两岸

聂卫平（资料图片）

① 聂卫平：《围棋人生》，中国文联出版社1999年8月。

人员的接触都很严格。特别是经常和邓小平、胡耀邦等中共高层领导在一起打牌，台湾方面以为他有什么政治背景；而沈君山是台湾对大陆决策机构的重要人物，而且时有传闻他可能出任台湾当局的重要职务，所以，聂卫平和沈君山两个搭档打桥牌成了很敏感的一件事。

比赛那天，沈君山对记者讲了一句话："政治是随时都有可能发生变化的，而围棋和桥牌是不会变的。" 聂卫平以为他讲得很好。据说，这话传到蒋经国那里，蒋听后勃然大怒，说沈君山被聂卫平"统战"了，下了一道手令：沈君山这人永不录用。这件事使沈君山受了很大的连累，聂卫平多次问他，"是否和我接触，对他仕途上的影响很大？"沈君山说他不在意这些，他还讲了金庸小说中的一个故事，有两大对立的教派，其中每个教派都有一名担任高级职务的人，虽然教派之间杀得你死我活，这两个人却是知音，经常悄悄地跑到一块儿谈论音乐。他的意思是他们两人之间的接触交往，将来历史会证明是非常有远见、也非常纯洁的，绝不像有些人说的那样是"捞取政治资本"。后来，他们经常一起搭档，参加各种桥牌比赛，成了莫逆之交。

有一次比赛后，聂卫平对金庸说："你的介绍，让我认识了沈君山，你的小说让我和沈君山成为了知己"。金庸则说："让我们成为知己朋友的是围棋，中国的围棋"。

聂卫平将爱徒古力比喻为金庸笔下的乔峰，对此古力也表示认可，他认为乔峰性格豪爽并且武功盖世。

金庸这样评说他的围棋老师："聂老师的性格能看得出来，他的上进心很强，任何有竞争性的、有胜负的比赛他都喜欢。围棋很讲究随机应变的，聂老师的棋就是中国传统的，与人对杀时经常杀得昏天黑地，日本人很怕他，叫他聂旋风。下棋与武侠是两回事，武侠讲风度，围棋就不能让，一定要杀到底的；武侠讲正义，围棋没有什么正义非正义，讲究技艺高超就行了。"

2

2000年4月下旬，作为浙江大学人文学院院长的金庸来到杭州，聂卫平因为中央电视台为他拍摄一部名为《围棋人生》的专题片，也由郑州赶到了杭州。

在浙大金庸的办公室，两个老朋友一见面就叙起了"旧情"。金庸说，他与国内和日本的许多围棋高手，如武宫正树、林海峰、大竹英雄等都有往来，同时，他也多次受到好友聂卫平的指点。金庸说，每次下棋，聂卫平总是让他四五子，并且手下留情，开局时多照顾，杀到好处，便住手了。"否则，我可就颗粒无收了"，金庸谦虚地说。

说话间，有人摊开了棋盘棋子，要两人当众厮杀一番。于是，被誉为武侠小说"一代宗师"的金庸很老实地依次在天元和星位上放下5颗黑棋。聂卫平于是快速"挂角"，大侠则以"尖顶"应对。在棋盘前，金庸显得有点儿拘谨，不像在学子面前那样谈笑风生，倒是聂卫平不时地称赞对"下得好"。

因为都有要务在身，这场对抗不得不暂告一个段落，聂卫平建议择时再战，并总结性地点评发言："下得好，直到现在白棋的劣势尚未化解。"

2001年8月初，金庸与聂卫平一起来到天山，为了出席"炎黄杯"名人围棋邀请赛的开幕式，在美丽如画的天池"论剑"。金庸曾经在《笑傲江湖》中描写一段"呕血谱"，显示出他在围棋和文化方面的深厚底蕴。

开幕式上，谈到围棋文化，金庸更是滔滔不绝："围棋是从上古流传下来的古老游戏。""围棋不像中国象棋和国际象棋那样以杀子为重，而带有中国古代哲学的平和色彩。""围棋讲究对弈双方互相调和。""新疆是中国多民族聚居的地方，围棋是一种不需要语言文字的文化交流。""古人说以棋会友。两盘棋下来，对弈双方就可以成为很好的朋友，好朋友之间就没有什么事情讲不通了。"

或许，金庸的"围棋平和论"也影响到了参赛的各位棋手，尤其是以稳健棋风著称的聂卫平。随后，分别以"大侠"和"棋圣"为首的"炎帝队"和"黄帝队"进行了一场友好联棋比赛。六十手棋过后，聂卫平宣布不分胜负，他还称赞了棋手们表现出的平和。"天池论剑"就在这样在没有刀光剑影的平和氛围中划上了句号。

有人问聂卫平，金庸的棋艺究竟有多高？聂卫平说，说个小故事吧，在丽江，三个高手加在一起，与金庸一起对弈一个高手。当时就像跷跷板一样，我们下一步，起来啦，金庸下一步，就下去了，和过山车差不多。年过八旬的金庸下的是快乐围棋，并不在乎胜负。

3

金庸先生向聂棋圣行师徒礼（资料图片）

1993年起，聂卫平开始带徒弟，他的第一批弟子包括常昊、周鹤洋、王磊、刘菁。当时这些棋手都只有十六七岁；1997年底，他又收了王煜辉、刘世振、古力、刘熙四个新徒弟，除此以外，还有不少小棋手有着聂卫平弟子的名分。在如此众多弟子中，老聂最满意的又是谁？聂卫平的回答多少有点出人意料。"我那些徒弟都差不多，没什么特别的。"老聂说，他最欣赏的，还是自己的"外家弟子"金庸。

　　当然，聂卫平对金庸的欣赏，完全是在棋盘之外。金庸对围棋的涉足最早可以追溯到上世纪30年代。当时他就已经在香港围棋界小有声望了，经常用笔名发表一些颇有见解的评论文章，自己的棋艺也颇佳。不仅如此，金庸还不惜重金收藏围棋棋盘、棋子及其他棋具。聂卫平听说他曾花数百万港元买了一个棋盘，便上金庸家去观赏。金庸向聂卫平介绍："榧木棋盘最名贵，棋敲上去，棋盘会微微下凹，这样棋子便不会移动。收盘时，用毛巾蘸热水一擦又会恢复原状。"说着，两人在这个棋盘上对弈一番。

　　1993年3月19日，金庸第三次成为中南海的座上客，在会谈后，丁关根在钓鱼台国宾馆宴请他，特地请了聂卫平作陪。在宴会中，丁关根问聂卫平："你有几个围棋弟子？"聂卫平答："最好地弟子是马晓春，但真正拜过师的只有查先生一位。"丁关根说："你怎么叫徒弟为查先生？"聂卫平回答："我崇拜查先生的小说，他的年纪又比我大得多，我们是两头大。"丁关根又问："查先生的围棋在香港是不是最好的？"聂卫平沉吟半晌才说："在香港知名人士中第一。"众人大笑。但金庸自言，"这句外交辞令其实还不是很准确，即使在香港知名人士之中，我的围棋也决非第一"。①

　　出于对围棋的酷爱，1999年，金庸和聂卫平、台湾清华大学原校长沈君山、日本著名棋手林海峰等发起"炎黄杯"名人围棋赛。

　　2001年8月，金庸到贵阳参加"国际围棋文化节"。一下飞机，他就和围

---

① 费勇等：《金庸传奇》，广东人民出版社1997年。

棋节组委会主任、贵阳市委副书记辛维光"杀"了起来,聂卫平在旁观战。金庸常使出后发制人地招数。聂卫平感叹:"降龙十八掌,最后一掌最厉害。"说起自己的围棋水平,金庸说:"我很喜欢围棋,但是水平很低,连小孩子都下不赢,有人曾为我题字'良光',我的理解就是下棋全输光。"

金庸最大的贡献,聂卫平认为是"对围棋支持很大。武侠小说里相当于在作普及,还赞助了许多比赛,我都去过几次"。中国围棋队每次赴港参赛,金庸也几乎每次到场迎接。中国围棋协会为了感谢金庸对围棋事业的这份热诚,特授予他荣誉六段称号。

如今,金庸的围棋老师可谓遍天下,据说加起来百段都不止。

金庸在贵阳围棋文化节开幕式上(资料图片)

金庸和夏梦(资料图片)

君子之交

◎天下没有不散的筵席,有的人厌倦了,转变了,心情不同了,那是必然的事。已经有过几年,几个月,几天的相聚,还有甚麼不知足的?"一夜夫妻百夜恩,百夜夫妻海样深",朋友之道亦当如是观。

——致温瑞安信

◎愉快地为朋友作任何方面的牺牲:地位、权力、财富、生命、名誉、信仰与爱情,以及其他任何物质上精神上的东西……人生相遇相交的朋友,知遇之交也是应当珍惜的友情。

——《千人中之一人》

金庸武侠小说是爱交朋友的人的小说；友情是金庸的骨干，爱情只是点缀。金庸再三指出，他的小说的重心是"男子与男子之间"的友情而不是爱情，实在是很有意义的。每个人都需要朋友；缺乏家庭生活的人更加需要朋友；缺乏家庭生活而又活在不安定的环境、不熟悉的社会之中的人怎样需要朋友，就可想而知了。

金庸笔下的大侠，多是肯为朋友两肋插刀的重情重义之辈；而金庸本人也是广交朋友，朋友中除了文字之交的著名人士，还有围棋对弈中交往的棋界元老，有影视"书剑恩仇"的制片人，更有爱情以外的异姓朋友……

贤者之间的交情，平淡如水，不尚虚华，这种"君子之交"显得难能可贵。

电影江湖的武林盟主
——老朋友邵逸夫

邵逸夫是享誉世界的香港影视界大亨。上个世纪70年代,邵逸夫的影视业开拍了一系列金庸武侠剧,开创了香港武侠剧的潮流。

金庸称邵逸夫为"半个世纪的老朋友",邵逸夫称金庸"我的小朋友小查"。两人的友谊足足延续了半个世纪。

1

1946年,22岁的金庸从杭州到上海,先在东吴法学院插班修习国际法课程,后被录取为上海《大公报》国际电讯翻译。他在上海生活了两年,常去电影院观看电影,爱看"天一"电影,"天一"是邵逸夫家族在上海成立的影片公司,金庸很喜欢天一的《女侠李飞飞》、《梁祝痛史》、《义妖白蛇传》和《孟姜女》等黄梅调古装片。1948年秋,金庸第一次结婚,当晚,他和新婚妻子杜冶芬一块走进静安区新闸路的西海大剧院,观看古装片《珍珠塔》。

这年底,金庸被调派香港《大公报》。邵氏兄弟的"天一影业"也在此时迁往香港,建立了"天一香港公司",由邵逸夫接掌。

邵逸夫(资料图片)

那时,金庸刚调入《新晚报》任副刊编辑,自己撰写影人小传和新片评论,邵氏电影是他评论最多的。有一天,他听说邵逸夫是个影迷,每天要看几个小时的电影,最高纪录一天看9部影片,不但看自己公司出品的影片,也看别人的影片作为借鉴,金庸便打听了他的住所,不请而至。

第二天,《新晚报》副刊"影人小传"专栏登出一篇《邵氏兄弟与白金龙》的文章,这样记述邵逸夫:

"1907年,邵逸夫出生于宁波镇海庄市朱家桥老邵村一个富商家庭。他的父亲邵玉轩于19世纪末前往日趋繁华的上海'淘金'开设'锦泰昌'颜料号。经营有方,生意红火。在邵逸夫14岁时病逝。邵逸夫排行第六,故后人称他为六叔、邵老六。

他早年就读于家乡庄市叶氏中兴学校，后赴上海就学于美国人开办的英文学校，为此练就一口流利的英语。大哥邵醉翁于1924年创办天一影片公司，开始闯入当时尚属草创时期的中国电影业。

"'天一'成立之初，清一色是家族班底。老大邵醉翁是制片兼导演，老二邵邨人擅长编剧，老三邵仁枚精于发行，老六邵逸夫则擅长摄影。其摄制的第一部影片《立地成佛》放映后，即深受上海市民欢迎，旗开得胜，邵氏兄弟们为之欢欣鼓舞，随后新影片不断地从'天一'推出。

"1926年，刚从中学毕业的邵逸夫，应三哥邵仁枚之邀，南下新加坡协助开拓南洋电影市场，从此与电影业结下不解之缘。那段时间，邵氏兄弟带着一架破旧的无声放映机，在举目无亲的南洋乡村巡回放映，并开设游艺场和电影院。1931年，邵逸夫前往美国购买有声电影器材，途中轮船触礁沉没，幸亏其命大，落水的邵逸夫抱着一小块木舢板，在茫茫的大海上飘泊一夜后终于获救生还，并从美国好莱坞买回所需的'讲话机器'。1932年，邵氏兄弟在香港摄制完成第一部有声片《白金龙》，开创了中国电影从无声进入有声的新时代。经过他们的不懈努力，到1937年抗战前夕，邵氏在新加坡、马来西亚、爪哇、越南、婆罗洲等东南亚各地已拥有电影院110多家和9家游乐场，并建立了完整的电影发行网，称雄东南亚影业市场。当时'天一'在上海，邵氏兄弟在南洋，他们南北呼应，分工协作，共同打造邵氏家族的电影王国。1937年后，日军侵华打乱了邵氏影业的发展进程。邵氏惨淡经营，艰难度日，后来更是难以为继，被迫关门了事。1945年抗战胜利后，正当盛年的邵逸夫决心重振邵氏家业……"

该文署名"姚馥兰"为金庸笔名，是英文"你的朋友"的音译。

初到香港，邵氏的发展并不顺利，遭"电懋"和"长城"两大电影公司夹击。1957年，邵逸夫从新加坡回港，以32万元买下清水湾地皮，兴建邵氏影城，成立了"邵氏兄弟(香港)有限公司"，开始在香港制作电影，邵逸夫任总裁。

这时候，金庸离开《新晚报》在长城电影公司当编剧，曾写出《绝代佳人》、《兰花花》等电影剧本。

有时，邵逸夫晚上有空，还会自己开了车到街头的电影院去买票看电影。其实，他不光为了看电影，还注意看观众的反应。好的电影和差的电影，他同样注意看，因为他要了解，好电影究竟是怎样好法，而差电影又差在哪里。所以，他看每一部影片都是认认真真从头看到尾，瞪大眼睛注意银幕上的每一个细节。这个爱好和习惯跟金庸差不多，有几次，金庸与他在影院门口相遇，见面一声招呼后就互相不搭腔了。①

有一天，邵逸夫正在自家的样片室看样片，金庸有业务上的事情找来了，看他没闲着，样片又是他从没看过的电影，便悄悄地坐在他前面很远的座位上，一边看电影，一边等待。没想到，此举让邵逸夫很冒火，关了放映机，找来开门的秘书狠狠责备了一顿。原来，他看样片时，不喜欢有人来打搅，也不喜欢有人坐在他的前面。此事发生后，有一段时间，金庸不敢主动求见邵逸夫。直至几个月后，金庸执导两部电影，邵逸夫主动邀他来"兄弟"公司叙谈。

进入六十年代后，邵氏公司长期称雄香港市场，曾拍摄过一千多部电影，获得过金马奖、金像奖等几十项大奖。据说最盛时，每天有100万观众光顾他的影院。其中《江山美人》、《貂蝉》、《倾国倾城》、《梁山伯与祝英台》等影片都曾享誉海外，在华人世界掀起黄梅调狂热，而《大醉侠》、《独臂刀》、《天下第一拳》更掀起功夫片新狂潮，倾倒无数观众。

就在此刻，金庸的武侠小说应运而生。

金庸访问浙江大学时回忆过一件事：那是1974年，李小龙演的电影很风行，可内地没有，毛泽东想看，文化部分管电影的刘庆棠通过邵氏公司的律师向邵逸夫借影片。当时邵逸夫和内地没有什么联系，听说内地要借影片，吃了一惊，以为内地要批判他的电影。他打电话问金庸，金庸安慰他说："怕什么啊，

---

① 耿晓星：《百年传奇邵逸夫大传》，华中科技大学出版社2011年9月版。

现在尼克松都到了北京,你为什么不能够以电影为纽带,和北京搞好关系呢?"听了金庸的话,邵逸夫将李小龙主演的电影《精武门》、《猛龙过江》、《唐山大兄》一路快件寄往北京。毛泽东一边看,一边鼓掌:"功夫好!打得好!"①

2

1966年,邵氏出品第一部武侠片《大醉侠》,然而口碑虽然不错,但票房不是很理想。对于票房如此看重的邵逸夫并没有为此失去信心。1967年,他请来当时还默默无闻却才气胆识过人的年轻导演张彻、著名的武师刘家良、唐佳等人前来助阵。果然,1967年张彻为邵氏拍摄的第一部武侠片《断臂刀》异军突起,轰动整个香港,尽管当时正值全港大罢工,但上映一周票房便轻轻松松突破100万元,刷新了香港电影史的票房记录。影片在台湾上映也大受欢迎。

其实,影片《断臂刀》巧妙地借用了当时金庸《神雕侠侣》中杨过断臂的创意,融合张彻阳刚的美学风格,以末路英雄反抗命运的故事,引起了观众的共鸣,影片的格式设定,武打设计打破了传统的武侠片的套路,也从此开创了香港武侠片新局面。

1976年,楚原执导改编自古龙小说的武侠电影《流星蝴蝶剑》、《天涯明月刀》大受欢迎,与此同时,佳视制作的金庸武侠电视剧《射雕英雄传》也家喻户晓,由此便掀起影视界争拍武侠电影的风潮。邵氏眼见古龙武侠片大卖,遂决意开拍武侠盟主金庸的的系列作品,开篇之作便是由张彻执导、倪匡编剧的《射雕英雄传》。随后,《射雕英雄传》、《神雕侠侣》,《侠客行》、《飞狐外传》和《碧血剑》等电影相继问世。

这年头,电影业开始走下坡,受到来自电视的威胁和挑战,精明的邵逸夫立即收缩电影业务,转而投入无线电视。

---

① 覃炜明:《毛泽东跟香港借影片看》,《羊城晚报》2012年5月23日。

金庸的朋友、著名导演张彻在邵的手下工作过,他写的书中回忆说:"邵逸夫当年治事之勤,是我生平罕见,他坐的劳斯莱斯是名贵豪华的车,车里有酒吧,他改装成小型办公桌,连途中的时间都不浪费。与他相比,金庸的工作、生活显得悠闲得多,邵逸夫常邀我一块去他家品茶,下棋,邵还送过一套精美茶具给金庸,我也用过,是邵从日本带回来的。"①

1979年6月底,邵逸夫递话邀请金庸到单眼佬茶社喝茶。两位大亨一见面就听六叔长吁短叹,大倒各种苦水,什么员工提议增加薪水,什么经常有人请假去看心理医生之类的。

絮絮叨叨的说了半天后,邵逸夫问:"小查啊,现在任何一家企业都是麻烦不断,我怎么感觉你的《明报》没有受到任何影响啊?"

"怎么没有影响?"金庸笑着一边给邵逸夫斟茶,一边说道:"六叔,只不过我早在几年前就开始准备应对方案,那时候我可不想六叔你家大业大,只好采取笨鸟先飞的策略,一点点的向前赶。"

邵逸夫恍然大悟,想当初金庸以《明报》记者身份访问台湾回来,不止一次提醒过他,香港电影市场将面临萧条,应早做准备转向内地市场,但因自己对内地没有抱太大的希望,反而错失了一次次的机会。六叔这才有点亡羊补牢的觉悟,苦笑着叹口气说:"真羡慕你的高瞻远瞩,将武侠小说的市场搬向了台湾,又对着了大陆内地人的口味,哎,小查,如果说六叔现在想搭上你的末班车,不知道还有没有机会?"

"六叔指的哪方面?"金庸端起茶水喝了一小口,笑吟吟的说道:"是电影还是电视方面?"

"当然是电影电视全要了!"邵逸夫嘟囔道:"你不是不知道我早就想拍你的武侠电影了,连李翰祥也被我请了回来。"

金庸早等着他说出此话,过去他凭借《明报》推出武侠小说,如今欲将武

---

① 张彻:《张彻回忆录影评集》,香港电影资料馆2002年编。

侠小说打进内地,靠几份报纸是没啥大作用的,只有依靠电影去开拓内地这个大市场了。他只是点点头说:"电影方面你有能力去做,电视方面有潜在的大市场,毕竟我跟邵氏合作了许多年,我不能坑了你。"

邵逸夫面露喜色,端起茶壶给金庸斟茶:"你已经将小说的改编权给了我,除了拍电影,我还想引进到无线电视,可以吗?"

"呵呵,看来大亨还是属你的了。"金庸耸耸肩说:"既然六叔你做的主,我们还是按照老规矩来办吧。"去年拍《射雕》电影,金庸给了个人情价,只拿很少的钱。

"按照市场价吧,否则你太吃亏了。"邵逸夫摇头说:"你能交给无线来播放已经很给我面子了,我不能不知足。"

青年邵逸夫(资料图片)

金庸闻言微微一笑，邵逸夫也跟着笑了起来。

目前电视剧的市场行情是一集一万港元，《射雕》总共六十集，邵逸夫痛快的将六十万港元一次性转账到金庸的户头上。①

1980年，邵逸夫以最大的私人股东身份出任香港"无线"董事局主席，随后他集中力量经营所属的电视明珠台和翡翠台，将"邵氏影城"的明星和香港演艺的精英都网罗到门下，使"无线"制作的高水平高质量的电视剧集纷纷出笼，收视率急剧上升，压倒其在香港的竞争对手"亚视"，雄视港岛，影响扩及中国内地、澳门、台湾和世界各地华人社会。

《鹿鼎记》是金庸大侠的封笔之作，金庸说他自己的作品中最喜欢的就是《鹿鼎记》，最喜欢的人物就是韦小宝。邵氏电影公司由华山导演了电影《鹿鼎记》之后，香港无线推出了40集和45集的两个电视剧版本，由梁朝伟和陈小春饰演了这两个版本的韦小宝。

由郑少秋饰演陈家洛的60集电视剧《书剑恩仇录》，虽然那时服装、武打设计都比较粗糙，但王牌大姐汪明荃扮演的霍青桐、余安安扮演的香香公主还是给人留下了深刻的印象，在香港播映时收视极高。

《射雕》播放倒计时一个月，邵逸夫找上了金庸。

"小查，你别闲着啊，赶紧举办个现场签书会什么的，把《射雕》的封面都换成电视剧版，从电视剧里选几个有代表性的插图出来，这样一来不就是加强金装版出炉了吗？"

金庸闻言拍案叫绝："这个方法大好，我这就安排出版社办理。"

在商言商，金庸认为邵逸夫出的主意绝对可行，要知道自从金庸封笔之后，他的小说在这几年销量开始呈现滑落的趋势，虽然几部电视剧在某种程度上对小说销售有提高，但绝对没有邵逸夫这一次搞的声势浩大，确是一个再掀武侠小说热的时机。

---

① 李然：《掌控无线46年》，香港《星岛日报》2011年12月8日。

果不其然,金庸亲自盯着出版社忙活了一周,一千册加强精装版《射雕英雄传》全新上市,精装版共分六册,六册封面分别印有翁美玲与黄日华、苗侨伟与杨盼盼、张丹和曾江等人的照片,书中插画不下200余张,每张都是从电视剧中截取的精美照片。

为了配合这次签书行活动,邵逸夫让剧中主演翁美玲、黄日华、苗侨伟、杨盼盼到现场,与金庸大侠同台签售,一千册书籍上市当天被抢购一空,乐的金庸前仰后合,也累的四个主演不停摇手腕子,签名签得手腕酸疼得很。

"不要叫苦,不要叫苦,今晚我请大家去万寿宫吃饭。"金庸见状忙承诺道。

十年后,金庸的武侠小说和影视几乎同时热闹于中国内地,邵逸夫也开始与内地打交道。

邵逸夫(资料图片)

3

2004年9月23日晚,一个极具意义的会面在九寨沟出现,邵逸夫和金庸,一个是香港电影业大亨,一个是中国武侠小说泰斗,这两位充满传奇色彩的老人在九寨天堂酒店"秉烛夜谈"。

邵逸夫和夫人方逸华一行刚刚在凤凰古城参观考察,后又奔赴九寨。晚7点多,邵逸夫坐一辆中巴车抵达,因为年事已高,腿脚不方便,工作人员专门为他准备了一个30厘米高,用红地毯裹着的踏板,用于下车。下车之后,甘孜州有关领导给邵逸夫献上一条黄色的哈达,表明迎接最尊贵的贵宾。

邵逸夫穿黑色外套,戴金边眼镜。虽然酒店方在门口为邵逸夫准备了两个轮椅,但他没有接受这个建议,决定自己走进去,随后走进酒店大堂。因为酒店里有许多台阶,毕竟年事已高,邵逸夫只好不再坚持,让随行人员取出自备小巧轮椅,铺上随身携带的一个垫子,乖乖地坐在轮椅上。

金庸前一日晚下榻酒店后,得知老友邵逸夫将飞抵九寨,非常高兴,表示:"我们是老朋友了,在九寨沟这么美的地方与老友相见,很有意义。"据了解,两人住的都是豪华套房,房间号一样,只是楼层不同,一个楼上一个楼下。

邵逸夫抵达酒店后,得知金庸也在此下榻,表达了想与金庸见面的愿望,两人的会面初步安排在晚上。

游览过九寨美景后,主办方晚上专为金庸一行安排了丰富多彩的歌舞晚会,金庸因要等着晚上与邵逸夫会面,加之邵逸夫第二日一早要外出,怕错过两人的见面,金庸没去看演出,特意留在酒店。

当金庸在房中耐心等待时,未料,由于负责联系的有关人士安排不周,并未将金庸已在房中等待的消息传递给邵逸夫方面。邵逸夫以为金庸去看演出,随即早早休息了。金庸见无人通知,也去睡觉了。等看演出的一行人回来后,才有人通知金庸:邵逸夫已经抵达。听说邵逸夫已经睡觉,金庸就托人把邵逸夫叫醒,金庸夫妇专程下楼拜会。阴差阳错,两位老友见面时,已是深夜10点多。

两人的会见大约进行了40分钟,见面时既没有握手,也没有拥抱,一切都是老朋友串门似的随意,谈话内容也就是朋友间拉拉家常。①

1985年1月,邵逸夫以"邵氏基金会"的名义一次捐款1.06亿港币,浙江大学作为受益者之一,在风景秀丽的玉泉山风景区还修建了一座科学馆,命名为"邵逸夫科学馆"。金庸则是浙江大学人文学院名誉院长。

1990年6月,南京紫金山天文台发现的一颗小行星被冠名为"邵逸夫星"。2001年7月,国际小行星中心将一颗小行星命名为"金庸星"。

2001年,香港曾评出"十大脸面"人物,其中就有影视大亨邵逸夫和文侠金庸。

金庸这样评价老朋友:"邵逸夫在中国电影史上写下了诸多'第一'和'之最'。邵氏家族可以说是中国电影事业名符其实的拓荒英雄,从默片到有声,从黑白到彩色,从古装到武侠,中国电影的每一步变迁都有邵逸夫及其家人献出的心血。香港几乎没有人想过谁可以代替邵氏之位而代之,在当时香港民众眼中,电影即是邵氏,两者无甚区别。如果把香港电影界比作江湖的话,邵逸夫的大佬地位大概与武林盟主少林寺相仿佛。"②

---

① 张心罗:《金庸会见邵逸夫 关起门说悄悄话》,《天府早报》2004年9月24日。
② 《明报·大家大讲堂》,新星出版社2008年4月版。

直通谈笑过罗湖
——"和平绅士"查济民

查济民与金庸同属一个祖宗,出生在浙江海宁的龙山脚下。虽然查济民比金庸年长10岁,论辈份,查济民是金庸的祖父辈。不过,两人见面时常以"查老"、"小查"互称,亲情之中更多的是异地相逢的乡情和友谊。

著名的"双查方案"是两人友谊的重要标志。为了香港和平回归祖国,为了为稳定社会政局,他俩一唱一和,被誉为"香港回归两功勋"。

1

查济民出生时家道中落,父为乡中秀才,一家九口,仅靠薄田数亩及养蚕缫丝为生。在乡间小学毕业后,本以优异成绩考上杭州大学(即现浙江大学)附中,唯无力负担学费,改入杭州高等工专学艺,18岁进入上海达丰染厂就业,19岁转入常州大成纺织厂任染部技师,追随著名民族工业家刘国钧创业。

查济民的先祖查慎行是清初最有成就的诗人之一。1933年,查济民从上海被刘国钧先生聘任到常州大成二厂当技师,下班后他天天都在寝室里读书。有一次,一位朋友去探视他,他正在埋头读纳兰性德的《饮水词》,只

金庸和查济民（中）、杨振宇（右二）等（资料图片）

见他吟声朗朗，兴致盎然，心不旁骛，竟然到了不知有人入室的境地。①

　　精明能干的查济民很快得到刘国钧的赏识，着力培养他成为印染方面的专家。1936年，刘国钧派查济民赴日本最先进的京都染织厂实习一年。查济民刻苦钻研技术，誓要夺回被洋布占领的市场。他没有辜负重托，终于成长为一名技术全面、经验丰富的一流印染专家。学成回国后，查济民把全部才学运用于工作实践，解决了一个又一个漂染环节的关键难题，把产量、销量都提高了5倍，大成二厂由此成为江苏印染企业的龙头老大。由于漂染环节的成功，使得大成纺织染公司在短时期内资产扩大了8倍，在全国引起轰动。

　　刘国钧认定查济民品行端正、好学多思、技术精湛、富有领导和决策才能，堪称难得之人才，决定把长女刘璧如许配给他。1936年12月，查济民与与刘国钧的长女刘璧如成婚。

　　然后，就在翁婿俩摩拳擦掌准备大展宏图的时候，蓄谋已久的日本侵略者一手制造"七七事变"，发动了侵华战争，对江南古城常州进行了轮番轰炸。危急中，查济民押运一百台织布机往大后方撤退，携眷同行，在长江中途遇巨大风浪，险告舟覆沉没，历经险阻，终抵重庆。

　　1939年2月，翁婿俩在重庆北碚重建起大明染织公司。因刘国钧忙于发展新的事业，便将经理职务交由查济民担任。精明能干的查济民当时只有20来

---

① 高进勇：《巨商诗人查济民》，《常州日报》2007年4月15日。

岁，刘国钧昵称他为"娃娃经理"。"娃娃经理"不负众望，冒着多次被敌机轰炸的危险，克服困难，恢复生产，终使"大明"迅速发展成为大后方纺织染齐全的著名企业。

1947年，查济民举家赴港定居，在荃湾开办中国染厂。六十年代初，香港贸易发展局组团前往西非考察，查济民同行，目睹彼邦土地广阔、原料丰富、工资低廉，且无配额困扰，遂决定在尼日利亚开设纺织厂。后来，业务扩大至加纳、刚果等国。那时，西非诸国经济十分落后，生产和生活条件极其困难，查氏伉俪继八年抗战之后，再一次携手创业，备尝艰辛。三十年后，查氏纺织成为西非最大的外资企业。

1980年4月的一天，查济民偕夫人刘璧如回到了阔别30多年的故土，到浙江海宁袁花祭扫祖墓。故园的一草一木无不引起他童年许多往事的回忆。为了回报这一片养育并赋予他才智的土地，查济民从1985年开始在家乡投资兴办企业，从最早的海宁海新纺织有限公司，到1995年投资1430万美元创办的海宁纺织综合企业有限公司，以及2000年与2005年分别投资4400多万美元和2600多万美元的海宁新高纤维有限公司和海宁新能纺织有限公司等，充分表达了查济民情牵桑梓的赤子之心。查济民率先在中国的内地投资办厂，带动了港人对内地的投资热潮。他高瞻远瞩地洞察到，香港企业只有加强和内地的合作才会有广阔的发展天地。从1993年起，查氏企业相继在广东中山、浙江杭州、江苏常州、重庆、上海等地合资办企业，不仅为他的老牌"纺织王国"增添了新的动力，而且促进了当地传统纺织业走向现代化。

和同时代的一批商贾巨子们一样，查济民从战火中赤脚走来，以直觉行商，以情义交人，更难能可贵的是他崇尚文字，看重教育。晚年时更是看淡贫富，古道热肠，投身于社会事业不遗余力。

1994年初，查济民及家族捐出2000万美元在香港创立了"求是科技基金会",奖助在科技领域上有成就的中国学者。基金会还邀请到陈省身、杨振宁等五位国际知名资深教授为顾问,同年在北京钓鱼台宾馆举行了第一次求是杰出科学奖颁奖会。金庸应邀颁奖。2003年9月16日,"求是科技基金"再次颁奖,向"中国航天六杰"共奖励200万元。这是全国最早对"神舟"科研人员作出的实质性奖励。至今,共有一千多人获得基金会的奖助,其中包括两弹一星功臣、神舟飞船设计专家、人工合成胰岛素、中国基因图谱以及一批优秀的中、青年科技工作者和研究生。

1997年9月1日,正在浙江大学讲学的金庸,获悉查济民伉俪和杨振宁教授当天前往海宁观潮,立即从杭州赶回海宁,跟查济民在家乡小聚。

2

查济民和夫人刘璧如(资料图片)

查济民的爱国情怀,突出地表现于他和金庸一样衷心拥护香港的回归祖国。

那是在1979年,设在新加坡的一家苏联银行,因为债权关系,行将获得一位菲律宾商人在香港大屿山愉景湾买下准备养牛的一大片荒地。当时的《大公报》社长费彝民将此消息透露给金庸。金庸告诉了查济民,查济民与夫人刘璧如商量后,当机立断地拿出3000万港元还给这家外资银行,从而保留了这方宝地,为香港的顺利回归和平稳过渡做出了历史性的贡献。事后,他深感欣慰地说:"办好了这件事,总算对得起周总理了!"① 目

---

① 卢晓蓉:《情深义厚天有知》,《中华工商时报》2006年3月24。

前,愉景湾经过查氏家族 20 年的精心开发,一个现代化、设施齐全美观的大型高尚住宅区代替了昔日死寂的海湾,这个世外桃源似的愉景湾成为了查济民用智慧和胆识开拓创造的现实。

1982 年 9 月,邓小平会见访华的英国首相撒切尔夫人,提出收回香港问题,查济民关注这一重大历史事件的进程。他在与友人、民族实业家卢作孚见面或通信时,不断商讨如何保障香港前途和顺利实现回归的问题,谈到回归以后,工会组织的活动最好能与企业的经营管理互相配合、协调发展;谈到驻港的陆海军规模不必太大,在象征国家主权的同时,也尽量减轻香港纳税人的负担等等。后来,他将这些深思熟虑的看法和其它香港友人的建议综合起来,给中央政府写了一份报告,委托卢作孚连同他们往来的信件一起交给了中央统战部。查济民这些具有真知灼见的建议和主张,受到有关部门的高度重视。邓小平先生于 1982 年初接见查济民先生之后,又于 1985 年中再次接见了他。查先生当之无愧地成为香港基本法起草委员会委员。

正值此间,刚刚到任的末代港督彭定康,迫不及待地推出了所谓的"政治改革",妄图推翻《基本法》,扰乱香港的平稳过渡。针对彭定康的"搅局",金庸马上在《明报》上以《功能选举的突变》等一系列政论文章予以回击,郑重呼吁:"中国人是有脊梁的!"此时,查济民在接受《经济日报》记者采访时严厉指出,彭定康在英国选举失败,任香港总督后,唆使一些"唯恐天下不乱"的人闹事,叫喊什么"大民主","用钱物购买香港"等谬论。两查一唱一和,澄清了社会上的一些胡言乱语,明辨了是非,香港市民拥护"基本法"。

针对争论不休、难以定夺的政制方案,1988 年 11 月,查济民和金庸适时提出了一个协调方案即"双查方案",供《基本法》草委及咨委讨论。方案内容建议立法会分三届发展到半数直选;而第二任及第三位行政长官由 800 人组成的选委选出,这正是 1997 年后特区政制发展的安排,自然获得大多数港人的赞同,而被《基本法》草委吸纳。

1984年3月，查济民参加了香港特别行政区基本法起草委员会，负责商界工作。他不顾年老体弱经常外出调查，找香港商界知名人士促膝谈心，商讨如何保障香港前途和顺利实现回归的问题。有人劝他："您年纪大了，应该去美国，在儿女那里休息休息享福了。"查济民回答说："我是中国人，为什么要住到外国去当洋人？死也要死在香港。"查济民系香港30名华人首富之一，人称"纺织大王"、"房地产牛鼻子"，他的一举一动影响着许许多多的香港人。于是，一大批企业巨头学着他，安心住在香港，繁荣着香港的经济市场。

查济民晚年爱作诗，他的处女诗作是《赠廖晖·中英签约归还香港观礼有感》，发表在1984年秋的《人民日报》上，诗云："依然签约此城市，今日风光迥不同。英烈壮怀三世志，满襟涕泪忆尊翁。"这是他以真挚的情感回忆与廖承志同志的亲密关系，抒发了诗人满怀的思念之情。

1997年7月1日，香港当天出版的各大报纸都用套红的版面透露着喜气，但同时，一些报纸字里行间也显露出微妙复杂的情绪——对即将要到来的新纪元、新生活怀着期待，同时也有不少忐忑，甚至惶恐。金庸虽然已经离开《明报》多年，但他依然为回归第一日即7月1日出版的报纸撰写了一篇评论《河水井水互不相犯》，以他的敏锐观察和睿智提醒并劝谕港人：香港回归，"一国两制"，中央不以内地的方式强加于香港，而香港一些人也不应该以自己的价值观强加于内地。

那一天，从6月30日午夜到7月1日清晨，在中英两国香港主权交接仪式举行的那一刻，查济民坐在自己的家中，通过电视观看那难忘的一刻。此前，他的《香草诗词》三集应运而生，他感慨万千，挥毫题字："待到春风两岸绿，直通谈笑过罗湖"。风格清新，字里行间均充满爱国爱乡之情。

查济民和金庸为香港顺利回归作出重大贡献，香港特区政府授予他俩"大紫荆勋章"。

3

1999年，值查济民八秩寿庆之际，他与夫人刘璧如在香港出版了《惠联诗草》诗词合集。在《贺璧如七秩寿辰》中，我们可以领悟到他与夫人刘璧如情深似海的感情："实业名门女史才，初归天下偏多灾。故国战乱奔千里，异域兴家费剪裁。侍奉萱姑勤执礼，栽培子女尽成材。同甘共苦齐眉乐，鳌庆儿孙绕膝来。" 还有一首《偕璧如同游常州》，更是这对贤伉俪笃实感情的写照："白家桥畔立多时，浑恋沧桑不忘痴。六十年前旧游地，春风桃柳两心知。"

写于1988年的《借放翁句告儿孙》："死去原知万事空，但悲十亿尚寒穷；期增品德树威信，兼树谦勤笃实风。曲巷千家齐奋发，华都百业皆图鸿；神州经技飞腾日，家祭毋忘告乃翁！"这首诗是查济民忧国忧民内心的真实写照，又寄托着诗人的殷切期望。他在《瑞士飞西非旅次》中吟道："剑戟群峰耀雪涛，地中海接碧天高。翱翔大漠三千里，竞业他乡兴也豪。" 诗中包含着诗人的一种济世的情怀和家国豪情。

2003年秋，"神舟五号"载人飞船获得成功。炎黄儿女欢欣不已。杨利伟成功升空的壮举，圆了中国人几千年的登天梦想，中华子孙纷纷以各种方式表达自己的喜悦之情。作为唯一获邀前往北京总控制室观看"神舟五号"升空发射全过程的港人、已是90高龄的查济民，更是激情满怀地赋诗一首，并饱含热泪挥笔写下："百岁乡童泪涟涟，今日狂欢奔酒泉。落后贫穷扫将去，神舟直上九层天"。

当时，中央领导是准备安排查济民去酒泉的，后来出于安全的考虑，人们劝他就在北京观看。查济民说："这是一生就一次的事。收到邀请那一刻，心情很激动，就写了这首诗。诗

2006年3月，查济民（中）与海宁同乡陈伯良（右一）、吴德健（左一）合影。（查美利摄）

1997年7月2日，查济民荣获香港特区政府颁授大紫荆勋章留影（资料图片）

中写'百岁',借上10岁,当时的想法是,100岁代表我这一代人,代表过去的一个世纪。"事后,这首诗被广为传诵。

2003年12月19日,中国红楼在线论坛上有网友的人发帖访求《海宁查氏族谱》。在帖子中讲述了台湾"红学家"王以安根据他对于查氏家族的研究,指出《石头记》作者是海宁查家的查升,他是查嗣庭的侄儿,查嗣瑮的三子,家难时才十二岁,是宝玉的原型。查升家的"二十五峰园"就是大观园。因为在台湾找不到《海宁查氏族谱》,不能确切知道查升的卒年,所以无法印证自己的观点。同样,在"百度帖吧"中,也经常有人询问,金庸和穆旦是怎样的关系?

这些问题都可以从一部《海宁查氏族谱》中得到确证。但是,海宁查氏的最后一次修谱是在清宣统元年(1909年)完成的刻本二十四册,入谱家庭出现了断层,而且国内仅有浙江图书馆以善本古书保存,一般人难以得见。

2005年4月1日,散居在嘉兴、海宁等地的查姓家族代表共21人,乘一辆汽车前往江西婺源浙源乡,探访了海宁、婺源查氏后裔唯一的一座古祠。婺源查氏一世祖查文徵曾经隐居婺源城西查公山,宗祠为康熙三年(1664)始创,为祭祀始祖文徵公所筑,当时题名为"孝义祠",规模不大。1892年查氏后裔查允兹、查仲兹、查启明等提议扩建查氏宗祠,并得到浙江海宁查氏迁支的资助,于1898年作较大规模的扩建。

探访宗祠归来后,有人向查济民写信提议,重修《海宁查氏族谱》。海宁查氏家族,历来文风鼎盛、仪礼传家,族谱也就更具特殊的意义。

2009年4月,偶然的机缘下,在海宁市博物馆工作的吴德健得到查济民授意,邀集多名文史专家,帮助重修《海宁查氏族谱》。然而,开初金庸没有点头。查济民几次找他做说服工作,终于征得了他的同意,很快填写寄出了家庭人员登记表。2006年5月《海宁查氏家谱》完成,共5册,总共120万字。目前国内各大图书馆均有收藏,而全部费用均由查济民承担。

2007年3月,93岁的查济民在香港逝世,绚丽多彩的人生之路在划了很大的一个圆圈之后又回到了起点。查济民的棺木从千里之外的香港运抵故乡海宁,在他出生地袁花镇新伟村安葬,长眠在他的父母身旁。这是他生前的选择。

作家堆里混了个棋手
——棋界元老陈祖德

陈祖德（资料图片）

众所周知，金庸痴迷围棋，他笔下的高手和大侠，围棋是"必修课"，棋子和棋盘能是武器，也是书中文化气息之所在，比如他在《天龙八部》中写的"珍珑棋局"，很是著名。陈祖德与金庸曾在一起研究"珍珑棋局"。陈祖德称赞金庸"是我见过的最好学的棋迷"。

陈祖德是中国作家群里的围棋泰斗，1965年打破日本九段棋手对中国棋手不败的神话。他是中国棋界的大才子，一部《超越自我》获得了上世纪九十年代分量极重的人民文学奖。金庸戏称"作家堆里混了个棋手"。

陈祖德是武侠大师金庸最敬重的围棋老师。当他身患绝症时，金庸邀请他赴港，在其家里休养，一住半年，他看完了金庸的武侠小说，两人对弈无数，结下了深厚的友谊。

1

1980年9月中旬,"新体育杯"围棋赛在成都举行。第一天比赛结束,陈祖德晚上开始大口吐血,随后他被送到医院急诊室,后来又被送到北京协和医院,36岁的陈祖德被确诊为胃癌。于是,陈祖德被推进手术室。10天后,他击败了死神,不过这仅仅是第一次生死考验。3个月后,他出院到上海养病,过几天又趴下了。陈祖德突然患上了急性肝炎,做手术时输血输坏了,把别人带有肝炎病毒的血输进去了。如果是正常患上肝炎不要紧,这种肝炎很危险,死亡率特别高,比癌症还可怕。无奈,陈祖德再次住院接受抢救。他命大,经过抢救活过来了。

1981年春夏之交,陈祖德才重新出院。他突然接到一封陌生来信,写信的居然是他从未谋过面的香港著名作家金庸。金庸在亲笔信中称:"香港的冬天比较暖和,适于养病,你就到我这里来吧。"① 陈祖德对金庸仰慕已久,同是江浙一带的人,在脾气上也非常相投,便欣然前往,并一住就是半年。

与金庸闲聊,陈祖德讲了自己年少时的两个故事。第一个故事,他和父亲下棋。幼时的陈祖德与父亲对弈时,他发现每次父亲都坐在沙发上,而他坐在小板凳上。对此,不服气的他向父亲抗议:"凭什么老让我坐小板凳呀,不公平!"父亲笑着对他说,"只要你赢了,我们俩的座位便可对换。"不到两个月,陈祖德便有了坐沙发的资格。不过,懂事的他还是执意让父亲坐沙发,自己高高兴兴地坐到板凳上。

第二个故事,他和陈老总陈毅下棋。由于围棋方面超人的天赋,令陈祖德成为上海弄堂里家喻户晓的"小神童",而且后来还有幸成为老一辈国棋名手顾如水、刘棣怀的得意爱徒。陈祖德10岁时,顾如水曾带他拜访当时的上海市长陈毅。一路上,顾如水一直叮嘱弟子,"跟陈老总下棋要讲礼貌,不能杀得太凶"。然而陈祖德坐在棋盘旁便浑然忘我,落子杀气腾腾,步步紧逼,陈毅

---

① 陈宏:《忆陈祖德:曾在金庸家养病半年》,《上海青年报》,2012年11月5日。

陈祖德说金庸的水平还不错（资料图片）

指挥若定，从容应对，但棋盘上局势依旧紧张。无奈之下，顾如水等老前辈开始给陈毅支招，最后陈祖德惜败，陈毅笑称："我这个司令如果没有参谋，就要在这个小孩面前摔跤子了。"随后的晚宴上，陈毅叮嘱陈祖德等棋手："围棋是我国的国粹，现在落后于日本了。应当赶上去，超过他们，不这样就对不起我们的老祖宗。赶日本就要靠陈祖德这样的下一代，你们老棋手要好好培养下一代。"

另外一个故事，是金庸很早就听说了的。1963年9月，日本派出阵容强大的代表团访华。团长杉内雅男九段有"棋仙"之称。当时，在北海公园悦心殿内，19岁的陈祖德与杉内雅男对弈决战。这场比赛被陈祖德称为"一生中最艰苦的一局比赛"。比赛开始后，一向势如破竹的杉内惊讶发现，他难以在中盘建立优势，而中盘战斗则是陈祖德的强项。杉内屡屡避开陈祖德的进攻，双方精力耗尽、时间耗尽，双双进入残酷的读秒。杉内也意识到读秒是自己最后的救命稻草，使出浑身解数，陈祖德则保持了惊人的冷静，最终，杉内经受不住紧张的气氛，走出俗手。比赛进行了10个小时，此时双方均已疲惫不堪。杉内沉着脸，凝视着棋盘许久才说道："我认输"。① 日本九段不败的神话，自此破灭。时过两年，陈祖德执黑再度以2又1/2子击败岩田达明，成为首位战胜日本九段的国内棋手。这两场胜利奠定了陈祖德国内围棋第一人的地位，值得一提的是，他曾先后九次出访日本，与日本棋手对垒，成绩一直是胜多负少。

以前，陈祖德没看过金庸写的武侠书，这会住在人家家里，却不了解人家的作品总感觉不太好，于是，在金庸家中的"藏经阁"，陈祖德如饥似渴地博览群书，并看完了金庸所有14部武侠小说，他认为最棒的是《天龙八部》，而金庸自己认为是《鹿鼎记》。原本，陈祖德并不喜欢中国作家的作品，但金庸改变了他的想法。"对于武侠小说，我以前是一点都不看的。""金庸的书很有趣，跟古龙、梁羽生不一样。梁羽生也喜欢围棋、象棋，但我后来看梁羽生、古龙的武侠小说，都看不下去，他们的武侠小说抓不住我。"陈祖德对朋友说。

1981年冬天至1982年春天，陈祖德在金庸家住了整整半年，1982年冬天，又住了4个多月。在近一年的长住中，两位不同领域的奇侠对弈无数，每次下棋，金庸总是毕恭毕敬，虔诚得让求道一生的陈祖德都很感动。

"金庸是我见过的最好学的棋迷之一，他总是认真复盘，不懂就问，能感觉出来，他非常想提高自己的棋力。金庸并非是没有胜负心，在高手面前，他知道棋赢不了，总是以非常好的心态来下棋，孜孜不倦地从每一盘棋里吸收营养。"当时中国的顶尖高手陈祖德与金庸对弈，授4子，金庸稍弱。陈老陈祖德评价金庸的棋力相当于业余五段水平，也有其他棋手评价金庸棋力大概在业四和业五之间。谈到这个问题，陈祖德笑道："金老德高望重，以他对围棋做

---

① 刘旭辉：《生命斗士战斗不止 棋坛传奇不朽》，《新民周刊》2012年11月15日。

出的贡献，我看再加上个一两段也没关系啊。"

陈祖德曾说，金庸的水平还不错，一般让金庸四子与之对弈。最让陈祖德感叹的，在华人圈当时已经非常有名的金庸，在向他讨教围棋时那种态度，每次下棋他都是毕恭毕敬，虔诚得让人感动。

金庸是出了名的棋迷，在其武侠小说中，有多次精彩的围棋描写。其中最有名的是《天龙八部》中的珍珑棋局，逍遥派掌门人无涯子整整花费三年时间，摆出一个"珍珑棋局"，令其弟子苏星河守擂。30年过去，黑白两道高手无人能解，最后，竟被虚竹闭着眼以"自添满（自杀一块解放全局）"的手段胡乱撞开。以"自杀"手法破解棋局，这在围棋对局中经常得见。

金庸在他书中将围棋写得那么美好，在陈祖德心中，自然是一家人。他摆过"珍珑棋局"，可是后来发现现实生活中不太成立，他问金庸，这是不是哪本古谱里来的？金庸告诉他："那是我想象出来的，没见过真的棋局。"陈祖德大赞其想象力丰富。

2

在金庸家围棋是一种艺术，也是一种力量。在陈祖德眼里，棋和书有着共通之处。从小到大，陈祖德就是一个嗜书者。陈祖德家的客厅，一墙是名著，一墙是棋书。从雨果全集，到各个版本的拿破仑传记，从郎咸平到易中天，包罗古今中外。陈祖德最崇拜法国作家雨果，他喜欢阳刚的作品，"那种力量的东西，看了之后让人热血沸腾。"

原本，陈祖德并不喜欢中国作家的作品，但金庸改变了他的想法。"对于武侠小说，我以前是一点都不看的。"

养病的半年，也是陈祖德认真思索今后人生走向的半年。每天清晨和傍晚，陈祖德都会从金庸位于太平山山巅的大宅子里出来，沿着山顶小路一边散步一边和朋友聊天，而他给人的印象，更像是一位知识分子而不仅仅是一位专业的棋手。虽然很多人感叹，如果没有文革耽误，那陈祖德应该是第一位彻底超越日本的棋手，因为他最好的时光都在"和举重队一起到山西打土坯"中浪费了，但陈祖德几乎从不抱怨，他和朋友聊的，都是围棋和棋手的发展。这一点，让金庸先生也颇为动容。

陈祖德和金庸对弈，并看完了他的所有武侠小说，并成为一名武侠小说的专家，"金庸的书很有趣，跟古龙、梁羽生不一样。梁羽生也喜欢围棋、象棋，但我后来看梁羽生、古龙的武侠小说，都看不下去，他们的武侠小说抓不住我。"

患病后，陈祖德被迫离开棋坛一线赛场。陈祖德原本想写些棋谱，跟金庸说了，他不以为然，建议他把中国围棋发展的艰难岁月写下来。陈祖德一想，"行，万一哪天我没了，也算对得起自己这一生。"于是，他一边积极治疗，一边撰写回忆录。在怕自己受不了的前提下，陈祖德给自己立了个规矩，每天写五百字，一写就是近三年。在病中，他饱含深情地回忆了自己和周恩来、陈毅、邓小平、方毅等老一代革命家的交往，以及他们对中国围棋事业的呵护。

书写完了，陈祖德用自己心灵涤荡后的感受"超越自我"命名了这本自传。最初《超越自我》这个书名并没有得到出版社编辑的认可，但因为他的坚持最终沿用了下来。他没有想到，作为一名棋手，《超越自我》帮助他获得了很多作家都没有得到过的人民文学奖。

"与围棋爱好者交流总是令人愉快。"陈祖德在《超越自我》一书中的"我多么希望"一节中如此写道。在无数次与棋迷交流、讲解棋局的过程中，陈祖德首先强调的是"学下棋首先要学做人"，只有宠辱不惊，能进能退，方能应变自如。陈祖德说，"围棋十诀"的第一条就是"不得贪胜"，就是说下围棋首先要有一个平常心，淡看胜负，其实这和做人是一个道理，就是任何事情不能贪得无厌。陈祖德对围棋的领悟贯穿人生历程，他曾说："现在围棋界太功利，只看到眼前的利益。有的棋手甚至一盘棋都不看，只管自己的成绩。我主张棋手多学习，不要太功利，不要 24 小时时间都在棋上。不一定读书就要读到大学，但是要学一些有益的东西。"陈祖德首创了"中国流"布局，时至今日仍流行于世界棋坛。

1994 年，《超越自我》获得了人民文学奖，这可是很多大作家都没能得过的奖。金庸得知陈祖德的回忆录获奖，写来贺信称："作家堆里混了个棋手，好啊！"

"这本书是 1984 年在《当代》杂志上连载的，后来发现影响很大，人民文学出版社 1986 年就出书了。1994 年，过去 10 年间的作品参评人民文学奖，《超越自我》竟然获奖了。"陈祖德自己也没有料到会获奖，但他更兴奋自己对棋局和人生的感悟能够被更多人所知晓，"人民文学奖的规格很高，那一年获奖的都是大作家，像王蒙、宗璞、陈忠实，只有我一个不是。"

2003 年退休后，陈祖德仍然念念不忘发掘中国古代围棋文化遗产，在强拖病体奔走四方呼吁国人普及围棋之余，他仍挤出大量时间用于整理古代棋谱，并对部分前人对局加以见解精辟的注解，先后有《新版当湖十局细解》、《无极谱》、《中国围棋古谱大系》等力作问世。直到生命最微弱的时刻，他为人们留下了宝贵的遗产，集中国围棋经典大全的《中国围棋古谱精解大系》。《中国围棋古谱精解大系》全套 14 册，每册介绍 10 局棋，全书 1120 万字，图谱 11000 多张，是一部凝结了陈祖德毕生心血的鸿篇巨制。在他看来，围棋文化精品需要传承。"要知道中华民族有多智慧，围棋古谱告诉你。"他希望，当棋迷捧在手中阅读，与棋相伴时，能受到围棋文化的熏陶。

此后，陈祖德一直在围棋界推崇读书的好处，"多学文化，多读书，对棋手的成长、做人、思想升华都有帮助。"

3

陈祖德抗癌三十余年,曾数度被下病危通知。2011年,在与胃癌抗争30余年后,陈祖德又被查出患胰腺癌,随后成功进行了切除手术。当年10月27日,陈祖德获陈毅杯中国围棋年度大奖终身成就奖。然而,2012年3月陈祖德被确诊旧病复发,11月1日仙逝,享年六十八岁。

金庸在香港得知消息后,十分悲痛,他让夫人帮他送个花篮给陈祖德,表示哀悼。很快,查夫人又发来短信说,"查生已经想好了两句话,一定帮他写在挽联上:祖德我棋师灵佑永存 授业弟子查良镛敬挽。"[①]

金庸特别喜欢、尊重会下围棋的人,他不光管陈祖德叫"兄",自称为"小弟",在他心目中,陈老就是他的围棋授业恩师。

查夫人还说"查生希望花篮有'面儿'。把花篮送到后,想要张花篮的照片。" 金庸说的有"面儿"就是花篮的个儿一定要够大,看起来特别漂亮,才能表达他对祖德棋师的情谊。终于,陈祖德的灵堂前摆了一个特有"面儿"的、足有近两米高的巨型花篮。

金庸对夫人说:"将来能在天堂里遇见他,我们还会一块下围棋,还会谈论文学,谈论人生和棋局。"

金庸陈祖德在"围棋之道名人论坛"(资料图片)

① 郭婷婷:《金庸巨型花篮别"恩师"》,《北京青年报》2012年11月8日

他开创了改编金庸剧的风潮
——"百万导演"张彻

他爱武侠、拍武侠，是几代功夫电影人敬重的大师，他就是一代电影枭雄——张彻。

张彻是迄今为止香港导演中把金庸小说拍摄成电影最多的一位，他改编金庸最佳的作品，其实是1966年没有改编之名而有改编之实的《独臂刀》，《独臂刀》的故事是由《神雕侠侣》中杨过的故事变化出来的，由此首创"阳刚武侠"，有了"百万导演"的称号，开创了改编金庸武侠剧的风潮。

金庸曾为张彻的电影公司题名，支持他进入内地电影界。

1

张彻的平生经历与金庸十分相似，比如，生在浙江，早早离乡求学；张彻在上海长大念书，金庸因日本入侵而辗转浙西各地就读；两人又一前一后来到抗战时期国民党的统治中心重庆，张彻以17岁的年龄指挥过磅礴抗日热情的万人大合唱，金庸则进了中央政治大学，为将来做外交官铺路。当此际，家国破碎、山河沸腾，一场民族的抵抗战争使张彻、金庸少年时就尝到了颠沛流离、骨肉失散的痛苦，"江湖未是风波恶，别有人间行路难。"外敌的侵逼使每一个热血青年分外向往岳飞、辛弃疾、袁崇焕一类英雄人物，统治当局鱼肉人民的现实，也必定使张彻深有所动，《水浒传》和武侠小说中劫富济贫、揭竿造反的侠士、好汉，难免会常常跃入脑中。这段不可小视的少年时代，对张彻人格与思想的形成，起了决定性作用，他电影中用暴力伸张正义的方式，对舍生取义、视死如归的男性人格美的大力讴歌，秉承着少年经历所激成的愤世哲学和中国武侠文化反贪官恶霸的传统。

张彻的音乐素养也是重庆时期打下的根底。年纪轻轻他已经开始学作曲，写过词、谱过曲，都是激励抗战斗志的爱国歌曲。他还参加了洪深主持的剧团学习表演，之后就在国民政府教育部社教队从事戏剧工作。抗战胜利后，张彻回到上海，在国泰及大同电影公司任编剧。

与张彻一前一后，金庸也到了上海，在《大公报》任电讯编辑。同一年的1948年，24岁的金庸去了香港，25岁的张彻去了台湾。

张彻在台湾，身兼电影编导，他的处女作《阿里山风云》是台湾影史上第一部剧情片，由他作曲的影片主题曲《高山青》，"高山青，涧水蓝，阿里山的姑娘美如水呀，阿里山的少年壮如山"，传唱至今。

1957年，张彻到香港发展。初到香港，张彻在

张彻（资料图片）

《新生晚报》开设专栏"何观影话"写影评，引起了金庸的注意，当时金庸在长城电影公司当编剧、导演，有时以"林欢"为笔名撰写电影评论。那个年代的香港电影，歌舞片、黄梅调片兴盛，重女轻男，"男演员的标准都很简单，只要长得高大漂亮，会不会演戏都不重要。男主角都是一个形象——脸色苍白的正面形象，毫无杂质的男人形象。"对此，张彻毫不买账。

看到这番话，金庸找到张彻，说："你的话，我很有同感。"身高六尺的张彻，穿着窄筒的裤子，留着一撮钩状的短发，挂在前额，不断地用手指整理。张彻大谈中国电影为什么不能起飞，说："我以为香港片子阴气太重，不够阳刚。什么时候香港电影才和荷里活电影争一长短？我以为，必须以阳刚破阴柔，作一番大的改革。"①

1961年底，位于九龙清水湾的邵氏影城启用。邵逸夫在报纸上大登广告，招聘人才。广告中说："本公司有感于当今电影水准之低，决心改良设备，引进新技术，发掘制片人。本公司已选址清水湾建邵氏之影城，急需如下人才：编剧、制片、化妆、剪辑、配音及暗房等，公司将与同仁并肩奋斗，同甘共苦！"张彻自荐以后，知道金庸与邵逸夫有交情，请他帮助。金庸便邀邵逸夫、张彻到家里喝茶，作了引见。

当时在香港，张彻同时写电影评论、小说、随笔、武侠小说，并且还为电懋公司创做剧本，是名副其实的多面手。加入邵氏以后，张彻初任编剧部主任，后任导演，就旁若无人、大刀阔斧地开打了。他早期创作的《边城三侠》、《大盗歌王》、《拳击》、《四骑士》等电影，为后来的武侠电影高峰奠定了根基。张彻的电影风格素以阳刚、血腥气十足著称，他将好莱坞西部片巧妙地结合到武侠电影中，融合了日本经典武士片搏杀场面，结尾处英雄总会悲壮唯美地死去，俗称张氏"死亡之舞"。张彻拍的电影，女人是不重要的，重要的是男性之间的情谊仇恨，电影里都是英雄惺惺相惜，人人君子之交，这和金庸小说中

---

① 张彻：《回顾香港电影30年》，香港三联书店2007年版。

张彻当年风采（资料图片）

的男主角，永远做硬汉，血气方刚，男性之间生死相许的情谊，几乎是一样的。

1966年，金庸看到张彻导演的《独臂刀》，实在是耳目一新，拍出了他谈过的真实感和阳刚之气。《独臂刀》的编剧是曾为金庸代笔的倪匡，票房收入首过百万，张彻被称作"百万导演"，成为香港最早的功夫电影。之后，金庸原创，倪匡编剧，张彻导演成为香港武侠电影"金三角"，三人合作长达十多年。

《独臂刀》是改编自金庸的《神雕侠侣》，《神雕侠侣》中的杨过也是被任性的师妹砍断了胳膊。《独臂刀》中就已经能找到金庸武侠作品的影子，虽然没有明确说明改编自金庸武侠小说，但整部电影从故事构思创意到人物设置都来源于金庸最中意的作品《神雕侠侣》。而在1982年张彻与倪匡合作拍摄的《神雕侠侣》中，桃花岛上郭芙和武家两兄弟欺负杨过的场景和《独臂刀》中断臂的主人公方刚被齐佩和两位师兄欺辱的场景甚为相似。

金庸这样评说张彻的《独臂刀》："断刀是一个符号，象征着在逆境之中百折不挠、自强不息、从头再来、涅槃重生。因此，从这个意义上说，《独臂刀》甚至可看作是一部积极向上鼓舞人心的励志电影。""断臂英雄使用断刀开创出独门的独臂刀法。人刀一体，既象征着英雄的重生，也是一种境界。《独臂刀》体现了张彻的'残缺美学'断臂、剖腹、剜目、五马分尸，英雄断臂，洋溢着一种悲壮感。"

然而,张彻"阳刚电影"美学遭遇了麻烦。与张彻共事20余年的蔡澜曾在一篇文章中回忆:"当年电检处高官拉彭和我们关系良好,张彻的思想又开放,怎么搞都不皱一下眉头。但是,新加坡和马来西亚的就没那么客气,张彻的片子送检总有问题,发行工作由我哥哥蔡丹负责,他在片子上映前总得四处奔跑才获通过。新马是一个很重要的市场,邵氏星公司再三要求张彻不要拍得那么血腥,但张彻一意孤行,照拍他的破肚子、挖血肠的结局。"① 他被冠上"血腥大导"、"茄汁大导"(西红柿汁,指电影中大洒鲜血,一片红色)的称号。

张彻感到了制作上的限制,他向邵逸夫提出组织自己的公司,带人马去台湾拍戏,资金由邵氏出,张彻自负盈亏,但票房收益可以分红。

1973年底,张彻回到台湾,自组"长弓影片公司"。"'长弓'是由查良镛兄为我题名,很精彩;可能从他自己将镛分拆为金庸来的灵感,但尤胜之。因为比较形象化且具武侠味,有杜诗'挽弓当挽强,用箭当用长'的气势!我拍了一个片头,用一身爆炸性肌肉的戚冠军,挽强弓,射长箭,可说是中外电影公司最佳的片头商标之一。"② 张彻说。

张彻在台湾的制作并不理想,两年后就结束了长弓公司,欠下邵氏巨额的债务。张彻遵守合约,用导演费来付清欠款,一共要为邵氏拍二十几部戏抵还。于是在高峰期,张彻一口气同时拍四五部电影,邵氏的十四个影棚他要占七八个。

张彻镜头里的英雄情感炽热,性格强猛而少转折,因此多以悲剧收场。他的英雄正和他自己升任导演的历程一样,由于怀才却不见用于当世,空有满腔赤诚,但受制于环境的局促与命运的播弄,所以在雄伟豪放中,总带着一丝悲怆愤慨。金庸与张彻惺惺相惜,他对倪匡说过:"张彻像他戏中的英雄,站在那里被人射了一身的箭,还是屹立不倒。"③ 在金庸心目中,张彻就是令狐冲,就是张三丰、萧峰。

---

① 黄小河:《武侠革命的倡导者——张彻》,《东方早报》2012年6月26日。
② 张彻:《回顾香港电影30年》,香港三联书店2007年版。
③ 罗珊:《张彻电影中的金庸群侠》,《影视镜像》总第128期,2009年3月。

2

从外表看,张彻其人确实夸张,时常穿着各色鲜艳的花格衬衫、名贵时装,嘴里叼一枝大雪茄,一头分头打着卷,一双眼睛顾盼左右旁若无人,很是睥睨自雄。

1976年,邵氏公司买断金庸小说的改编权,投拍金庸小说的武侠电影,执导筒的人,邵逸夫选择了刚从台湾归来的张彻。

自1977年拍摄《射雕英雄传》始,短短五年内,张彻一共执导了七部改编自金庸小说的武侠电影,这七部电影分别是《射雕英雄传》、《射雕英雄传续集》、《飞狐外传》、《射雕英雄传第三集》、《碧血剑》、《神雕侠侣》和《侠客行》。仅从张彻的这七部电影来看,改编得最好的可算是1980年的《飞狐外传》,它在情节上最为完整,剔除庞杂的次要人物后,主线情节提取展示得恰到好处,在人物性格塑造上也比较完整,并且这是张彻电影中为数不多的没有过分血腥场面的影片。

1977年,《射雕英雄传》第一集推出时大为轰动,张彻接着拍了第二集,一举捧红了他的爱将傅声。当时傅声是香港人的偶像,饰演黄蓉的则是恬妞,这对搭档据说极为传神,想象早期恬妞的模样,的确蛮接近古灵精怪、艳丽无俦的黄蓉。傅声本来形象灵动活泼,就不是很适合郭靖这样一个憨厚的角色,他为了演出郭靖的憨直,难免让人觉得有装傻充愣的嫌疑。由此可见,张彻在改编金庸小说时,注重的依然是他自己擅长的打斗戏,而对于男性人物形象并没有多加挖掘和塑造。

为了刻画突出男性的阳刚英雄之美,在张彻执导的金庸武侠电影中,原著中主要女性角色要么缺席,要么就被符号化了。如《神雕侠侣》,从郭靖的七个师傅桃花岛被害开始讲起,注重杨过人物形象的塑造,桃花岛受辱、对身世产生怀疑、跟欧阳锋修习武功、终南山拜师学艺，讲的都是杨过，小龙女这个名字在影片末尾才被提到，没有了杨过和小龙女缠绵的爱情故事，没有了李莫愁揪心的过往，没有了尹志平的痴恋，没有了郭襄的纯情，张彻版的《神雕侠侣》几乎完全变成了一部男人的戏。《飞狐外传》中的程灵素算是张彻着墨较多的女性了，但片中程灵素的形象与原著也确有很大差别。首先是程灵素出场时的那件大红色裙子，活脱脱一个新娘子，与原本朴素少言的灵素差别实在太大；其次，片中的程灵素几乎可以用甜蜜可人来形容，妩媚又爱笑，但原著中程灵素则是一位超然于世的少女，寡言少语，眼眸清亮。之所以会形成这样的反差，原来是张彻将原著中的袁紫衣与程灵素合二为一了，由于袁紫衣这一重要人物在影片中没有出现，而原著中程灵素的形象又不足以吸引观众眼球，于是将二人在性格上融为一体，使影片更加好看一些。这与张彻一贯的风格相吻合，在这个以复仇为主题的故事下，程灵素更多的象是一个解毒的工具而并非胡斐的意中人。

总之，张彻电影中的金庸群侠都被深深烙上了张彻阳刚的印签，澎湃流畅的打斗场面甚为常见，但在追求影片票房和可看性的同时，人物个性塑造往往就被忽略掉了。他直言不讳对金庸说："我拍武侠片是有意识地刻意以男性为主的，因看到全世界的动作片皆以男性为主，而京剧的主要人物也是武生而非武旦，故鲜明地提出'阳刚'口号，我拍少林功夫片如此，拍你的武侠小说也是如此。"

编剧倪匡认为，金庸小说情节跌宕曲折，一字不改就可以拍摄出好的故事来，其实他说的是改编成电视剧，而电影受片长的限制很难做到。即便张彻将《射雕》连拍三集电影、长达四个半小时，也需大刀阔斧的删改。张彻拍金庸小说电影虽未大改，却一味狂删，人物角色如成吉思汗等一班蒙古英雄；经典场面如铁血大漠、引弓射雕甚至"华山论剑"，故事情节如杨康与穆念慈的爱情悲剧结局、华筝与金刀驸马的青梅竹马都消失得无影无踪。而正因如此，张彻版"射雕"中的郭靖与黄蓉才可爱得坦然，没那么多的波折恩怨，也没有任何关乎承诺的心理负担。综观整部电影，仍是大导演张彻擅长的武林恩怨、江湖仇杀。当然，郭啸天的盘肠大战，杨铁心的自杀谢世这种血腥暴肆的镜头按照张氏武侠片的惯例，倒是要来一番大肆渲染的。

对于金庸作品的改编，张彻有自己的看法："就我拍摄的金庸小说而论，成绩并非很好。原因在我二人性格不同，查良镛兄为人沉着厚重，其作品如长江大河；我却是反叛尖锐的性格，只是激流瀑布，故此只能表现他作品的一枝一节。我自觉拍得较好的是《射雕英雄传第三集》，因集中在瑛姑、南帝之间的情怨故事。我始终拍不出金庸小说的博大精深，我是有自知之明的，所以最后放弃了。"[1] 毋庸置疑，张彻确实是一个能坚持自己个人风格的导演，即使是金庸小说这样优秀的作品也不能左右甚或影响他的风格和拍摄手法。然而也只有这样对作品有独特理解的导演才能设计出一个又一个独特的影像标签，比如白衣大侠，又如西乐配乐。所以，虽然张彻改编的金庸作品存在着这么多不尽如人意的地方，但粗枝大叶的张彻并不计较这些，毕竟他又一次为邵氏赚足了票房。

在香港电影的黄金时代，张彻的名字如雷贯耳，他导演的电影是票房的保证，他也当之无愧地成为邵氏公司的头号招牌导演。

《明报》刊登的《张彻电影的美学特征》一文这样评说："曾几何时，中国香港电影以女性为主导，但张彻一反潮流，极力提倡'阳刚'之风。张彻影片的武打动作主要是硬桥硬马，注重男性的雄健感，以及血肉暴力感，壮男裸胸露肉，是张彻影片的招牌。张彻的阳刚路线大大扭转了港片的'性格'，开创了此后长期以男星为首的港片主流趋向，这方面的影响是胡金铨及其他导演不及的。没有人可以记住他的任何作品里面的女性形象，在张氏作品中，写男主角与女人谈恋爱是一件很难想象的尴尬事。"[2]

---

[1] 张彻：《回顾香港电影30年》，香港三联书店2007年版。
[2] 张彻：《张彻回忆录影评集》，香港电影资料馆2002年编。

3

1981年，金庸携妻子儿女回大陆内地访问，会见了邓小平，并游历了北京、上海、西安等13个城市。时隔一年，张彻与邵氏的合约满期了，他要离开邵氏，组建自己的影片公司。非常有远见的他，已经看出金庸所作所为背后的潜台词，已经看出将来的内地市场会成为香港电影的主要市场。他的长河影业公司要拍的第一部电影瞄上了内地的大上海。

张彻和吴宇森（杨莲洁摄）

不过，张彻仍有顾虑，1940年他在中央大学法学院修读政治时，不知怎么得到国民党文化界掌权人物张道藩的赏识，担任文运会专员，参加中央文化运动委员会从事戏剧工作，后就任上海市文化运动委员会秘书。1948年去台湾时与蒋经国结下友谊，借此在台湾执导电影。有此"从政"的经历，内地会接纳他吗？

张彻（左）在片场。（资料图片）

还是金庸出面替他作了疏通，金庸向内地有关部门递话："张彻只是少年从政，是国民党的文化官员。"① 金庸强调"文化官员"，自然是要说明张彻没有什么问题。

1986年，长河影业公司移师上海，第一部拍的武打片是《大上海1937》。影片取景全部在上海，西区法租界、城隍庙九曲桥、汇丰银行大楼、锦江饭店、汉奸特工总部极斯菲尔路76号以及驻沪日军司令部，真实再现了三、四十年代上海滩的场景。张彻从中国戏曲学院附属京剧团发掘来徐小健、董志华两个武生，作为在大陆时代的培养对象，借抗日战争爆发五十周年的大背景，推出《大上海1937》以他们为主角。围绕着上海大亨杜月笙组织力量抗战，杜的弟子、身手矫健的林怀部刺杀了青帮叛徒、汉奸张啸林，本来可能是他的敌人的汉奸太太保镖、小刀杨

---

① 张燕：《自笑平生气凌云》，《电影画刊》2003年第7期。

晚年张彻与众弟子合影。（资料图片）

藩却因爱上了林的女朋友孙懿雯，甘心舍身救出林怀部，在日伪的包围中壮烈就义。

实际上，武打片当时在内地已经开始走下坡路了，但这片子却出乎意料地火爆，尤其是董志华的小刀杨藩。继张鑫炎导演、李连杰主演的《少林寺》后，香港电影凭借张彻这部时装动作片以一种新的样式、新的面貌给中国内地带来了新一波的强烈震撼，说是香港动作电影的第二次登陆亦无不可。在张彻电影的引领下，徐克、王晶等香港导演在内地推出了新版本的《书剑恩仇录》、《笑傲江湖之东方不败》、《新鹿鼎记》等经典的金庸武侠片，又一次掀起了武侠热潮。

此后，张彻在内地还拍摄了《过江龙》、《西安杀戮》、《神通》、《西行平妖》等影片。

1989年香港公映了一部叫做《义胆群英》的影片，由吴宇森、午马执导，片中云集了当时香港影视界的著名人物，然而这些名人却不要片酬，无偿加入此片。这部电影是为了给一个人祝寿，能够让这么多著名人物不计报酬的人就是张彻。吴宇森是他的得意弟子。

张彻于2002年6月22日清晨因肺炎在香港病逝，享年79岁。在金庸的推荐下，《明报》刊登张彻去世前的一首赋诗，且是他电影生涯的总结："落拓江湖一剑轻，良相良医两无名。南朝金紫成何事？只合银幕梦里行。"[1]

---

[1] 张彻：《张彻回忆录影评集》，香港电影资料馆2002年编。

出版新作向金庸致敬
——"咖啡作家"温瑞安

温瑞安在金庸封笔、古龙去世之后独撑武侠大局，因而很多人将他与金庸、古龙作比较。对此，他回应说："我非常非常崇拜金庸，但是我最喜欢的是古龙！喜欢和崇拜是不同的。""金庸对我来说就象是诗圣那样，我会很崇拜他。但我不是金庸，我比他好玩很多，我比较多动症，这一方面我比较像古龙。所以金庸是我非常崇敬的宗师，古龙则是我非常喜欢的武侠作家。"[①]

温瑞安落难时期，金庸仗义援手，让《明报》率先连载他的武侠小说，助他走出尴尬境地。此举让温瑞安感动一辈子。

金庸说："近年武侠小说我就看瑞安的了。"

1

温瑞安生命中最重要的贵人，便是金庸了。1965 年，他在马来西亚念小学的时侯，家里的旧书架上，有几部薄薄的《红花十四侠》，纸质薄薄的，字排得很细密，他一口气看完了，觉得有一种从来未有过的感受，畅快带着志气，而且很有一种实在感，仿佛书的世界虽然是虚构的世界，但在

---

① 姜梦诗：《大师之精深，才子之灵美》，《晶报》2012 年 9 月 1 日。

现实也有这样的侠情。隔了好多年之后，他才知道《红花十四侠》其实是金庸的第一部小说《书剑恩仇录》的盗版本。

受金庸小说的影响，温瑞安以班上同学为正邪人物，撰写自绘插画的长篇小说《龙虎风云录》，还每天讲述武侠故事，有过一口气讲八小时而放学后又讲八小时之纪录。"当时，家也有几册零星不全的《射》、《神》，我当作宝书一般珍藏看，就算看其中一段，读其中一节，也被情节吸引，关心故事的人物。我看《江湖奇侠传》、《鹰爪王》、《青锋剑》、《奇门剑侠》、《白霜剑》、《虎爪青锋》等时都没有这种感觉。"[①] 温瑞安这样说过。

后来，哥哥给他讲述《天龙八部》中的故事，段誉如何与乔峰闹酒，游坦之如何学得冰蚕神功，四大恶人如何恶法，这些都令他神往不已。于是他千方百计或租或购金庸小说来读。1971年，17岁的温瑞安开始在新马文坛重要文学刊物《蕉风》及《学报》频频发表作品，专攻现代诗、纯散文

温瑞安（资料图片）

---

① 温瑞安：《王牌人物金庸》，《明报》2005年5月7日。

及批评文章，并在香港《武侠春秋》发表短小说。

1973年念大学，温瑞安到了台湾，半工半读。他邀约几位同学创办天狼星诗社，举办"五方文学座谈会"。那时他不认识金庸，只知道他在香港办了一份很有意义的《明报月刊》，却屡向同学推荐金庸小说。

为了筹钱办《天狼星诗刊》，温瑞安开始写武侠小说，《四大名捕会京师》便是当时的作品。温瑞安笔名有温凉玉、舒侠舞、王山而、项飞梦、温晚、柳眉色、风玲草等。

1976年，温瑞安与女友方娥真一起创办神州诗社，曾主办过一些"武侠诗"、"武侠小说"的座谈会、讨论会，他自己一连写了几期有关金庸小说的评论文章，收入在《绿洲》、《长江》等杂志里。这期间是温瑞安最迷金庸小说的时候，为他书中人物痴迷颠倒，为他笔下世界沉醉徘徊，真到了"饭可以不吃，觉可以不睡，金庸小说却不可不看"的地步。其时在台湾，金庸小说遍布每一角落的书坊，但当局尚未解禁，通常都被冠上别人的名字。很多朋友拿着书来问温瑞安是不是金庸原著，他一看便知，绝对不需要超过一页，就连书局老板也来找他，他成了闻名的"金庸著作鉴别家"，颇为洋洋自得。在狂读金庸小说的同进，他不顾当局的禁令，在诗刊、文集、杂志上明目张胆地谈论金庸，只因他喜欢金庸小说，想尽一分力量推广，使爱读小说的人都能读得到金庸小说。

怀着拜师求教的心情，温瑞安给金庸写信，来往了几封信，他知道金庸极忙，去信时常说明**请他不必回信**，宁可他多写几篇文章，万一有意外之喜，可以多诞生一部武侠小说。有一封长信，温瑞安诉说心头的苦闷：朋友背叛他，神州社出现了分裂。很快，金庸回信，针对他对朋友的态度，提出了一些意见，用很温和的语气说出来，用心良苦："……你办神州社，那是很难长期支持的一种友情理想，你必定极爱朋友，满腔热诚的待人，从你最近的文章中，得知有些兄弟姊妹离开了你。瑞安，天下没有不散的筵席，有的人厌倦了，转变了，心情不同了，那是必然的事。已经有过几年，几个月，几天的相聚，还有甚么不知足的？'一夜夫妻百夜恩，百夜夫妻海样深'，朋友之道亦当如是观。不要认为他们是'背叛'，那是太重的字眼。人生聚散匆匆，不必过分执着，千万不要把你的朋友当作敌人，那么你心不会难过，朋友也不会难过。夫妻只是两人之间的事，要白头偕老也是极难，何况数十人的结社？如果有人离开，最好是设法当他是神州社的支部，如此不断扩充，亦美事也。"①金庸导引他往更豁达包容的方向走。

2

1980年，温瑞安与妻子方娥真因其创办的神州诗社锋芒太露而招致台湾当局忌讳，于当年9月25日以"涉嫌叛乱"罪名被遣送出境，1981年底，方娥真终得以海外雇员身份留港，温瑞安依然飘泊流浪。

让温瑞安感动一辈子的是，金庸给他"雪中送炭"了。1982年初，金庸安排《明报》、《明报晚报》率先连载《神州奇侠》、《血河车》等温氏武侠小说，然后出书，引起热烈反应。1983年下半年，亚视招揽他为创作经理，年底终于获准来港居留。同年，《四大名捕会京师》及《神相李布衣》在亚洲电视开拍。1987年，温瑞安的武侠小说译成韩文于韩国报刊连载并出书，《杀了你好吗》于台湾最畅销报刊《联合报》副刊连载，此为现代派武侠创作之一大始点。是年起《四大名捕会京师》等作品亦在中国大陆连续出版。至1992年，温瑞安出版的著作居然多达382部——这是一个令人难以置信的数字，而当时温瑞安不过38岁！

在梁羽生淡出、金庸封笔、古龙早逝，武侠小说青黄不接之际，温瑞安开创的"超新派"武侠小说曾风靡一时。

温瑞安第一次跟金庸见面，说来十分传奇。那是1985年的夏天，温瑞安

---

① 温瑞安：《王牌人物金庸》，《明报》2005年5月7日。

温瑞安（资料图片）

和好友黄昏星、廖雁平两位兄弟去拜访金庸，金庸非常高兴约他们在香港大会堂门口见面。搁下电话，温瑞安十分忐忑，仿佛从书中破纸而出的一个人物要和他见面，就跟苗人凤、胡一刀、张三丰就要"活"在他跟前一般，不免有点紧张。与金庸神交以来，对他一直有一种孺慕之情，仿佛见了面就要执弟子之礼。

见面了，没有过多的客套，只有几句淡淡的问候，温瑞安突然间觉得有一种与老朋友久别重逢的感觉。金庸带他们登上了他的游艇，温瑞安笑问金庸："这游艇有没有名字？"他笑答："本来没有，要叫就叫做'金庸号'吧！"看这游艇的气派装潢，少说也价值一百万港币，温瑞安想。

在游艇落坐，服务人员替他们冲了咖啡，金庸一面抽烟，一面谈。金庸问温瑞安："你小说里的人物跟现实的人有没有关系？"温瑞安答："有。"金庸笑了："是那些人？"温瑞安说："有的是我喜欢的人，有的我不喜欢，改头换面，写在书中，有时冲动起来，一刀杀了。"他问："权力帮（《神州奇侠》的第一大帮会）也有象征？"温瑞安点头："有一点啦。"他微微笑道："萧秋水是你？"温瑞安也笑了。金庸又问他："你还有什么别的兴趣？"温瑞安选二三样说了，其中一项是电影。金庸温和地说："我以前也导演过几部片。"温瑞安知道其中一部是长城的《王老虎抢亲》。金庸谦虚地说:"拍得不好。"然后眯着眼睛看他,说:"你的样子可以去拍电影?"温瑞安没想到有这一句,"哦"了一声接不下去。

金庸转头对其他的朋友说:"近年武侠小说我就看瑞安的了。"①

阳光穿过塑胶透明窗照了进来,四周是碧蓝的天,碧蓝的海。温瑞安突然想道,金庸小说常有在海上发生事故的情节,譬如北丐洪七公与西毒欧阳锋在海上作殊死战,令狐冲在船上初遇蓝凤凰,而我与金庸初逢,也在海上,却很舒适安详。武林毕竟是笔下的世界,江湖远在天之外、海之外。

稍顷,温瑞安问:"查先生,你有没有过不开心的时候?"金庸听了觉得好玩,笑说:"有啊。""那你不开心的时候怎么过呢?"金庸和蔼地说:"睡个觉不就过去了?"那天风和日丽,风平浪静,一如金庸的气定神闲。

不知不觉间已日薄西山,金庸才下令回航。在怡东村吃完晚餐之后,金庸付了账,起身要走,忽然,桌上的餐巾掉下了地,金庸敏捷地俯下身去,自桌子底下拾起了餐巾,摆回桌上。金庸当然不瘦,而且是略为发福,以他的身份和给的小费,掉了餐巾仍不惜亲自弯下身去拾起来,温瑞安顿然想起《天龙八部》中身在高位但和气可亲的段正淳的一句话:"大富大贵而不骄。"②此后,常有朋友问起金庸是怎样一个人的时候,温瑞安就常引用这一句话来回答。

第二天晚上,金庸邀温瑞安去他家。他的住家坐落在云景道,属半山区,风景优表,环境幽静。进门后,温瑞安留下特别印象的是书卷气特浓:他的大厅特宽敞,四周尽是壁柜,精装的、平装的、线装的、套装的,厚厚薄薄大大小小全是书。他的办公桌在中厅,有落地的长窗,可以望到整个维多利亚海港的夜景,香港的夜景世界闻名,到了晚上万家灯火热闹而无声地闪烁,那感觉真令人屏息。

后来,金庸邀约温瑞安去明报社,当场谈妥温瑞安的十五部作品的版权授予明窗社,并由《明报》、《明报晚报》连载。

---

① 《温瑞安评金庸》,《天涯》2006年1月5日。
② 温瑞安:《共坐"金庸号"》,《明报月刊》2005年5月号。

3

  温瑞安迷恋金庸的武侠小说,写过《谈笑傲江湖》、《析雪山飞狐与鸳鸯刀》、《天龙八部欣赏举隅》等评论,还写过一篇洋洋万言的《王牌人物金庸》长文。他说:"在那时候,我心中始终待金庸亦师亦友。我曾在很多孤独寂寞、辉煌灿烂的日子里,跟朋友谈起他的人、他的小说、他的机构,都充满了敬意和诚意。有时候跟这位大我近三十岁的长者很亲近,就像我父亲一样。金庸在三十多岁动笔写的第一部小说的时候,世界上还没有温瑞安这个人。在苦难的岁月中我会向他低诉,就像跟自己早就相知一般,但有时候却又不怎么服他,觉得他太多的约制与距离,忍不住要跟他冲撞、顶撞一下。在同一封信,他还劝我在作品上需要注意的是节制。文学上,节制是很重要的,要将奔腾的感情约束在含蓄的文句之中。"①

  金庸阅读了温瑞安的大部分作品,曾在信中评论:"你的小说有很大的吸引力,然而往往放而不能收,给人一种'过分'的感觉。《四大名捕》很好,《今之侠者》中前几篇也很好。《神州》与《血河车》似乎写得太仓卒、太快,自己特有的风格反而少了……""《寂寞高手》已读过,唐门谋杀李沉舟一节写得变幻百出,颇有可观。柳随风的心情是写得好的。不过易容等情节一般小说中用得滥了,太多出现恐不很适宜。"在香港初期,温瑞安写了一篇《结局》,用了许多现代文学的技巧与手法尝试。金庸很快读完了,便邀温瑞安夫妇去酒楼吃饭。金庸手拿着小说,笑道:"《结局》写得很精彩、很好,明报要用,不过有些错漏,不妨拿回去再改一下,要是不改,明报也会用。"后来,温瑞安居然把小说原稿遗漏在椅子上,侍者追了出来交给金庸,金庸笑着跟他说:"这么好的作品,别丢了哦!"温瑞安双手接过这份稿,没有道谢,也没多说什么,心情十分沉重,他不知道古人传递衣钵的情形是怎样,但他记住了这份感情。②

---

① 温瑞安:《我心中始终待金庸亦师亦友》,凤凰网 2011 年 12 月 21 日。
② 《温瑞安评金庸》,《天涯》2006 年 1 月 5 日。

由于温瑞安是在金庸封笔、古龙去世之后"独撑大局",不免很多人会将他与金、古二人作比较。对此,他回应说:"我非常非常崇拜金庸,但是我最喜欢的是古龙。喜欢和崇拜是不同的。"

温瑞安说,金庸最厉害的地方,就是他让人记住的是一个整体,"我很熟悉金庸的作品,很崇敬金庸,因为他是一手集名家之大成,并把武侠小说带进了文学的殿堂,金庸是功德无量的。"在温瑞安看来,金庸小说中的每一个招式都有来历,每一场打斗都有哲学的概念。他说,"金庸的描写很磅礴,而且非常精华,他把中国章回小说加上西洋戏剧、文学的写法,然后融会贯通,形成了自己独特的文体。"①

"有些文化界的朋友以为金庸很推重我的作品,想必常加赞许,其实不然。他在我面前,倒是常批评我的作品,譬如他就指出,在我的武侠小说常另辟段落写山川风景,不够自然;文章写得像倪匡这样快,疏漏必多,未必是好事;兄弟背弃出卖的情节重复,不宜写得太多……许多善意的批评,我大都能接受,当然,每个作家有每个作家的文风,凡是大艺术家都有他独一无二的风格,我不一定都改,他也向我说过:'你不一定都要接受',但我会在下一部小说避免重犯。"

温瑞安不认同金庸笔下"侠之大者,为国为民"一语,他告诫年轻人:"我很希望年轻人的想法不要太大了,不要一下子就'为国为民',这会很辛苦,很累人的。"温瑞安认为,"年轻人其实可以先'侠之小者',先'为友为邻'。其实,武侠不一定要很大,武侠也可以很人性;武侠不一定要至广博,武侠也可以至细微;武侠不一定要像金庸、古龙那样,也可以很张爱玲,很钱钟书,很沈从文……"

温瑞安在《王牌人物金庸》一文中记载的一则趣事:"某次我跟杜南发赴金庸和倪匡的晚饭。……那次我们一齐吃过饭后,倪大嫂载南发、娥真和我回北角,金庸和他太太要走过街口去坐另一部车子,那时候,也许是因为骑楼太

---

① 温瑞安:《王牌人物金庸》,《明报》2005年5月7日。

温瑞安第一次跟金庸见面是在游轮上。左为温瑞安,右为金庸。(赵明宇摄)

暗,洋灰地太滑,查先生夫妇一度想牵手,但又没有牵成,或许是因为我们的车子正在后头。两人不知怎的,忽然都有些不好意思罢,那欲牵未牵的手,始终没有牵成。一刹那间,我想他很多部小说的恋爱情怀,看到这一幕,心头很高兴,在车上哈哈大笑起来。这一刻是美的,这一刻是真的。"

2006年4月,蛰伏十年之后,温瑞安携新作《天下无敌》重出江湖。《天下无敌》是温瑞安十年前的承诺之作,属于"说英雄谁是英雄"系列的第八部,按照作者创作计划,该部预计长达80万字,共分三本出版,另外两本分别为《天下第一》与《天敌》。温瑞安说,《天下无敌》依然沿袭温氏风格,之所以写了十年,是因为分身乏术,与写作状态、灵感没有关系。由于早年受到前辈金庸的扶持,温瑞安表示出版新作向金庸先生致敬。"写作《天下无敌》绝对是向金庸致敬。我的作品最初就是在金庸先生主持的《明报》上发表,那时候他是我的良师益友。"温瑞安说:"查先生一定是头牌,他在文字上的成就,他若称老二,没人敢称第一!"[①]温瑞安曾经有个很形象的比喻:金庸是茶,梁羽生是汤,古龙是酒,而他是咖啡。"茶是中国文化的一部分,金庸得其神。梁羽生功力深厚,是罐煨汤。古龙当然和他的喜好一样是酒,可是酒劲散了之后就没了兴致,容易有败笔。可是古龙就是古龙,他在酒劲酣畅时写下的文字,无人能敌他的浪漫精神。"[②]而他这款咖啡,"因为我喜欢喝咖啡,不过每天只能一杯,喝多了睡不着,不喝又想念。"

---

① 卜昌伟:《温瑞安新作向金庸致敬》,《京华时报》2006年4月10日。
② 周南焱:《"梦不死,心不衰,侠不灭!"》,《北京日报》2012年6月21日。

"月老"做成一场爱情游戏
——金庸剧填词人黄霑

黄霑是香港著名作家、词曲家,文采飞扬,个性洒脱,与金庸、倪匡、蔡澜并称为四大才子。他与金庸早就相识,当年电视台拍摄金庸剧,就是由黄霑牵头合作的。

黄霑是香港乐坛公认的鬼才,一首《沧海一声笑》是最能和金庸武侠小说相匹配的音乐,金庸称之为"经典中的经典"。

黄霑著作甚丰,写过一本超级笑话合集《不文集》,最早是在《明报周刊》上连载,然后结集成书,至今仍是香港最畅销的单行本。

黄霑是才子,才子自然多情。除夕夜,黄霑找来金庸证婚,"迎娶"林燕妮,黄霑当众跪下求婚,成一时佳话。

1

黄霑 1941 年在广东顺德出生时,金庸已是 17 岁少年,当年在《东南日报》发表处女作《一事能狂便少年》;黄霑 1949 年随父母随父母移居香港时,金庸先一年在港;黄霑 1963 年毕业于港大中文系时,金庸的《天龙八部》开始在《明报》连载,《明报》因连载金庸武侠小说而声名大噪。黄霑

黄霑（资料图片）

任过香港电视台、电台主持人，为电影、电视剧、歌手、演员作品、导演作品、文学创作、古装歌舞剧、综艺晚会写过歌词。

1977年9月，黄霑开始在金庸开办的《明报》写专栏，而后他又签约无线，独家撰写歌词。这一年，黄霑凭金庸武侠小说电影《倚天屠龙记》中的插曲，入选了香港电台"第一届十大中文金曲"。1983年，黄霑凭借为无线的金庸剧《射雕英雄传》所写的《世间始终你好》入选了第六届十大中文金曲。随着该剧在内地的热播，黄霑所做的歌词又一次抢占了香港与内地城乡的大街小巷，也因此使得很多虽不懂粤语的内地观众能将粤语歌唱的字正腔圆，而他们唱的歌有不少正是黄霑的作品。

据亚视高层周梁淑怡回忆，黄霑和金庸很熟，当年电视台要拍金庸剧，就是由他牵头合作的。

八十年代，香港电影是最辉煌的时期，可是武侠电影却没有地位，只是初期有几部变奏。鉴于此，1990年，强势监制徐克谋划数载后推出全新规制的新武侠电影。他打算以金庸武侠小说《笑傲江湖》为蓝本，全力营造自己的江湖世界。这时候，徐克找了黄霑，黄霑找了金庸，商妥版权、版税等事宜后，徐克以著名导演胡金铨为总导演而架设故事。

电影《笑傲江湖》大气磅礴，人物性格突出，兼有强烈的政治讽喻性，快速的节奏感，又与时代气息相同，音乐又大俗大雅，视听效果凌厉，感染力逼人深思，立刻掀起武侠热潮。此后，金庸在无线电视台播放的电视剧都由黄霑牵头出卖。

"沧海笑，滔滔两岸潮，浮沉随浪记今朝。苍天笑，纷纷世上潮，谁负谁胜出天知晓。江山笑，烟雨遥，涛浪淘尽红尘俗事知多少。清风笑，竟惹寂寥，豪情还剩一襟晚照。苍生笑，不再寂寥，豪情仍在痴痴笑笑。"这首意境高远、气势磅礴的《沧海一声笑》很好地体现出了《笑傲江湖》中令狐冲那种放任自适、率性豁达、笑看人生的个性特征，达到了词曲与作品原著的完美结合，不仅奠定了其在金庸武侠剧音乐作品中无可替代的江湖地位，而且也成为香港乐坛久唱不衰的经典之作。

这首荡气回肠、辽阔无际的《沧海一声笑》是黄霑音乐创作生涯中的巅峰力作。当年，黄霑受命为徐克的《笑傲江湖》谱曲，写了六稿，徐克都不满意，黄霑被逼急了，跑去翻古书《乐志》，看到一句话，曰：大乐必易。心想最"易"的莫过于中国五声音阶（宫、商、角、徵、羽），但怎么用？大家都正用，不如我就反用，改成"羽、徵、角、商、宫"，跑到钢琴前弹一弹，哦？还挺好听，于是就顺着写出了整条旋律，"羽、徵、角、商、宫"五音刚好对应于钢琴的五个黑键（从升D开始往下），主旋律有气魄，非常有气势，给人一种豪气冲天的感觉。①

黄霑说过:"写《沧海一声笑》时,四十几岁了,写得很沧桑。我心里总是有点沧桑感,从小就有这种感觉。我写出来的东西都是小调的,都是一个短调。短调都比较沧桑,比较悲凉。别看我整天嘻嘻哈哈,心里面还是很沧桑,很悲凉,很沉郁的一个味道,不晓得为什么,可能是念中文系,读的古书太多。古人苏轼也有这种沧桑感,李白也有。总是有这个味道,就是江山未改,英雄已经淘尽的沧桑感。"②

除了写,黄霑还唱,《沧海一声笑》翻唱者比比皆是,唯有他这公鸭嗓门一吼,吼得很沧桑。1990 年,黄霑在台湾推出首张国语专辑《笑傲江湖》,销量冲破 30 万张。同年,又以填词和作曲的《沧海一声笑》得到第 27 届台湾金马影展的最佳影片歌曲。

黄霑纵横香港流行乐坛近 30 年,创作了 2000 多首流行歌曲的歌词。在上世纪七八十年代,黄霑写出了许多脍炙人口的影视歌曲,其中,与拍档兼好友顾嘉辉合作的多首影视主题曲最为人津津乐道,并赢得了"黄词顾曲"的美称。黄霑是一曲《我的中国心》,"长江、长城、黄山、黄河",简简单单而又力蕴千斤的咏叹调让无数人心潮澎湃。

黄霑对金庸作品的偏爱也太明显了,他先后为金庸剧《天龙八部》、《射雕英雄传》、《倚天屠龙记》、《书剑恩仇录》、《雪山飞狐》、《神雕侠侣》、《连城诀》中的插曲填词 14 首,其中为《天龙八部》所写的《两忘烟水里》是他最得意的作品,是汤镇业主演的《天龙八部》第二部的主题曲。乔峰错手杀死了心爱的阿朱,山盟海誓顿时成空,"塞外约,枕畔诗,他朝两忘烟水里"的音乐,就在这时幽幽响起。我们知道,乔峰永远不会忘记阿朱,两忘烟水里,只是阿朱对他的一种希望,希望他不要过于悲伤。黄霑说,这首歌深情中带一丝惆怅,尽显侠骨柔肠。

---

① 李如一:《沧海一声笑的神奇创作》,《哈尔滨日报》2004 年 11 月 28 日。
② 黄霑:《写书写歌靠"真"性情》,选自《杨澜访谈录》2002 第 11 辑 (辽宁人民出版社出版)。

而金庸以为黄霑成就最高的,还是那首《沧海一声笑》,才是"经典中的经典"。"黄霑几十字的歌词就写出了《笑傲江湖》中的率性和侠气,这也是电影中最具武侠意境的一幕。曲阳和刘正风躲过追杀,泛舟于江海之上,取出《笑傲江湖》曲谱,琴箫合奏,纵情高歌,一旁的令狐冲也弹琴相和。此刻,船外沧海笑,白浪滔滔,苍天笑,白鸟遨翔。所谓'笑傲江湖'之意,于此成矣。"① 多次重拍《笑傲江湖》,演员换了又换,情节改了又改,惟一难以撼动的便是这曲《沧海一声笑》。

黄霑的音乐有如金庸的作品,铮铮铁骨,热血肝肠,以诗的语言写歌词,意境化的江湖就在只言片语中跃然而出,豪气吞吐风雷,一声笑傲江湖。

金庸评价他"走出了一条许多词曲作家无法超越的创作道路,他率真乐观的性格和倚马可待的才华,使他为武侠剧创作的音乐作品达到了别人无法企及的高度。"在这个高度上,他挥洒自如地表现着他对金庸武侠小说的洞彻和理解,表现着他对人生江湖的把握和领悟,造就了金庸武侠剧音乐作品"前无古人、后无来者"的"黄霑时代"。

2

1975年2月,美国的迪斯尼乐园表演团赴香港演出,演出分为中、英两种版本,当时已经在业界声名大振的黄霑获邀填写粤语歌词,著名女作家林燕妮则负责撰写台词和对白。演出成功举办之后,由黄霑填词的许多歌曲红极一时。当时,《明报周刊》以能独家刊载该批曲词为荣。

由此开始,黄霑与合作伙伴林燕妮展开了一段情愫,曾多次表示自己一生最爱的人便是林燕妮。1976年8月,电影《跳灰》首映,片中由黄霑作词的主题曲《问我》迅速流行,林燕妮也在其明报专栏对《问我》大加赞赏。

---

① 陈雷:《谁负谁胜出天知晓》,《东南早报》2004年11月28日。

黄霑狂追林燕妮，很多人指责黄霑是忘情负义。因为 16 年前，13 岁的小歌星华娃参加业余歌手比赛时，19 岁的黄霑是为她伴奏的乐队鼓手。两人因此相识，并在相恋了 7 年后结婚。在他们 9 年的婚姻生活中，生有两子一女。但就在华娃第三次怀孕期间，黄霑却爱上了林燕妮。华娃是个性格刚烈的女子，眼见自己的多番努力仍不能唤回丈夫躁动的心，便坚决地宣布与黄霑分开，移民去了加拿大，但直至 1987 年 5 月两人才正式离婚。

　　黄霑与林燕妮恋爱后，两人联手创办"黄和林"广告公司，成就了香港文化界的一段佳话。只是他多次向林燕妮求婚不成，便使出"狠招"：请德高望重的金庸证婚。

　　金庸与黄霑、林燕妮均有很深的友谊，黄霑是金庸剧填词人，林燕妮则是金庸非常信赖的《明报》专栏作家，当年她大学毕业一回香港，金庸就邀她写专栏，专栏名叫"懒洋洋的下午"，后来又改成"粉红色的枕头"。金庸曾说："林燕妮是现代最好的散文女作家。"林燕妮不仅有才，年轻时也很漂亮，圆脸大眼娇憨可爱，习练多年芭蕾，身材相当过关。毕业后嫁给了李小龙的哥哥，一个科学家，但不出两年就离婚了。

　　1988 年除夕夜，黄霑找来金庸证婚，与林燕妮举行了法律上没有效用的婚礼。金庸草拟婚书，更挥毫写了一副对联："黄鸟栖燕巢与子偕老，林花霑朝雨共君永年。"黄霑当众跪下求婚，林燕妮在半推半就下幸福地说了一句"我愿意"。① 随后，黄霑在报章上登出两人结婚的喜讯。可是，6 小时后林燕妮反悔了，她也在报章上登出个人声明，指责黄某人所公开的消息只是其一厢情愿，与她毫不相干。此后不久，两人彻底分手。金庸满心欢喜做了"月老"，做成的却是一场爱情游戏。

　　如此合拍的一对，为什么到头来有这样结局？金庸询问林燕妮。林燕妮曾在一个报纸专栏上发表了一篇《给黄霑的信》，回答这个问题："和你一起十

---

① 《六周年纪念：黄霑逸闻录》，《私家相簿》2010 年 11 月 25 日。

多年,我是真的想要个名份,但每次都是无限期的等待,想结婚的念头也随着拍拖(恋爱)太久而失去,所以分手是必然的结局。"

上世纪90年代末期,黄霑终于又迎来了自己新的爱情,娶了位比自己小17岁的年轻漂亮的太太,名叫陈惠敏,是他从前的秘书。结婚不久,黄霑重返香港大学读书研究,住处邻近港大,步行仅五分钟,但太太每天管接管送,成了他的保姆司机。黄霑患上癌症后,陈惠敏始终陪伴他,让他有信心可以对抗病魔。

黄霑就是这样一个令人又爱又恨的人,金庸曾用自己笔下的大侠与之对照:黄霑有着东邪黄药师的绝世武功而又超越世俗,他兼具北丐洪七公的济世情怀,有着南帝段皇爷的悲天悯人,却唯独没有西毒欧阳锋的阴柔狠毒。

3

黄霑写过一本超级畅销书叫《不文集》,在金庸麾下的《明报周刊》连载,《明报周刊》是香港最畅销的娱乐周刊。情色笑话集锦《不文集》,虽为不文,

黄霑在金庸见证下向林燕妮求婚(资料图片)

但是作者与生俱来的幽默感，以及深厚的文字功底不是一般的荤笑话可以比拟的。其中很多笑话本身并非十分可笑，但是经过黄霑精炼的文字渲染，则字字句句大放光彩。

《明报周刊》连载《不文集》时，有过一番周折。出掌周刊的雷炜坡主编认为，《不文集》就像文字版的三级片，每一字每一句都是十八岁以下的少儿不宜，《明报周刊》虽然是一份纯娱乐的刊物，但讲究文化品味，此类文字不宜刊登。金庸则认为，《不文集》说"黄"而不"色"，且是真性情男人的心里话。黄霑以他的香港风流才子之智，将每一个段子说得有理有据，还在幽默之中夹杂哲学，充满了生活和情趣。金庸说登，《明报周刊》也就照登了。十年之后结集成书，由后在香港重印了62版，其重印次数之多，甚至超过了金庸的武侠小说，其纪录至今无人能够打破。

中午的香港湾仔福临门酒楼，人声鼎沸，但声音最大的是黄霑。本来大家要谈华语流行音乐的问题，黄霑却让伙计买了本《东周刊》给友人看他的专栏，里面是他在写金庸。

黄霑很喜欢谈金庸，批评金庸。譬如黄霑说："你看金庸卖给央视的《笑傲江湖》才一块钱。要是拿给我卖，账面上还是一块钱，声誉还是很好，下面还可以帮他收很多钱。"在《知时者智》篇中，黄霑有一段文字："财经巨子问金庸：我国历史人物，谁人的收场最好？金庸想也不想就说范蠡。我们起初听见有点奇怪，但经他解释之后，也就举座称是了。为什么？因他能功成身退，保存声誉，再挟陶朱巨资，拥着心爱美人，隐于美丽的山光水色之中，安享晚年，是人生的最佳收场……金庸大侠对范蠡的敬慕，原也无不妥，然而理由是'挟陶朱巨资，拥着心爱美人，隐于美丽的山光水色之中，安享晚年'，我却不大以为然。后代中国文人，确也有不少人颂赞与羡慕范蠡的文字。有赞他的忠心，有赞他的计谋的，有羡他挟巨资得美女的，有又赞又羡地把他与西施的

黄霑（资料图片）

'爱情'美化为'美丽爱情'的，我却不以为然。我以为范蠡对西施的先出卖后私奔（就算不是拐带）的'爱情'，实在不光彩，不美丽。"[1]

也许，这正是金庸与黄霑的差别所在。金庸心目中所谓的大境界，正是黄霑所不肯为，也不屑为的——当然，以黄霑的习性，只怕也不能为。

金庸喜欢黄霑，他与人讲过一则黄霑逸闻：文弱书生黄霑和一代功夫巨星李小龙竟然打过架。当然，是小时候读书时，他和李小龙同为喇沙书院学生，那年，李小龙"欺凌"黄霑的兄弟，他便强出头要求决战，决战场地定在巴富街沙桥，双方打斗维持了不到十分钟，以黄霑伤痕累累而告终。而后两人成为莫逆之交。这也成为黄霑后来经常挂在嘴边的威风史之一。

金庸曾将黄霑比喻成奉旨填词的柳永、潇湘夜雨的莫大。他借古人之口评价道，此人一味追求缠绵凄苦之音，终难有大境界。

2004年11月24日，在世人的视听世界创造了无数神话的黄霑因病永远离开人世，曾经任他叱咤风云的华丽的香港乐坛因为他的离世而向世人吟唱着最后的道别。有的报纸做悼念专题的时候，用了"沧海一声哭"的题目，金庸看到以后，说"这个标题嵌入得巧，只是意境落了下乘，编辑不懂，黄霑什么时候哭过？"

---

[1] 游子：《金庸、黄霑与范蠡》，《明报》2006年11月15日。

比爱情少却比友情多
——小龙女原型夏梦

"夏梦,多么优美而动听的名字,只要一提到她的名字,就会使人自然联想到莎士比亚的古典名著《仲夏夜之梦》,这样一个高雅且富有浪漫色彩的名字,是一个名叫'杨濛'的女孩从影之时所起的艺名。"① 这段话引自金庸的一篇人物侧记。

金庸的《射雕英雄传》和《神雕侠侣》中,让人印象最深刻的有两位女子,一是黄蓉,一是小龙女。一个聪明过人,一个隔世如仙,两个女子同样的美貌。她们在生活中有同一个原型的——长城三公主之一的香港演员夏梦。

1

青年时代的金庸,兴趣极其广泛,电影即是其中之一。到香港之后,他先在《大公报》属下的《新晚报》编副刊,当时报上有个"下午茶座"栏目,需要有大量的影评得由他自己写,他几乎一天看一部电影,以"林欢"和"姚馥兰"为笔名撰写的影评也一天天出现在报上。女明星夏梦是他影评中着笔最多的人物。

---

① 金庸:《杨濛从影前后》,《新晚报》1956年8月7日。

美人夏梦（资料图片）

君子之交

金庸与电影打交道，就免不了与电影公司常有往来。有一天，长城电影公司老板袁仰安把他请到浅水湾别墅里聚餐，席间，金庸忽然发现一位清纯艳绝的女子，始终静静坐在一边，她是他早在银幕上见过多次的著名女演员夏梦。当他第一次在电影院里看夏梦主演的《禁婚记》时，就已经被这位演技高超、扮相俏丽、内涵丰富的女主角非凡的气质所感染。而今天当夏梦就坐在自己面前的时候，金庸忽然感到银幕下面的夏梦，竟比银幕上的她更为风姿魅人，特别是她那高雅的气质和谦和的风度，尤为动人。

"金庸先生，这位就是我们长城的大公主夏梦女士！"袁仰安在介绍夏梦时，语气显得很是自豪。他告诉金庸说："夏小姐是上海人，生于知识分子家庭，琴棋书画几乎样样皆通，她来到香港以后，曾经在玛利诺英文学院读书，学校举行文艺联欢会用英语演出《圣女贞德》，她主演贞德，获得了极大成功，所以被我们意外发现，挖进了长城公司。没有想到夏小姐果然不负众望，她和韩非联袂主演的《禁婚记》一炮就打响了。"

夏梦微笑着向金庸致意。金庸礼貌地向她点点头说："夏小姐，我们早就在电影里见过面了，你主演的《禁婚记》的确是一部优秀作品，你演得非常好！"

席间，袁仰安亲自为金庸为金庸把盏，然后话锋一转，切入正题："今天我让长城的大公主与你见面，是要请你多多宣传我们长城，通过报纸让夏小姐的名气越响越红，劳烦你了！"

袁仰安与金庸碰杯："金庸先生，如果你为夏梦小姐写一部电影就更好了！"

"写剧本吗？我喜欢看电影，可从来不曾动笔'触电'，这可有点赶鸭子上架了！"金庸谦和地说。

自这次夜宴以后，金庸与长城电影公司的联系更加密切了，长城每部新电影拍摄或上映都有金庸的评论或介绍。夏梦主演的《娘惹》、《门》在香港和东南亚上映后，金庸在影评称她"演技一流，扮相俏丽，在这两部电影中，夏小姐的表演就显得更加成熟了。"

不久，一篇《杨蒙从影前后》的人物侧记刊登在《新晚报》的"下午茶座"，金庸把夏梦曲折的从影经历写得绘声绘色，十分精彩。杨蒙是夏梦的真实姓名，而夏梦则是她步入影坛后的艺名。

金庸在文章里说："西施怎样美丽，谁也没见过，我想她应该像夏梦才名不虚传。"如他所言，夏梦是不折不扣的大美女，外形娇丽脱俗，聪颖灵慧，娴雅大方，兼之身材高挑，体态线条优美，气质不凡，在银幕上极有光彩，所以在香港大红大紫，拥有粉丝无数。金庸情不自禁地赞道：说："生活中的夏梦真美，其艳光照得我为之目眩；银幕上的夏梦更美，明星的风采观之就使我加快心跳，魂儿为之勾去。"长城还有二公主石慧、三公主陈思思，金庸同时为她们主演的影片写过影评。

金庸还写过一篇《《快乐和庄严》》的文章，讲到一个关于夏梦的有趣的故事：秋冬之际，在一个接待法国电影界朋友的宴会上，有人向在座的著名演员石慧开玩笑说，为什么只听见他们说"噢，夏梦，夏梦"，不听见他们说"石慧"？原来几位法国人在谈话中大赞中国人可爱，而法文中表示"可爱"这一涵义的词是 Charmant，发音很像"夏梦"，所以不断听到"夏梦、夏梦"之声。[1]

这段时间，金庸特别忙，除了编报、写影评，他还当起了长城电影公司的圈外编剧，由他编剧、夏梦主演的电影有《绝代佳人》、《不要离开我》和《三恋》。

《绝代佳人》讲的就是信陵君窃符救赵的故事，主人公如姬由夏梦主演，金庸量体裁衣地为她塑造了一个耳目一新的古代丽女形象。《绝代佳人》于1957年春天在香港上映，继后在东南亚各国巡映，尤其在祖国内地上映以后，那些对香港电影界还不熟悉的亿万观众，就从《绝代佳人》这部电影开始熟悉和认识夏梦的。

[1] 梁羽生：《笔·剑·书》，百花文艺出版社2002年1月版。

在 1957 年中国文化部主办的 1949-1955 年优秀影片授奖大会上,《绝代佳人》获得优秀影片荣誉奖,金庸得了一枚编剧金质奖章。

2

1956 年夏天,金庸第二部小说《碧血剑》开始在《新晚报》上连载,这时,他已经由影评家林欢摇身一变成为小说家金庸。紧接着,金庸和梁羽生、百剑堂主在《大公报》开设"三剑楼随笔"专栏,影评和武侠双管齐下,金庸的名声响亮到了家喻户晓的地步。

业余写剧本只是一个序曲。1957 年初,金庸做出了一个惊人的决定:跳槽当编剧,专职的。"袁老板,既然你多次约我写电影剧本,这回我打算做专职的,你们要吗?"袁仰安接电话一听大喜过望,再次邀请金庸到浅水湾别墅商谈。

初进长城仍干编剧,又为夏梦写下了《眼儿媚》这个几近告白的剧本。这个俏皮美妙的名字,成为日后《天龙八部》名种茶花之名。在短短三年,他先后创作了《兰花花》、《小鸽子姑娘》、《有女怀春》、《午夜琴声》等电影剧本。

后来,他又跃跃欲试做起导演来了:先是与程步高合作导演了《有女怀春》,后又与胡小峰合导了戏曲故事片《王老虎抢亲》。特别是后一部戏,由于风格轻松,内容诙谐,由夏梦等明星主演,不仅在当时当地卖座甚佳,而且还在内地赢得了观众们广泛持久的喜爱。

金庸在执导《王老虎抢亲》一片时,执意让夏梦反串江南才子周文宾。主演一个风流才子,她可是有名的长城花旦啊,丽人俏妆才是她的优势。夏梦做梦也没有想到,初次执导电影的金庸竟然做出这样出人意料的决定。看到夏梦的不快,金庸上前问了她一句:"你不是说过,希望戏路子有个彻底的改变,这是个机会,你想放弃吗?"夏梦蓦然明白金庸的用意,女扮男妆,对于她来说无疑是一次全新的尝试。

在准备上演金庸这出大戏的时候,夏梦几乎全然渲染在如何融入新角色的冲动之中。为了拍好这部电影,她开始研究《王老虎抢亲》的电影分镜头剧本。夏梦这才发现金庸的才华确实过人,他为夏梦塑造的剧中人周文宾是明代著名大学士,她要把这位才子风流倜傥的风度在银幕上展现出来,非改变以前演女主角的套路不可。

开拍时,新导演金庸手里拿着剧本,认真地为夏梦讲解他对男主角的设想。"夏梦,请你在演戏中一定要忘记自己是个女孩子,只有这样你才会有所发挥,演好剧中的人物。"

夏梦拍戏时忘记了自己是个女子,卸妆回到生活中,她记住自己早已名花有主,和金庸在一起的时候,尽管胜似友情,绝不能越过情感的界线一步。金庸的超人才气以及在工作上的出色成绩,自然赢得了夏梦对他的极大好感。然而,两人之间只能"慧剑断情丝"了。当时,金庸33岁,夏梦24岁。

三年前,21岁时夏梦与香港公子林葆诚结婚。林葆诚是上海圣约翰大学的学生,虽是从商,却对艺术有着浓厚的兴趣。他是个电影迷,特别爱看夏梦主演的影片。一天,他去看夏梦拍《姊妹曲》,恰巧该片缺一个扮演教师的演员,他就毛遂自荐客串演出,因此与夏梦相识又相爱,两人于1954年结婚。①

夏梦忠于夫君,对来自四面八方的许多爱慕追求者,都一律冷若冰霜加以拒绝。对于金庸,她主演的《绝代佳人》、《午夜琴声》等影片是他编剧,对于剧中人物的理解与把握,她需要请教他;而她主演的越剧片《王老虎抢亲》又是金庸执导,更需要他与她说戏,表演时作这样那样的具体指导,也就是说,她的电影表演事业处处离不开金庸。聪慧的夏梦就采取一种非常友好的态度,与他保持着一种"比爱情少,比友谊多"的情感状态。②

在一篇文章中,金庸写他在巴黎漫步,听到一种鸟的鸣叫声如同在喊"夏梦,夏梦"。

---

① 蔚儿:《美人夏梦》,《戏苑》九洲2010年3月23日。
② 叶细细:《夏梦:金庸的梦中情人》,《广州日报》2009年8月20日。

3

1959 年，金庸离开了长城影片公司，与中学同学沈宝新合资创办了《明报》。

不久，夏梦曾有过一次长时间的国外旅游，金庸在《明报》上系列报道夏梦的游踪行迹，而且还开辟了一个专栏——"夏梦游记"，一连十多天登载夏梦所写的旅游散文和小说。

夏梦在长城共演了 42 部影片。1976 年，她告别了从影 17 年的生活，告别香港，移民去了加拿大定居。在她远别去异国之际，金庸又破例把这一件本是很平常的事，一连几天在头版头条位置上，用了很大篇幅详细作了报道。不仅如此，金庸还为此专门写了一篇《夏梦的春梦》的社评，文字颇蕴深情，文章说："……对于这许多年来，曾使她成名的电影圈，以及一页在影坛中奋斗的历史，夏梦一定会有无限的依恋低徊，可是，她终于走了。这其中，自然会有许多原因，在我们的想象之中，一定是加拿大草原的空气更加新鲜，能使她过着更恬静的生活，所以她才在事业高峰之际，毅然抛弃一切，还于幽谷，遗世独立，正是'去也终须去，住也不曾住，他年山花插满头，莫问奴归处。'我们谨于此为她祝福"。

夏梦后来在电影事业上收获也颇丰，她 1982 年监制的《投奔怒海》和 1984 年监制的《似水流年》分获第二届和第四届香港电影金像奖最佳影片、最佳导演奖。电影《投奔怒海》的片名还是金庸给起的。

当年，金庸突然从《大公报》辞职进入长城，两年后又突然离开长城，坊间传言还有感情上的原因。他的同事、友人如倪匡等曾说金庸爱上了一位大明星，好像是夏梦。进入长城是为了有机会接近夏梦，离开长城，是因为夏梦名花有主，他求婚不成。当然，这些仅仅是一个"美丽的传说"。

那么，两位当事人对这一"传说"的态度又如何呢？

大概是 1995 年底，夏梦在北京参加"中华影星"颁奖活动，有一位记者忍不住去问夏梦。她微微一笑，用清婉的上海腔普通话说："你不要相信这些胡编乱造，都是人为作出来的。我的确与金庸在五、六十年代共过事，他写的剧本我来演，他参与导演的《王老虎抢亲》我是主角，但我们只是同事，只有友情没有相爱。"

记者又问："或许只是金庸单方面的意思？"

"不可能！"夏梦笑着摇头否定。①

夏梦斩钉截铁，一口否认，那金庸呢？对这件涉及旧日同事的"传说"，金庸从未正式出面表过态。不过，他曾批评有些金庸传记对他私人情感记载的失实，也许，这正是他的表态。

金庸离开长城的原因很多，夏梦说，"一个主要原因是他不适应，感到别扭，他不适应公司当时那种'左派'的管理，在创作宗旨上他常常与公司的要求无法一致，他忍受不了这些，他才离开的。"金庸曾说："他们对于戏剧的限制非常严，编个剧本要这审查、那研究，工作很受限制，那不是适当的创作环境……后来，我所编写的剧本好几个不获通过，兴趣自然大减。"据说，他曾因为希望多拍些娱乐性的电影以提高卖座率，而被认为文艺观错误，挨了批评。②

夏梦晚年极少走动，不像金庸到处游学会友，因而她与金庸重聚的机会不多。

在金庸导演的越剧《王老虎抢亲》中，夏梦主演王文宾。（资料图片）

美人夏梦（资料图片）

---

① 木头人的 BLOG：《金庸和夏梦的故事》，2012 年 9 月 16 日。
② 严晓星：《金庸的电影缘》，《大众电影》1998 年第 2 期。

金庸(资料图片)

晚年知遇

◎因为一个爱朋友的人先想到朋友自身,其次方是他对你的爱。一生会遇见很多人,有的相伴一段时间,有的擦肩而过,偶然擦出火花,生出情谊。晚年知遇,君子之交,是一种缘。

——《千人中之一人》

◎人和人之间的同舟共济、荣辱与共在极端的环境和落难时刻变得分外重要。人生总是漂浮不定的,我们为什么能够稳住呢?好像船上有一个锚,我们有最传统的信条,就是很简单的,孝顺父母、守时、对朋友好。

——与萧蔷对话

有人说，人世间最纯净的友情只存在于孩童时代，人至晚年万事休了，包括友情。这是一句极其悲凉的话，居然有那么多人赞成，人生之孤独和艰难，可想而知。金庸并不赞成这句话。他认为，孩童时代的友情只是愉快的嬉戏，成年人靠着回忆追加给它的东西很不真实。友情的真正意义产生于成年之后，它不可能在尚未获得意义之时便抵达最佳状态。

晚年的金庸并不孤独，他什么都丢得开、放得下，可惟一舍不下的是友情。他到处游山玩水、讲学访友，寻访的是友情。于是他有了许多的晚年知遇，海峡彼岸的、大陆内地的、故乡旧地的，还有远在异邦的洋学者……

倡导"金学"第一人
——"小巨人"沈登恩

沈登恩（资料图片）

祖籍闽南的沈登恩主编有《解放金庸》一书，将金庸誉为"百年一金庸"。他不仅为金庸武侠小说"解禁"，还首倡"金学"即金庸小说研究。金庸说："我跟沈先生是好朋友，除了出版我的书外还有一份情感……"

1

1970 年代，金庸作品在台湾仍被视为禁书，除了小说租书店冒着被抓、被关的危险，私下偷偷排印流传的小本书外，一般书店内是看不到的。

1973 年 4 月 18 日至 28 日，金庸以《明报》记者的身份访问台湾，与蒋经国作了一席长谈，还与当地报界、文化界的朋友见面、畅谈。

1974 年，二十多岁的沈登恩创办了远景出版社。沈登恩清楚记得，那是 1975 年初，他从香港朋友手里得到一套《射雕英雄传》，一天一夜工夫就把全书看完了，脑海里全是黄药师、黄蓉、洪七公、郭靖、周伯通、欧阳锋等人的影子，好像跟许多的侠客英豪把臂而游。接着他又想法弄到了几部偷偷流进台湾来的金庸小说，一遍又一遍地狂读，看到妙处便不由击案惊叹。他虽然不识金庸其人，但感到金庸笔下的世界实在太精彩太浩瀚了，直让他叹为观止，辗转难眠。

沈登恩心里有个疑问：世上既然有这么好看的小说，台湾怎么竟然没有出版？他四下打听，才知当时台湾正处于戒严时期，各地的出版品和文物均受到严格控管，当局一直视金庸为"左派"而将其所有小说列入"查禁目录"。至于查禁的理由非常可笑：毛泽东的诗词中有"只识弯弓射大雕"之句，因而金的书名有影射毛泽东之嫌，是替毛泽东作宣传的作品。然而，在当局的查禁下，书商巧妙地以改头换面、张冠李戴的方式偷偷盗印金庸小说，"金庸"两字却被湮没了。

1975年9月，沈登恩利用赴香港洽商之便，约见金庸，不知他以何种理由说服金庸，和他签下出版授权的合同书。临别时，金庸赠送了香港出版的全套金庸小说给他。

"沈登恩手里有全套的金庸小说"，消息不径而走。"蒋经国、严家淦、宋楚瑜等政要私底下向沈登恩借阅金庸小说。蒋经国在一次年末游园会中，与海外记者说起《射雕英雄传》中的人物如话家常。

在与金庸签下出版授权足足让他放了三年之后，感觉台湾政治气氛起了微妙变化，逐渐倾向解冻，沈登恩拿出了第一个吃螃蟹的勇气，向国民党当局提出：查禁金庸小说的理由不能成立，应当解禁。

在游说时，沈登恩向"新闻局长"宋楚瑜作过一个精到的说理：明末，在《水浒》争议甚大并遭主流文化禁忌时，文学批评家金圣叹却大胆地把其文学价值拿来和《庄子》、《史记》相比，这种超卓见解和胆量，当时吓倒了许多读书人。不仅如此，这位怪杰还摆脱当时"海盗"的道德批评，亲授此书给10岁之子，让儿子知道此书的好处，其曰："如此书，吾即欲禁汝不见，亦岂可得？……今知不可相禁，而反出其旧所批释，脱然授之汝手。"[1]

费尽周折，终于在1979年9月沈登恩得到宋楚瑜的一纸公文，言"金庸的小说尚未发现不妥之处"，[2] 同意远景出版社在台湾出版金庸的小说。金庸从此

---

[1] 钟兆云：《台湾出版大家沈登恩 为李敖金庸"解禁"》，《人物》2004年第9期。
[2] 宋楚瑜：《金庸小说在台湾是我开放的》，台湾"今日新闻网"2011年12月。

在台湾有了出头之日。

手握"通行牌"的沈登恩不失时机地施展开行销策略,先是与《联合报》、《中国时报》两大报达成默契,邀约艺文学术界名家,于两报副刊上强力刊载推介金庸作品的文章,以为前锋;继而,《联合报》于9月7日起连载《连城诀》,《中国时报》于9月8日起连载《倚天屠龙记》;同时,沈登恩在香港《明报》刊登《等待大师》的广告,以扩大影响;最后在台湾分期推出皇皇巨著《金庸作品集》,呈现出袖珍本、典藏本、普及本"三鸡同唱"的局面。金庸小说开始走进台湾民众的家庭,连续数年高居书市排行榜中销售第一名的位置。

这就是沈登恩的本领,当时只二十五岁而已。

"世界之大,只有中国才有武侠小说。天下武侠作者奇多,繁星满天,独有金庸才是侠之大者,众星拱月。每一个人都需要童话,每一个人也都将长大。长大的大人要看成人童话。除了金庸的武侠,天下没有第二家成人童话。曹雪芹写成一部《红楼梦》,道尽中国的人生,后人读红楼,感慨系之,生出千百部'红学'研究丛书。金庸作品集,一十四部,三十六册,读者遍布全世界各个角落,中国人一读再读,左看右看,还是金庸。"这是沈登恩为金庸小说亲拟的一则广告词[①],字里行间道出了他对金庸的崇敬,他对金庸小说的喜爱。

沈登恩争取解禁金庸小说进而率先引进出版,犹如一道霹雳响彻台湾文化、出版界的天空。另一位在华人世界享有盛誉的武侠小说家温瑞安曾如是评价彼时的沈登恩:"沈登恩人很年轻,个子并不高大,故台北文化界朋友称他为'小巨人'。"

2

1980年10月12日,沈登恩在香港《明报》上刊登了一则引人注目的广告,标题为《等待大师》,宣告"倪匡执笔,金学研究第一集《我看金庸小说》是中国第一部有系统地研究金庸小说的专书,初版早已售罄,再版已经运到",进而奉告读者:"'金学研究'预定出版十册,除邀约名家执笔外,特别欢迎

[①] 沈登恩:《等待大师》,《明报》1980年10月12日。

岁月的智慧：金庸和他的师友们

沈登恩（右）和黄永玉（钟兆云摄）

读者投稿。"①

当金庸热在台湾持续升温之际，沈登恩又油然想到了当年金圣叹首肯和拔擢《水浒》文学地位的盛事。从一个文化人和出版家的眼光来看，沈登恩深感自己出版《金庸作品集》的初衷并不仅仅是供人消遣，他希望世人也不要仅仅把金庸的小说当做纯娱乐、消遣的快餐，而低估了其文学价值。在考虑推进金庸武侠小说学术化，进而让武侠小说由在野变在朝的计划后，沈登恩首倡"金学"一词。所谓"金学"，指的是对金庸小说的批评与研究。

倪匡的《我看金庸小说》，确为中国第一部系统研究金庸小说的专书，而将金庸小说研究提升为一门学术专科即"金学"者，则是从这则广告始。以研究武侠小说而成为一门独立的"学"，在中国还是第一次。

果然，在沈登恩的大力鼓吹下，海内外探究金庸作品的文章书籍，很快就洋洋大观。沈登恩主编的"金学研究丛书"不仅继续出版了倪匡的《再看金庸小说》和《三看金庸小说》、《四看金庸小说》、《五看金庸小说》，其后则是三毛、罗龙治、翁灵文、杜南发等人的研究文章合集《诸子百家论金庸》之一、之二、之三、之四、之五。十册之后，又陆续出版了温瑞安的《谈〈笑傲江湖〉》、《析〈雪山飞狐〉与〈鸳鸯刀〉》、《〈天龙八部〉欣赏举隅》，舒国治的《读金庸小说》，薛兴国的《通宵达旦读金庸》，杨兴安的《漫谈金庸笔下世界》和《续谈金庸笔下世界》，苏墱基的《金庸的武侠世界》，董千里的《金庸小说评弹》，多达30多种。每本书的封底，都有沈登恩亲撰的广告词。林林总总的书中，有赏析，有赞誉，注重可读性和学术意味，也有像上下两册的《给金庸小说挑毛病》那样的批评，其宗旨是以推进金庸研究为使命，

---

① 王荣文：《〈金庸茶馆〉开馆缘起》，《大公报》2010年11月。

完成金庸作品的"经典化"。随后，沈登恩亲自撰文《百年一金庸》，介绍"金学"的缘起与意义；还以"余子"为笔名，主编两册《解放金庸》，以求对金学研究的整合。

同年，广州《武林》杂志连载金庸的《射雕英雄传》，金庸武侠小说首次正式进入大陆。而金庸小说单行本在大陆的正式出版，较早是 1985 年 4 月天津百花文艺出版社印行的两卷本《书剑恩仇录》。这是经金庸授权出版的，金庸称此为"一个愉快的经验"。很凑巧，也是在 1985 年，《克山师专学报》第 4 期发表了张放的《金庸新武侠小说初探》，这是大陆金学研究的第一篇论文，从此揭开了大陆金学研究的序幕。

同时，海外开始成立"金庸学会"；开始出现研究金庸武侠小说的博士论文；开始出版金庸研究刊物并开辟网站；有关金庸及其武侠小说研究学术讨论会也接连不断召开；有人开始将"金学"与"红学"相提并论，认为在中国文学史上，只有两位作家的作品，真正做到了家喻户晓，真正做到了写尽中国的人生，那就是曹雪芹的《红楼梦》与金庸的武侠小说。

3

在"远景"出版的书目中，有为数 70 多本的林行止著作。林行止是香港《信报》创办人，被誉为"香江第一健笔"，金庸将他推荐给了沈登恩。

林行止原名林山木，原是《明报》资料室职员，受金庸赏识而获保送英国研读经济。学成归来，出任《明报晚报》副总编辑，不久即升为总编。

林山木是潮州人，有潮州人的固有狠劲，办报纸作风大胆泼辣。《明报晚报》在他的主持下，销路直线上升。主要原因是它提供股市消息十分准确。

股市狂潮时，买股票等于买马票，要讲究贴士。《明报晚报》就等于马经，专向股友提供贴士，作隔天预测：汇丰好市，会升多少；和记下挫，理宜抛出……股友就根据提示去处理明天的买卖。由于所作预测命中率很高,《明晚》就成了股友心目中的明灯,销路哪能不好。原来,股票市场里的许多大户都是潮州人,跟林山木有同乡之谊,都愿意跟他来往,酒醉饭饱,谈起明日股市,自然会说出个人观感。林山木根据他们透露的口风,第二天一早回到报馆,便写成文章发表。《明报晚报》是在下午一点多钟出版,股友看到林山木的提点,仍可赶得上下午的交易,所以有段时间,《明报晚报》的销路就这样越来越好。

林山木借着他的关系,也在股票市场上赚了一大笔,于是便想自己也试着办一份报纸。一切成熟后,他便向金庸摊牌。金庸自然再三挽留,但创业的激情使林山木决然他往。于是,《信报》创刊了。

《信报》成为《明报晚报》的最大劲敌。许多人认为林山木太过忘恩负义,但金庸说:"人望高处,水往低流,林山木有这么好的成就,我也高兴。"

自 1973 年至 1996 年二十四年来,林山木每天在《信报》撰写社论《政经短评》,分析评论香港及世界政经形势。1997 年初,林山木主持《林行止专栏》,以深入浅出的方式写经济理论,题材广泛,不限于政经,也包括各类嗜好、古今中外所见所闻,其客观和深入分析,加上过人洞察力,获得高度评价,被誉为"香江第一健笔"。他多年的文章,更被结集成书于台湾、香港及大陆发行,文集包括《林行止政经短评》、《史威德作品集》及《林行止作品集》。

早在 1975 年,沈登恩赴香港拜会金庸时,得到林山木的第一本结集作品《英伦采风》,一见如故,从此成为林山木的固定读者。当时《信报》还不能空运台湾,他就托朋友每周给他寄《信报》上林山木的社论"政经短评"剪报。由于林山木的政经评论常常批评台湾当局,在很长一段时间内,其书在台湾一直被禁止出版。

金庸小说开禁以后,沈登恩故伎重演,向"上头"展开游说。几经争取,远景公司终于 1989 年抢得先机,率先在台湾推出《林行止作品集》,立即受到台湾地区读者的极大欢迎。

"林山木这人呐,可爱到极点!"因为要极力推荐林山木其人其书,沈登恩每逢新朋友,便少不得要谈林山木的趣闻逸事。譬如:林山木年轻时在金庸的《明报》工作,和女友首次约会,本来说好去看电影,到了约会时间他却先带着女友去报馆交社论再去影院;从周一至周五,他躲在家里闭门不出,埋头读书写作,早睡早起——凌晨两点睡觉,早上六点起床;他离开金庸报馆自创《信报》以来,一贯低调,鲜有召集手下开会之事,偶尔去办公室都是"偷偷摸摸"的,以至于不少报馆职员甚至不认识老板。一讲到林山木,沈登恩精神毕现,坦陈自己的钦佩之心。其实,林山木的不少趣闻轶事,远在台湾的沈登恩是从金庸的来往信件中获知的。

2000年,沈登恩带着林山木的几十种著作参加北京国际图书博览会,诚恳地说:"我是想帮祖国大陆打开一扇窗。"如今,这扇窗无疑已经开了。林山木著作在内地读者中已有渐领风骚之势。沈登恩谈起出版生涯中的感念时说:"书要畅销,须具备两个因素,一是好看,就像金庸的武侠小说;二是能给读者带来某方面的帮助,比如经济类的书,林山木重塑了经济和日常生活的关系。"①

沈登恩曾致信金庸:"给作家出书就是交朋友,就如同种树需要常常施肥。"他和金庸从陌生到熟悉,到成为经常互发传真道晚安的朋友,也正是从出书开始的。

武侠小说家温瑞安曾披露一事:有段时间港台盛传远景周转不灵,有些出版人便开始打金庸作品版权的主意,他拿此事相询金庸的看法,金庸断然道:"我跟沈先生是好朋友,除了出版我的书外还有一份情感,我不想在这时候做任何对他不利的事情。"②

2004年5月,56岁的沈登恩病逝于台北。现今,台湾远流出版公司接替远景公司出版"金庸研究丛书",易名"金庸茶馆"。

---

① 钟兆云:《台湾出版大家沈登恩 为李敖金庸"解禁"》,《人物》2004年第9期。
② 《温瑞安评金庸》,《第一财经日报》2009年5月19日。

可再加一项"友聪明"
——大陆"金学"第一家陈墨

陈墨（资料图片）

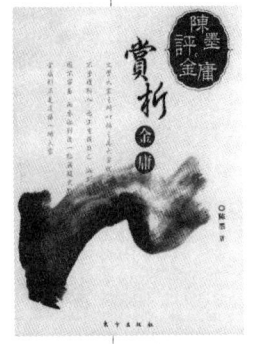

陈墨评金庸的著作（资料图片）

中国大陆金庸研究之称"金学"，最重要的人物当是陈墨。他既是影视艺术理论家，又是金庸研究专家，被称为大陆"金学"研究第一人，曾出版《陈墨评金庸》系列专著三百万言。

陈墨是多部金庸电视剧的文学顾问、编审，他对金庸小说的评点颇受金庸推崇。他还参与《评点本金庸武侠全集》的名家评点，对《天龙八部》和《神雕侠侣》的评点让金庸心悦诚服。金庸在台湾远流版《神雕侠侣》的后记中特别提到陈墨，赞赏他是个聪明之人，与其交往为"友聪明"。

1

1984年，刚刚考入中国社会科学院研究生院的陈墨，跨出了对他有着决定意义的一步——阅读金庸小说。一天，陈墨与一位朋友相聚，说起彼此最近读的书，那位在安徽一所大学教书的朋友推荐说："你是研究文学的，应该读一读金庸的武侠小说。"说着递给他一本《神雕侠侣》。

不到两天，陈墨将小说读完了。书中男女主人公杨过、小龙女的情感与人生经历有了极为奇异的重重劫难，组成了一个充满悲剧意味的故事。作者的笔真象是陈墨梦里的一只小艇，在波纹鳞鳞的梦河里荡漾着，荡漾着一片碧波。于是他在碧波中寻梦，再读《射雕英雄传》，接着读《倚天屠龙记》，一本接一本地读完了金庸的十五部武侠小说，然后读梁羽生、古龙、卧龙生、温瑞安等人的作品。

陈墨当过知青，下乡岁月是一个缺少书籍的年代。1960年8月，陈墨生于安徽望江县，1976年中学毕业后下乡，1978年首次恢复高考，他以优异的成绩考入安徽大学中文系，1982年毕业后分配到徽州师专（现黄山书院）任教。这样的经历，让这个爱读书的学子寻读的是经典名著和纯文学的小说，自然而然地对武侠小说等通俗文学不屑一顾。此刻，读完金庸，他对武侠小说简直有些刮目相看了，一看、再看、三看，金庸的一些作品他已记不清看了多少遍了。

一般人读武侠，看到的是书中描述的武功，和书中人物所表现的侠骨义肠，而陈墨却从书中发现了"奇迹"——金庸小说已不再是一般意义上的武侠小说，更不是一般人心目中的武侠小说，而是一个中国通俗文学史、中国白话文学史以及中国文学史上的奇迹，一个历史上不多见的、自元曲及《红楼梦》以来的中国文学的奇迹。于是，25岁的陈墨产生了专门研究金庸的念头。那时他还不知道在海外已经有了所谓"金学"的创立与开拓。他攻读的专业是中国现当代文学，自然不包括金庸及其武侠小说。然而，研究金庸这一"大逆不道"的念头非但不能抑制，相反却日益明确而且坚定。陈墨的观点是，当下主流文化非常功利，我们格外需要童话。每个成年人心里都藏着一个五岁孩子的童真。因此我们不仅要向鲁迅致敬，也要向金庸致敬。

在坚持不懈地努力下，陈墨的文章渐渐零星地为几家报刊所接纳。1988年，陈墨发表《金庸赏评》一文，比较全面、系统地阐述了"金庸之谜"，希望以此打破评论界对金庸的沉默，为大陆的金庸研究揭开新的一页。最早给予陈墨以充分认可，最大限度激发陈墨研究金学信心的是一位文学老编辑，他是百花洲文艺出版社主编蓝力生，成为陈墨的良师益友和研究金庸小说的领路人。当年，正是由于蓝老师的鼓励和指点，他才潜心于金庸小说评论和研究，不到三年时间写了五本书。那是1990年7月，陈墨的第一部研究金庸的书《金庸小说赏析》由百花洲文艺出版社出版,责任编辑是蓝力生老师。

其后,金庸研究蔚为热潮,"金学"被提到了一个新的高度。《通俗文学评论》于1993年2月开始特辟"金学经纬"专栏,陈墨发表《"金学"引论》作为该专栏的开场白,他从雅俗之辨、名实之辨、冷热之辨三个方面谈金庸研究的学科建设。大陆"金学"自此"正式"成立。

陈墨攻读文学硕士的指导老师是著名文学评论家陈骏涛。早先他从未注意到陈墨对新派武侠小说的迷恋,及至1990年深秋,陈墨将第一部研究金庸的书赠予老师时,着实使他大吃一惊:自己的学生已经成为一个"金学"家了,我这个当导师的居然一点不知道。遗憾之后,陈骏涛给陈墨的《金庸小说人论》一书作序,写道:"陈墨对金庸和新武侠的研究虽然起步较晚,但无疑已成了大陆屈指可数的'金学'家和'新武学'研究家——他已出版了《金庸小说赏析》、《金庸小说之谜》和《新武侠二十家》3部书,还有5部论金庸的书也将陆续由大陆的3家出版社出版。这在大陆的研究者中恐怕是没有人能企及的。有的学者尽管涉猎金庸和其他武侠小说很早,但至今却未写出一本书来——也许是不屑于写,也许是写不出来,而陈墨却后来居上,俨然成为'金学'家和'新武学'家,而且是大陆'金学'第一家——这是客观事实,不管你承认它还是不承认它。"

虽然金庸小说是世界华人圈子中最普及的中文读物,但其在学术界的地位却一直不被承认,这是因为在人们印象中,武侠小说基本上是"打打杀杀"的代名词,缺乏文化含量。但陈墨却以大量例证推翻了这一说法。陈墨认为,金庸的小说提升了中国通俗文学的地平线,达到了"俗而能精"的境界。同是武侠小说,梁羽生的作品体现了历史与传奇的二维,古龙作品体现了传奇与人性的二维,而金庸的作品却是历史、传奇和人生的三维结合,从他的第四部小说《射雕英雄传》开始,这三个维度水土交融,人性与成长成为其作品的核心。

陈墨力图改变人们对金庸小说和新武侠小说的偏颇观念,但绝没有廉价的吹捧。可能是因为金庸小说确实成就很高,也可能是陈墨对金庸有特殊的偏爱,他对金庸的评价是很高的,但这种高评价也是立足于分析基础之上的。

陈墨还是电影艺术研究员
（资料图片）

正如陈骏涛所言，陈墨是大陆研究金庸小说最投入的学者，如果不是第一个，至少也是第一批敢于"吃螃蟹"的人。

不过，金庸本人对"金学"这名称有点抗拒，认为有高攀钻研红楼梦的红学之嫌。有一次两人在浙江相遇，金庸曾当面对陈墨说："大家也未必要把我的作品作为什么了不得的东西来研究，其实累了的时候，躺在床上翻一翻，然后睡着了，也挺好的。'金学'这词太高攀了，还是称金庸小说研究为好。"①

2

1988 年，在"金学"研究上已有相当名气的陈墨，进入了中国电影艺术研究中心，成为该中心研究室研究员，研究方向有中国电影史及金庸小说。

对金庸情有独钟的陈墨，为了搞学问废寝忘食已成家常便饭，因而年轻轻就闹了个胃病。他的生活日程表几乎都是"早晨从中午开始"，晚间人们熟睡的时候往往是他工作最专注的时候，他以牺牲自己睡眠的黄金时间来换取工作时间，而且数年如一日。他脑子灵活，对外在事件反应很敏锐，但他居然可以做到"不管风吹浪打，我自岿然不动"——不管外面和世界发生什么变化，他可以依然搞他的学问，极力鼓吹"金学"，致力于"金学"的学科建设。他结合历史、艺术等知识为《倚天屠龙记》、《射雕英雄传》、《神雕侠侣》和《天龙八部》这些被烂熟于心的金庸武侠小说"解码"。

---

① 李怀宇：《金庸不赞成有"金学"》，《时代周报》2009 年 1 月 12 日。

陈骏涛老师夸奖学生，"他读书很多、很杂，上至天文地理，下至街谈巷语，几乎都有所涉猎。他又才思敏捷，博闻强记，只要他读过的东西，即令是过了很长时间也能记起；在我的印象中，他读书是很少做笔记的，材料全在他的脑子里——他着实有一个很好使的脑子。最令人惊叹的是，陈墨写文章从不打草稿，总是一气呵成，一稿完事，而且写作速度极快，一天或一夜写万把字是常有的事，写完以后甚至连自己都不愿看一遍就交卷了。"

1997年，陈墨参与《评点本金庸武侠全集》的名家评点，他对《天龙八部》和《神雕侠侣》的评点让金庸心悦诚服。他说："我去购买了全套《评点本金庸武侠全集》来细细阅读了一下，发觉对我这15部长中篇小说，有几位评点人确实是花了心血、认真其事地'评'与'点'，而且他们有才有识有学问，懂文学、懂小说，指出了原作的优点与缺点。我阅读的时候心存感激，当时对他们的指教就心悦诚服。这主要是指冯其庸、严家炎、陈墨三位先生的评点，他们的评点，我认为是'批评'与'指点'。"①

十年时间过去了，大陆的"金学"热潮方始兴起，作为研究金庸的先驱，陈墨已经出版了洋洋洒洒几百万言的金庸小说研究系列，九部专著包括《金庸小说赏析》、《金庸小说之谜》、《金庸小说人论》、《金庸小说艺术论》、《金庸小说之武学》、《金庸小说情爱论》、《金庸小说与中国文化》、《武侠文宗——金庸》、《孤独之侠——金庸小说论》。此时担任着中国电影学会副会长的陈墨原本是想"九九归一"，放言"不再写金评"。

然而，新世纪初，陈墨却不知不觉地写下了关于金庸的第十本书《金庸小说神游》。因为十年前写的《金庸小说赏析》与出版社的合同到期，他偶尔动了修订再版之念，在一次电话中与上海三联书店的编辑谈及，一来二去，这件事就算是说定了。动手修订的时候却发现，十年前的旧作，许多观点与他现在的想法已相去甚远，甚至一些表达方式也不是他现在所能"容忍"的了。于是，不如干脆重打锣鼓另开张，重走一次神游金庸小说的浪漫之旅。

陈墨地后记中自述，他写这本书还与女儿陈小墨有关。小丫头当时刚刚上初中一年级，早已将金庸的小说看过一遍，她的看法与父亲的大不相同。父女

---

① 尚晓岚：《金庸细述"评点本"事件》，《北京青年报》2000年12月10日。

俩常常在家里谈及金庸小说中的人物，小丫头喜欢的竟然是老顽童、岳老三甚至丁不四一类邪门人物，进而往往还有她的一番歪理邪说，又常常是振振有词。陈墨虽不至于张口结舌，但却常常哭笑不得。于是他写《金庸小说神游》，希望与女儿和她的同代人作些平等而又深入的交流。

金庸1994年"退休"以后，用十年时间修订他的十四部小说。新修版的出版引起了金庸迷的兴趣，也出现了许多争议。陈墨阅读过一些作品的新修版，有些话想说，就有意识地将以前几年阅读金庸小说新修版的札记整理出来。这时候，电视连续剧《神雕侠侣》剧组聘请陈墨当文学顾问，制片人张纪中收到金庸尚未付印的《神雕侠侣》新修版校样，立即拿给陈墨参考。陈墨发现其中几处该改而没有改，就发电子邮件告诉了张纪中，张纪中立即将他的电子邮件转发给了金庸。当晚，陈墨接到金庸从澳大利亚打来的电话，让陈墨将全部校样看完，给他直言不讳地提出意见和建议。陈墨答应了，给金庸写出了《〈神雕侠侣〉吹毛求疵录》，这是他的第11本书，其中大部分意见和建议被金庸采纳，新修版的很多细节都做了改动，比如金轮法王的名字为回避一些严肃问题已被改名，小龙女出场时间、杨过练功过程以及两人谈情说爱的情节都做了更为合理的改动。

2003年，金庸在台湾远流版《神雕侠侣》的后记中写道："古人说：'益有三友，友直、友谅、友多闻。'我觉得益友还可再加一项：'友聪明'。'聪明'与'多闻'并不相同。陈墨兄曾坚决要求'后记'中不可提他的名字，但对帮助了我的人必须感谢，既是为人道，又是国际通例，因此书此致谢，但为尊重陈兄意愿，中国内地版中此段删去。"那份知遇和感恩的心情，表现得再明白没有了。从实际看，陈墨对于金庸的崇敬和支持，也当得起金庸的这番肺腑之言。

后来，陈墨给金庸就《天龙八部》的修订版提过许多意见和建议，其立论功力颇受金庸推崇。

3

2005年,《武侠小说》杂志开出专栏纪念金庸小说创作50周年,陈墨撰写文章,题目是《恭贺金庸先生50岁华诞》。开头写道:"您先别吃惊:金庸今年才50岁?我说,是的。金庸这个名字,确实是生于1955年,即是在1955年2月8日起随小说《书剑恩仇录》开始在《新晚报》的'天方夜谭'栏目中连载,金庸之名才登记注册。这岂不正是金庸诞生的标志?"正在英国读博的金庸看到这篇文章,马上拨打陈墨的电话,幽默地说:"查良镛31周岁的时候,生下一个孩子取名金庸,现在这个孩子已经五十岁了,可查良镛刚刚背起书包去上学。"

年底,陈墨赴台湾在淡江大学作有关金庸小说新修版的专题演讲。他说:"金庸小说的'四佳'中,《神雕侠侣》的人性探索,《天龙八部》的宗教寓言,《笑傲江湖》的政治象征,以及《鹿鼎记》的历史文化品鉴,无不超越了武侠小说的一般规范,而为金庸所独有。"

作为金庸小说和武侠影视专家,陈墨还著有《中国武侠电影史》、《刀光剑影蒙太奇——中国武侠电影论》等专著,于是他理所当然成为多部金庸电视剧的文学顾问。陈墨说过,中国人的心理上有四大梦想:神仙之梦、明君之梦、清官之梦,还有就是侠客之梦。现在的影视作品中还是这些,使人不能不疑惑:历史在哪里?人民在哪里?个人又在哪里?神仙、明君、清官、侠客都是理想道德人格的典范,那么,历史与人性的真实及其人生的美感又在哪里?因而,他要在金庸武侠影视中找回这些失去的梦境。

央视版《碧血剑》制片人张纪中评说道:"陈墨金学研究精深,他的指导文字,思路明晰,规整大气,对我们在宏观上把握《碧血剑》的拍摄和改编起了重要作用。"

《碧血剑拍摄秘笈》2007年1月出版,书中文字选自陈墨《碧血剑》改编备忘录、分集大纲、剧本初稿、三稿阅读随记手稿等。作者以透视般的敏锐，评解《碧血剑》的主题、风格、人物以及拍摄难点和要点；以精当的文字，批点该剧拍摄改编的诀窍与得失。读者将随着作者进入该剧的故事之中，不仅看到许多"热闹"，看清许多"门道"，还可以将这许多的"热闹和门道"，与读者看到的这部电视剧，乃至这部小说作有趣的比较，从而开启自己的想象力，获得多方面的快感与满足。

后来，张纪中拍摄电视剧《鹿鼎记》，剧本创作也邀请陈墨当顾问，尤其对台词和故事颇为用心。谁都知道要想《鹿鼎记》成功，必先拿下小宝与康熙这两个重中之重的人物，所以这版中对两人的塑造相当出彩，可谓大获成功。

2007年的春节长假，陈墨是在电脑前度过的。某出版社欲将他过去曾在不同出版社出版过的金庸小说批评研究著作集中出版。陈墨觉得，都是旧书再版，多少有点对不住读者，也对不住出版社，在这个系列中，总该有几本新书，才会感到心安。为了赶写出新书稿，陈墨不得不调整原定的去外地休假过年的计划。如此，妻子和女儿也不得不放弃外出度假的机会，陪着他在家中过年，有时候还要帮他查阅资料。等到书稿完成之日，妻子已经结束假期开始上班，而女儿过几天也要开学了。2008年7月，陈墨评金庸书系由东方出版社推出，包括了《浪漫金庸》、《琴剑金庸》、《影缘金庸》、《孤独金庸》、《艺术金庸》、《赏析金庸》、《人物金庸》、《修订金庸》、《文化金庸》、《人性金庸》、《细品金庸》共12部。

2011年10月，陈墨在为家乡大学生作"金庸小说与成长、成功、成才"的讲座时，分别以《射雕英雄传》中智力迟钝的学生郭靖、《神雕侠侣》中调皮聪慧的学生杨过、《倚天屠龙记》中身得重病的学生张无忌，以及《笑傲江湖》中的"三好学生"令狐冲这四种迥然不同的学生形象，结合生动的小说片断，深入分析了当代大学生成长、成功、成才所要具备的"念头、能力、眼光和方法"，激励学子们潜心做学问，追求真知识。

被放进丹炉里的孙悟空
—— 专栏作家陶杰

陶杰算得上是金庸的忘年交,在后辈青年中颇受金庸器重。陶杰应金庸的召唤,从英国回到香港任《明报》副总编辑。

陶杰常与金庸、倪匡会面聊天,还在微博上多次与网友"直播"他与金庸聚会吃饭、交谈新书的场景。

金庸说:"倪匡和陶杰跟我比较投机,陶杰的妈妈是我们杭州人。"

1

1991年,金庸到英国牛津大学做访问院士半年,并接受牛津大学院士称号,荣膺法国荣誉军团骑士勋章。这时候,陶杰与金庸相遇。

陶杰提到他与金庸的相识:"当时查先生在牛津大学游学。第一次看见他,正值深秋,查先生穿套灰旧的西装,看上去很有上世纪三十年代哲学家罗素的味道。我心想:这个人真是了不得,他对英国文化的了解层次很细,也很推崇,尤为欣赏英国的理性、中庸、幽默感。我们聊得比较投契。查先生就叫我替《明报》的副刊,写一点英伦的文化通讯。"陶杰还特别提到一个小细节,"我发现查先生很会随环境气氛的变化,更换衣装。后回香港,再见查先生,他穿着名牌西装,与香港衣香鬓影又融为一体。"[1]1993年,陶杰应金庸的召唤,从英国回到香港。

陶杰原名曹捷,出身报业世家,父亲曹骥云退休前是《大公报》副总编辑,母亲常婷婷是《大公报》经济版编辑,外祖父常书林为《珠江日报》记者。常婷婷1950年代刚进《大公报》时,跟金庸在同一个马克思主义学习小组。

上世纪六十年代,每到寒暑假,曹骥云都会带儿子回内地。父亲在《大公报》的朋友都是读书人,梁羽生、罗孚、陈凡、李宗瀛常常聚在一起。"他们都很博学,有时候讲艺术、音乐、历史,我小时候接受的家庭教育,跟香港一般的小孩有点不一样。"陶杰回忆:"我生下来的时候,金庸已经离开《大公报》,在长城电影公司。梁羽生一直在《大公报》。我几岁的时候,金庸已经在办《明报》了,这帮知识分子天天都看《明报》,看金庸的社论。1960年代初,'大跃进'饿死很多人,后来是'文化大革命'。金庸认为人民公社不应该饿死这么多人,宁要裤子不要原子弹,结果跟《大公报》有一场笔战。《大公报》上纲上线,对金庸进行人身攻击。在《大公报》内部的知识分子,以前

陶杰(资料图片)

① 张杰:《他叫陶杰不叫陶喆》,《西安晚报》2012年9月20日。

是金庸的朋友、同事，觉得很矛盾，觉得不应该，但是没办法。那个时候我没见过金庸，就常常听那些大人讲他，就好像《碧血剑》的金蛇郎君没有出场，但是有很多人都在谈他。很多好戏都是这样，像《沙家浜》有个没有出过场的角色，是阿庆嫂的老公阿庆，里面就提过一句：他进城去了。所以，金庸作为一个独立的知识分子，他的成就、气势很早就在了。"[1] 有此故交，1999年春节期间，梁羽生到香港探亲访友，金庸在香港"雅谷"宴请他，特意邀请曹骥云夫妇和陶杰夫妇作陪。

1975年，17岁的陶杰留学英国，在华威大学念英国文学。毕业后到英国BBC海外广播部工作，他与金庸的第一次见面，就是受BBC的派遣。

陶杰成年后，虽然身居异邦，却在本地文坛活跃起来。他以真名曹捷和笔名杨非劼发表了不少诗和散文，几度得奖。文学杂志《诗风》和《香港文学》尝以曹捷新诗为专题，有人将曹捷归作"余（光中）派诗人"。同期他又以笔名蒋一樵为《明报》撰写新闻特稿。1993年离英返港，此时金庸已准备退出江湖，陶杰先到《华侨日报》。诗人曹捷完全放下了诗笔，改用笔名"陶杰"转攻散文。

半年以后，金庸请陶杰任《明报》副总编辑。金庸问他"到了英国是怎么学好英文的？"他回答："英国人知道我来自不同的文化背景，对我特别用心地教。有一两科的老师对我特别好，请我到家里过周末，带我看莎剧，一板一眼地把我带进英国文化的世界。从小我就左右中外的文化都有涉及，像是孙悟空大闹天宫，被放进丹炉里面炼。所以，我这一代比较理解中国，也比较理解西方的历史、文学、艺术。"

金庸对他说："你在英国呆了十六年，既有中式家学渊源，又有英式国际视野，必有心得。"邀他在《明报》当副总编辑兼写专栏《泰晤士河畔》。

后来，陶杰在《无眠在世纪末》一书的序中说："我在香港《明报》副刊写专栏，从1992年开始，每天一篇。""在《明报》副刊写作，得力于小说

---

[1] 李怀宇：《陶杰：人格分裂是我的本事》，《时代周报》2011年8月4日。

陶杰与金庸（资料图片）

家、《明报》创办人金庸先生的引荐，我想把在国内刊行的这一本集子敬献给查先生，感谢他当年对在异国的一个年轻人的扶掖与关怀。"《无眠在世纪末》1999年由文汇出版社出版。2003年1月结集出版散文集《泰晤士河畔》，则是陶杰献给《明报》的，陶杰称，"此书是我在离开伦敦前的心影录。"这本散文集更赢得1995年香港第三届中文文学双年奖散文奖。之后，陶杰改栏名为《黄金冒险号》。

这年4月1日，金庸宣布辞去《明报》企业董事局主席之职，改任名誉主席。从此，金庸完全退出了《明报》。此后，金庸在中外各地游山玩水，饱览世界风光。陶杰本想按金庸的既定方针办，新主事者却要大改。陶杰说："我觉得这一辈冒出头来的香港人，怎么这样肤浅，不知天高地厚。"便对金庸说："对不起，我没能完成你的使命。"随后陶杰转任《东方日报》。

2

然而,陶杰并非一帆风顺。1994年9月15日,《东方日报》班车在凌晨两点送员工到尖沙咀,往常陶杰总是坐在前面,那次刚好有一个洋人同事比较胖,陶杰便让他坐在前面。班车进入启德旧机场隧道时,一个喝醉的人开着奔驰走错了线,迎面撞过来,班车司机下意识地把方向盘往右一扭,那个坐在前面的洋人马上撞死了。陶杰坐在后面没有系安全带,内出血严重,因为他没有喊疼,病床便搁在走廊上,一个见习医生经过时,看陶杰脸色很白,给他量了血压,才发现不对劲,马上急救。手术进行了一整天,陶杰死里回生。陶杰自称在病榻耳闻诵经声音,眼见莲花幻象,还听到不在场的父母的对话。濒死的神秘经验令他成为传奇人物。

陶杰康复后在《东方日报》当主笔,撰写社评及《功夫茶》专栏,又在香港电台主持每周节目《讲东讲西》,亦曾与刘天赐主持电视节目《犀牛俱乐部》(无线电视)和《斑马在线》(亚洲电视)及于《都市日报》撰写《光明顶》专栏。他的写作题材极广,有的是用广东方言写怪论,有的是用女性的角色写爱情,有的写文化,有的写国际,分成不同的角色。金庸赞他:"有才子的样儿,传媒人不要专家,要他这样的杂家。"[1]

备受金庸赞许,他自认幸运:"那时候新闻界到处裁员,失业很严重,而且香港报业刚好面对一个大转折,电脑网络的冲击,很多报纸都关门了。香港的人文基础开始解体,上一代的报人像金庸都退休了,我们三四十岁这一代接班了。这一代是在殖民地教育长大的,不像金庸那样有中国的情怀、历史的视野,中英文也不是特别好。我比较幸运,自己站稳了下来。"陶杰解释:"我比较适合当杂家,像金庸说的'不要专家,要杂家'。古今中外、国际时事、文史哲、饮食、消费、麻将都要懂一点。从学术理论到江湖智慧,通通都要懂。"

在《明报》笔耕十载,以嬉笑怒骂、文字辛辣见称。《明报》一份市场调

---

[1] 李怀宇:《陶杰:人格分裂是我的本事》,时代周报2011年8月4日。

查发现，全报阅读率最高的栏目，不是头条新闻，而是副刊内版的陶杰专栏；网上《明报》要征收会费，首先推出来招徕生意的，也是陶杰的大作。肯掏钱买报纸的，不少冲着陶杰而来，为的是朝那一角小方块的圣。然而，陶杰之所以耐人寻味，大概源于他"可爱"之余，也同样"可恨"，两种感觉一般极端。他的好些言论，诸如"名媛在贵淑之余，不能太完美，一定要有人格上的一点神秘的小瑕疵，例如酗酒、通奸"，打从骨子里渗出来的尖酸刻薄加上高格调的迷人包装，若不让人拍案叫绝，就恨得人牙痒痒。又如陶杰撰文《家中之战》称，菲律宾声称拥有南沙群岛主权，作为爱国者的他万万不能忍受，因香港就有超过13万名菲律宾佣工，"作为仆人国家，不能对主人还击"。他还写道，他给自己的菲佣上了严厉的一课，警告她如果想要在来年加薪，就得告知菲律宾同胞，南沙群岛的主权属中国拥有。一篇游戏文章惹来不大不小的风波：文章引发菲律宾政界不满，香港的菲律宾人组织发起1000人游行示威，菲律宾移民局指陶杰对菲律宾人"傲慢不敬"，将他列入"不受欢迎外国人黑名单"，禁止入境。对此，有人批评陶杰言论过激和主观，也有人认为他一针见血说出事实。金庸则赞扬他，"陶杰原意并非要贬低菲律宾人，而是嘲讽愤青的极端民族主义。他敢怒敢言，目光锐利，间或游戏人间，有时带点孤愤，但总不失文人格调和品味。"

3

在陶杰一家四口连两名外佣居住的港岛西2800呎单位里，有两间偌大的书房：背山的放满中文书，面海的除满柜英文书，还有一部抽湿机。房间里，充满书本气息。

陶杰说："我小时候读金庸不是太明白，把它们当成一般的武侠小说，长大以后读金庸，觉得他有一套哲学的思想。我就问查先生：'为什么你的十四部武侠小说,第一部是歌颂反清复明的人物,到了最后一部歌颂一个投降派的小流氓?前面你主张革命起义,到后面你主张妥协、生存、做大官,你写《书剑恩仇录》的时候有没有想到过最后一部小说会这样写?'他说:'没有'。那是他自己成长的一种过程,所以金庸思想体系是非常多元化的,他自己在不同的时期看问题有不同的结论,他自己也有一大堆矛盾,十四部武侠小说其实是金庸内心独白的长卷,很多人不明白。一个作家就像张爱玲说的,生下来就是受到误解的。"①

2010年9月9日,金庸86岁考获英国剑桥大学博士,剑桥圣约翰院长杜柏琛亲自从英国飞来香港,颁证书给他。其实,金庸申请念博士时已获剑桥颁授荣誉博士。金庸曾说自己追求的不是学位,而是学问,而他获剑桥取录的条件是:博士论文一定要有创见。

闻讯,陶杰写了《从"书剑"金庸到"牛剑"金庸》一文,夸奖说:"金庸的剑桥论文,讲的是唐朝皇位继承。唐朝文化再灿烂,开了先例,枪杆子里出政权,骨肉相残,为中国的政治基因奠基,牢固直到今日,是从一个细节钻研精深的大学问;但他平生真正的大论文,尽在14卷小说之中。""金庸小说纵横上下千年历史,穿越江南塞北,奇山秀水、大漠雪原,自成一个宇宙,撷取中国文化之最精华,14部著作,或虚或实,有风格阴柔,或气派阳刚,浓彩淡墨相间,譬如《笑傲江湖》如泼墨山水,则《鹿鼎记》为工笔细描;其中俊杰豪侠,为至善至美的理想所在,颂乔峰豪迈似辛弃疾的剑影,写令狐冲潇洒如李白醉歌,画张无忌细腻若李商隐的无题,温婉纤巧如姜白石,富丽典雅似周邦彦,虚怀冲淡处与王维一脉;中国历史上,除金庸之外,只有曹雪芹的《红楼梦》做得到。……但金庸小说全盛时期,中国正逢'文化大革命',文化的精髓,在十年动乱中化为劫灰,天佑中华,正是像金庸这样的知识分子,在海外为中国文化的仁义之道保了种子,而且笔耕成一片繁花似锦的园林。"

陶杰写道:"许多人还想金庸出版自传、回忆录之类,通通多余,小说里

---

① 李怀宇:《陶杰:人格分裂是我的本事》,《时代周报》2011年8月4日。

的主角,几乎都是他的自传,许多情节,是作者对人生和世界的独白,有时激愤,有时无奈,有时低回,有时踌躇。金庸笔下的男主角,幻开千面,都是他成长不同阶段里内心价值的冲突。金庸和同道的梁羽生最大的不同,是金庸探讨了人的多重性格,而梁羽生,人如其书,只有单一的性格。这一点,剑桥大学的英国论文导师,对这位学生,又岂能洞悉其中妙谛?"[1]

陶杰常与金庸、倪匡会面聊天,还在微博上多次与网友"直播"他与金庸聚会吃饭、交谈新书的场景。2010年5月,他与金庸及倪匡夫妇见面聚餐合影就吸引不少读者的眼球,微博配文:"昨夜在香港的北京楼与金庸及倪匡夫妇晚饭。查先生庆祝婚姻纪念,精神气息甚佳。查先生年事已高,近年不太逛书店。他也会看一些武侠小说,都是由倪匡推介的。他有时候,会批评电视剧的编导,胡乱改编金庸小说的情节。"[2]

陶杰(资料图片)

---

[1] 陶杰:《从"书剑"金庸到"牛剑"金庸》,《南风窗》2010年10月13日。
[2] 张杰:《"香港才子"陶杰文风备受金庸倪匡嘉许》,《华西都市报》2012年9月19日。

画出一个另类的江湖
——"御用"画家董培新

金庸有一位特别的朋友，与他可谓"以画相交"，他就是著名画家董培新。他靠一支画笔，把金庸武侠小说中的各式人物"活现"，一幅幅具有岭南画派风格的国画作品，再现了金庸剧情，让武林英雄跃然纸上，把读者带进了"武侠世界"。

金庸对他称赞有加，为他的画集作序，称"长期在心里酝酿的艺术作品，一出来果然不同凡响。"

1

1942年生于广西梧州的董培新，15岁时便随家人移居到香港，寄住在一层挤了30多人的楼宇里。每天守在播音盒子前追听《书剑恩仇录》便成了董培新的生活习惯，尽管一小时的广播里就只讲述了极短的片段，但每次都能让他痴迷不已。在等不及连播的情况下，他跑到街上租书店租了一套《书剑恩仇录》，从此便与金庸的武侠小说结下了不解之缘。

董培新从小就喜欢画画，但那时只是将画画作为一种兴趣爱好，直到初中时，他才真正将绘画定为自己奋斗的职业目标。董培新就读的初中曾培养过八个一级的画家，学校在绘画教育方面颇有实力。他很幸运，在这个学校读书时遇到了一个带他入门美术、令他痴迷绘画的老师——何铁良。当时，何老师给低年级上课时，拿着董培新的画作展示，让其大受鼓舞。何老师把学校美术室的钥匙交给他，授予他随时可进画室学画的特权。学校的图书馆藏书丰富，让他接触了很多名画，像法国印象派的画、齐白石的画作等。当时接触这些画后，他非常崇拜创作这些画的人，年幼的他内心里愈加奠定了学画的想法。

16岁那年，董培新开始从事为小说配插图的工作。第一份正式工作是到强记书店画插图。画的第一张画是金庸的，不过，那是假金庸。董培新记得，当时连载的金庸武侠小说洛阳纸贵，许多出版公司冒名出书，他画的这一本叫《射雕英雄前传》，为了生活，这个时期的他还画了不少伪梁羽生和伪古龙小说的插图。

上世纪50年代，《明报》和《新报》相继创刊，两报都以武侠小说为卖点，竞争十分激烈。董培新当时受雇于《新报》，但他发表的作品得到了金庸的赏识。金庸随即向他抛出"橄榄枝"，邀其来《明报》工作，并提出稿费由每月800元加到1000元。

那时董培新刚到《新报》不久，要是被挖角到另一个地方，觉得不太好。于是董培新拒绝了金庸的邀请。尽管在工作上没有联系，但是私底下一直有交往。董培新第一次去拜访金庸，见他细长眼睛，方方正正的国字脸，不笑的时候显得特别严肃，不免有点紧张；但金庸

董培新（资料图片）

《董培新画说金庸》
（资料图片）

一开口，居然是："有空到我家去打牌。"①

董培新成了金庸家的常客。金庸本性极活泼，喜欢热闹，他每周都在家中设牌局，邀请朋友们来打扑克牌。他牌技又好，牌友的钱都被他赢去了，他会请大家吃饭，还买礼物哄输钱的朋友开心。朋友们在他家就像在自己家一样，可以随便胡闹，金庸从不生气。

2003年，当时早已移民到加拿大的董培新回到香港举办了首次个人画展，金庸为他主持了揭幕仪式。俩人在一起观看画展时，董培新向金庸表达了遗憾之意，因为自己从未画过金庸的小说插画。

2004年底，董培新决定在广州这个成长的故乡创办一次画展，当时在广东画院订下了2005年的场地。后来他跑过去一看，当即就被惊呆了，因为预订的这个展览厅的展线长达135米，楼高7米多，手头上的画作根本不够。

"没有主题的展览肯定没法办得好，所以我一定要为展览找个主题。"董培新想起了2003年和金庸聊的话，而且金庸的小说素材很丰富，何不画一画金庸小说中的人物画？有了这个意念后，他就立刻画了张"在古墓中的小龙女与杨过"的画寄给了金庸，说了将他的作品故事情节用中国画来表达的愿望。很快，金庸回复了他五个字——"放心去画吧"。②于是，早先抑制的灵感源源不断地涌现出来。

画展之后，已经离开出版界的董培新精心构思创作了一系列金庸"侠客"主题的画作。随即一发不可收拾，六年来，他已经创作了130多件金庸小说主题画作，作品一面世即风靡大江南北。

2

实际上，董培新最早的梦想是考入广州美术学院，但因家境贫寒，生活困难无法如愿。他16岁进入了香港出版界工作，从此再也没离开过作画这一行

---

① 胡婷婷：《为国为民，侠之大者》，《环球人物》第161期。
② 汪恩民、林海燕：《插画家董培新》，《中国文化传媒》2010年9月23日。

当。刚开始创作时,他只是一味地根据市场的需求来画画,为了资助家里拼命地工作,没有办法。为了迎合读者的口味,他用多个笔名,用各种不同的绘画手法来作画。无意中却成就了他过人的绘画功力和融汇各派的画法。

香港著名电影武术指导、导演程小东很早与董培新相识,很想聘他为他的电影划分镜头,可惜董培新总是没时间。董培新对于当下的不少武打电影并不认同:"现在很多电影都是从头打到尾,都是高潮,却也就没了高潮。"董培新的笔下,虽都是"大侠"或"豪客",但画中打斗场面却寥寥可数。他认为,单纯的"打"并不是小说最精彩、最重要的部分,金庸小说情节中的人物的情感变化,是一点一滴地呈现,然后逐渐达到一个高潮,让人神往,特别是其中无可奈何的情感矛盾和激烈曲折的对立冲突,才是最重要、最吸引人的部分。他认为金庸应该也是这样来理解自己的作品的。因此他画《华山论剑》,淡淡彩墨勾勒群峰叠嶂,几个绿豆大的小人远远地在山顶上飞舞,分明是文人雅士心中放情山水的呈现。他说自己很喜欢宋词,就是因为宋词对于内心情感和矛盾冲突的拿捏很到位。他的作品结合了中国水墨画的意境美和西洋画的线条感,有时天清云淡意境悠远,有时血脉贲张电光石火。他自言,创作中并无一定之规,一切随心而出,因为画时心有豪气,笔下呈现才能有豪气。

董培新主要是以中国水墨来描绘金庸小说中的故事和人物,同时也融合素描、写生、透视法等西洋绘画的思想,既展现文人写意的气势神韵,亦见工笔细绘、民俗意趣等多样风格,所以他自称是"中西合璧之作"。虽然他与古龙、倪匡等著名作家都合作过,但在董培新看来:"金庸先生的作品很好画"。他已专注于用水墨展现金庸的小说,成为金庸的"御用"插画家。

每幅画作都凝聚了董培新无数的心血,创作一幅尺寸较长的画,就需要整整三个月的时间。其中最大幅的两幅画作长达4米,分别是《书剑恩仇录》的"乾隆皇西湖选妓"、《天龙八部》的"聚贤庄血战前夕"。

与朋友谈及绘金庸的秘诀,董培新说自己曾有7年时间从事电影的美术指导,很重视对人物的造型解读,"一般都要把金庸的书看很多遍,虽然有些人物很早以前就已经熟识,但是还应该细读小说里的描述,再作推敲,力求还原最真实的人物形象。金庸小说人物个个都性格鲜明,在董培新笔下,这些人物丝毫看不到雷同之感。他说自己绘画时并不需要借助模特,"我都是在生活中观察,每天走在路上也看,坐下来也看。"

至今为止,董培新已经画了数十万张作品,正如他所言:"绘画已经成了我的一部分。"通常他信手拈来就是一幅画,但画金庸作品之前,必定饱读书。金庸的每一部小说他都读过很多次,但仍丝毫不马虎。他说看书一直要看到"有感觉",有点儿"入戏"了的时候,动笔才是最好的,"别人看我画画都说这个老头傻乎乎,一会儿一个人笑,一会儿一个人哭。"他选择的题材都是书中那些"转折性"、"关键性"的场景,如虚竹弈棋、江南七怪围攻黑风双煞等,极富冲击力,因此陶杰评价他的作品是"文字与绘画最完美的交汇"。董培新在领悟原著的基础上,发挥了自己在插图方面的优势,形成了具有个人风格的画风。

人人心中都有自己的金庸,自己的"大侠",董培新说既然无法统一,就按自己觉得爽快的方式去画好了。金庸近年不断对自己的作品进行修改,董培新称自己的有些画也跟着要变,"要不然读者看了,会吃惊怎么不一样啊,有些衣服的颜色都不一样了。"

董培新的画也进入金庸及其他不少藏家的收藏室,他的作品《玉女心经》让金庸的太太一眼相中。另外一张画《任我行在西湖底》也被人高价订下。但他认为,艺术的价值不能用金钱来衡量,自己乐在其中,将其当做生命的享受,就很好了。

15部金庸作品董培新都画遍,画的最多是《神雕侠侣》,但是最喜欢的人物是韦小宝,金庸小说中的主角,大都潇洒倜傥,身怀绝技,只有韦小宝是个浪荡子,将人性表现得淋漓尽致。董培新说,"我画的《韦小宝和他的一床娇眷》，作画的角度是比较独特的。有些电影或画作，都是从被子一头往'里'画，人脖子以下为重点，但是我是从仰面作画的，角度是非常不同的。"

3

在董培新整系列的金庸武侠插画中，有一幅画曾引起不少人的热议，那就是小龙女睡在古墓中的图画。画作中的小龙女眉毛甚粗、面色苍白，这与电视中表现的小龙女形象大相径庭。董培新有他自己的解释，"因为小龙女从小就在古墓生活，从来都没有看过自己，更不会去修眉。她也不会去与人打交道，而且古墓缺乏阳光，面色也应该是苍白。这表达了我自己对于素材最原始的一种理解。"

2008 年，由董培新创作的《金庸说部情节画集》在台湾出版，同年他的作品被用于大陆新修版《金庸作品集》的封面。董培新还作为"加拿大著名画家中国首次大型画展"主角之一来到世博园加拿大馆。

"董培新绘金庸"画展来到香港时，金庸亲自参加，他虽然当场未做什么评价，但是很高兴，一张一张仔仔细细地看。当看到"韦小宝一床娇眷"那幅画时，他更是满脸笑容，非常喜欢。董培新跟他解说，"这幅插图画的是韦小宝跟 7 个老婆在床上，我用了画家和摄影师一般都不喜欢的角度——从下往上看，从下巴往上画韦小宝的 7 个老婆。"之后，金庸在为董培新的画集写序时，专门夸赞韦小宝这张图"很有难度，角度很好"。金庸评说道："萧峰来到聚贤庄外，一场大战还没有展开，但剑拔弩张的气势已充满了画面的每一个角落；韦小宝在扬州妓院里和众女大被同眠，画面上没有猥亵和色情，读者看到了滑稽、风趣，和人物的玩闹，那正是小说所要表达的情调。画面和小说配合得非常合拍，每个观赏者从心底和脸上，都露出了会心的微笑。"①

在《金庸说部情节画集》的序言中，金庸对董培新称赞有加："董培新先

---

① 黄玉芳：《董培新妙笔画金庸小说》，《联合晚报》2008 年 3 月 15 日。

生提起画笔，绘出了不少金庸小说中的场面。那些场面是他在心里酝酿了很久很久时日的。长期在心里酝酿的艺术作品，一出来果然不同凡响。""内地有许多画家曾尝试为金庸小说画插画，有的画家功力很深、构图很美，但他们都没有董培新先生的创作成功。只因为，虽然是极好的画家，但缺乏了在心中酝酿数十年的艺术培养。这数十年的酝酿、修正，使得艺术成熟了。这是自然的培养，天然的陶冶。这本册子里的每一幅画，都是董培新先生在读了金庸小说之后，在心中思考数十年或者十几年的成果。"

2009年在第16届亚运会召开之际，中国邮政选了董培新的12张金庸小说画作，印行了《第16届亚运会比赛项目武术》"金庸武侠"个性化邮票在全国发行。邮票主票分别代表了亚运的11个武术项目：散打、太极拳、太极剑、南拳、长拳、刀与棍、剑与枪、南棍、南刀，特别将金庸小说中的武侠元素与亚运会武术比赛项目相结合，配以金庸、董培新两位大家的珍贵墨宝，惟妙惟肖地呈现出武术行云流水般的意境，彰显出亚运激情与和谐理念。

2010年9月，《董培新画说金庸》一书由广州出版社出版，收录的每一张都是"一面墙大小"的大画。他在杭州举办的"董培新画说金庸"画展，是2010年中国国际钱江海宁观潮节的系列活动之一，也是海宁金庸书院落成开放系列活动的一部分。

董培新说，在所有的金庸人物中，他最喜欢的就是令狐冲和韦小宝，因为他们所做的一切都是出于自己意愿，这和他很像，对爱对恨都放不开。

董培新最近一次见到金庸，是在2010年年底，他描述"仍然是那个喜欢热闹的老头，还是喜欢喝酒。他是懂酒的人，懂得品味。耄耋之年，金庸惜墨如金，说得也少了，人们更多看到的，是他平和的笑容。这是一段华丽人生之后的沉淀，一如他笔下的英雄，曾经策马奔腾轰轰烈烈，待到走过沧桑，将红尘看遍，最后便归于恬静淡然。"

送他一枝笔祝他"好好学习"
——金庸剧制片人张纪中

因为不断翻拍金庸剧，张纪中与金庸结下了不解之缘。张纪中用"他是一个非常好的顽童"来形容金庸。"我对金庸的印象挺好的，我和他很对脾气。我觉得金庸是个谦谦君子，很讲义气。他很喜欢热闹，每次我们到香港，他都会陪我们，有时候一陪就七八个小时。"

张纪中说："我是地道的金庸迷，他写的武侠书我都读过，有的还读过十多遍。与金庸成为朋友，是拍《笑傲江湖》开始的。筹拍前，我给他发传真，后来在杭州见面，相见恨晚，无话不说。加上后来连续拍了几部他的作

张纪中访金庸旧居（王超英摄）

品,他认为超过了香港、台湾的金庸戏,我们更是成了知己。"①

金庸说:"我曾把张纪中骂哭了,朋友么,骂过了友谊还挺深的。"张纪中说:"他不骂我,我怎么能成功。我与金庸是君子之交。"两人的亲密关系可见一斑。

1

张纪中第一次见到金庸是 1999 年 3 月的杭州。那天,金庸心情特别好,他刚刚出任浙江大学人文学院院长。见面时,他告诉张纪中:"我喜欢年轻人,每次看到他们在黑板上写着'欢迎大师兄来讲课',我就很开心,我最喜欢听到这个称呼了,在很多场合,我把浙大的学生亲切地称为'小师弟、小师妹'。"

张纪中笑说:"那我也称你大师兄了!"金庸连说:"好,好!"②

张纪中,绰号大胡子,1951 年出生,北京人,中央电视台中国电视剧制作中心高级经济师。做过教师、演员,拉过大提琴,写过剧本,当过副导演、导演、制片人。电视制片人是近年来在国内出现的全新职业,它的前身接近于制片主任。制片人的出现,除了加强对于一个节目、影视剧的经济利益、行政管理、社会效益等方面的制作要求外,最重要的是制片人分担了以往由导演一个人承担的艺术责任。当张纪中日益成为中国、甚至海外最有影响的"中国电视制片人"时,金庸的武侠小说正延伸到中国的电视剧。

金庸问他:"你怎么闯进的影视圈的?拍电影电视有多少年了?"

他说:"我父母是东北人,我 17 岁就从北京到山西农村当知青,一干就是 6 年。山西农村非常苦。我 27 岁考入山西话剧院,演了十多部话剧和两部电影。37 岁又到了山西电视台,开始拍短片,几乎年年获大奖,渐渐有了名声。后来,我胆大了,就以山西电视台名义,主动到中央电视台请战,要拍《三国演义》,

---

① 《张纪中称金庸是老顽童》,中新社 2008 年 11 月 13 日。
② 张英:《当张纪中遇到金庸》,《南方周末》2008 年 10 月 4 日。

央视竟真的投资了。《三国》后，我又拍《水浒传》。《水浒传》成功后，我已40多岁了，才正式调入中央电视台。我现在能成功，最大的财富应该是那6年在山西农村的苦难生活。"

金庸说："你跟你一样，苦难往往是成功的前奏，我也当过导演，拍过电影。"

张纪中从小就热爱文艺，做一个演员是他儿时的梦想。但由于出身不好，前后两次报考解放军艺术学院舞蹈系和中央艺术学院都因为政审不通过而被拒之门外。在文工团试用工作一段时间，结果又被辞退。后来，他考入了山西话剧团，并在话剧《西安事变》中饰演了一位大学生的角色。此后，张纪中又拍过电影、演过电视剧，虽然他常常被导演看好而饰演主角，可他却发现，自己对幕后工作很有天分，于是改行做了编剧、导演、制片人。张纪中以大制作而闻名中国电视圈。1994年，他担任了《水浒传》的总制片主任。在《水浒传》里，张纪中把那些脍炙人口的草莽英雄的故事和充满阳刚之气、悲壮之美的人物与情节拍得酣畅淋漓，为观众献上了一道丰盛的视觉盛宴。随着《三国演义》和《水浒传》两部剧的热播，张纪中迈入了一流电视剧制片人的行列，被誉为"中国第一制片人"。

20世纪末，武侠剧在中国内地盛行，而从小就喜欢看武侠小说的张纪中，又产生了拍摄武侠剧的念头。这个时候，张纪中看到了一则新闻，金庸在内地接受一家媒体采访时表示，如果央视能够把自己的小说拍得和《三国演义》《水浒传》一样好，愿意以一元钱转让版权。

这则新闻让张纪中动了心，他一直喜欢金庸的小说，很想拍一部金庸的作品。在与领导商量后，他决定试一试消息是否属实，马上写了一封信，盖上单位公章，发传真到香港金庸办公室。第二天，他没有想到自己很快就接到了金庸的回过来的传真，在这封信里表示，自己"愿意一块钱的价格将小说版权转让给央视，想拍哪部作品都可以"。

正巧，浙大校长张浚生与金庸和张纪中都有私交，金庸应张校长的邀请来浙大，张纪中也就得到了拜见金庸的机会。

2

在见面前，张纪中特意跑到银行去，在一大堆新钞票里，挑了张编号为25666666的一元纸币，把它镶嵌在一个有机玻璃做成的纪念品里，上面写了《笑傲江湖》的字样。这个特别的礼物让金庸非常高兴，马上就在授权合同上签了字，并指定张纪中为制片人。①

金庸没有想到，因为喜欢央视版的《水浒传》和《三国演义》，自己随意而说的一句玩笑话，竟然被张纪中当真了。

小时侯，张纪中看的第一本武侠书是《儿女英雄传》，后来又看了《七侠五义》、《小八义》等旧派武侠小说。上世纪90年代初，张纪中才接触到金庸作品，就是《笑傲江湖》，一读就再也搁不下了。经过你来我往的书信和电话，张纪中最后放弃了高难度的《神雕侠侣》，选择了不需要很多特技的《笑傲江湖》。

按照历史正剧和主旋律风格拍成的《笑傲江湖》在中央电视台8套播出，收视率达到了12%-19%，第一轮播出就给电视剧中心赚了7500万。这部大陆新武侠电视剧的开山之作，在创下高收视率的同时也引发了巨大的争议。这是张纪中没有料想到的。

和网络上排山倒海的网民骂声，张纪中最在意的是金庸本人的看法。在香港播出《笑傲江湖》后，金庸在肯定电视剧的大气和精美制作的同时，对电视剧的改编也公开提出批评。为缓解金庸的不满，也为了继续与金庸合作，张纪中从北京飞到杭州，与金庸当面进行沟通交流。

"你对我们的开头不满，认为令狐冲和任盈盈不应该那么早出场，导致故

---

① 张英：《当张纪中遇到金庸》，《南方周末》2008年10月4日。

事情节发生变化。可是我们想，电影不能按照小说拍，因为开始的章节都是林平之的遭遇，一直到第 4 章男主人公令狐冲才出场，女主人公任盈盈到第 13 章才出来，故事推进太慢了。"张纪中说。其实，真实原因是中央电视台是国家电视台，主流意识形态非常强，必须得按照它的艺术尺度来拍。所以，剧本必须修改。

"《三国演义》里的诸葛亮出场还要晚，怎么就可以？"金庸反问道。这次冲突的结果是，张纪中在此后 6 部电视剧签合同时，都会和金庸进行长时间的沟通和交流，征询金庸对电视剧剧本改编意见，在故事和情节设置上，完全忠实于小说原著，极少有大的修改。

"金庸把自己的小说当亲生的孩子，我也想明白了，我们改编的毕竟是他本人的在作品，那就按照他的意见来，毕竟对我们来说，金庸不是我们的原创作品。"为让金庸满意，张纪中找了金庸最信任的专家陈墨教授出任顾问，专门负责参与、回答编剧的疑问。这使得张纪中版的金庸剧成为了最忠实于小说原著的电视剧，令金庸非常满意，索性口头放言让他把作品集全改成电视剧。

到了《射雕英雄传》，张纪中给金庸支付的改编费不是一块钱了，用完全按照市场价格来进行的，具体价格张纪中不愿意透露，但根据记者了解，价格差不多是按照 2 万一集的标准支付。

不能对作品进行修改，张纪中还是希望自己有自选动作。在《射雕》里，张纪中企图增加杨康的戏份："郭靖在草原长大的戏份有很多，而杨康在金国王府里的成长小说里却只有几笔，包括丘处机怎么能够容忍完颜洪烈霸占好友杨铁心妻子包惜弱，还能够进入王府成为杨康的武术师傅，从人物性格来看不可能。"

张纪中的想法被《射雕》编剧接受媒体采访时公布出来，不料，金庸看到后勃然大怒，迅速致电张纪中，要求删掉这些增加的场面和戏份。张纪中只得按照他的要求，删除了这些编剧增加故事和细节。张纪中由此把金庸比作"爱护自己下的蛋的老母鸡"。

在谈到与对自己的剧本很计较的金庸如何相处和沟通时,张纪中用"他是一个非常好的顽童"来形容金庸。"他对我翻拍的金庸剧也有不满意,不满意的我会解释给他听一听,当然解释完了以后,他依旧不满意,那我也没有办法,反正我已经拍完了。但是,这些不会影响我们之间的友谊。"①

张纪中对金庸作品十分痴迷,并在过去十来年间亲自导演并制片了7部作品,分别是《笑傲江湖》(2001年)、《射雕英雄传》(2003年)、《天龙八部》(2003年)、《神雕侠侣》(2006年)、《碧血剑》(2007年)、《鹿鼎记》(2008年)、《倚天屠龙记》(2009年)。金庸最满意的是《天龙八部》和《碧血剑》。"《天龙八部》我很喜欢。张纪中在拍电视剧前征求我的意见,我就说,最好不要和小说相差太多。"后来张纪中对结局进行了修改,只减不加,剔除了一些不必要的人物,让整个高潮都围绕着萧峰来进行。对这一改动我很满意。"

因为《天龙八部》,内地年轻的观众也接受了张纪中版的金庸剧。《笑傲江湖》和《射雕英雄传》一边是收视率奇高,一边网络上都是谩骂和口水。到了胡军、林志颖、刘亦菲演的《天龙八部》播出,网络上的赞扬和夸奖多起来了,价格也上涨到7万1集。

拍《神雕侠侣》时,张纪中问金庸"什么是浪漫"?金庸想了半天回答他说,"不常见的就是浪漫,常见的就不浪漫,一对情人站在大海里拥抱着看西沉的夕阳,这就是浪漫。"后来张纪中对他的创作团队的要求就是凄美和浪漫,

2011年11月16日,张纪中与金庸喝红酒(资料图片)

① 《张纪中出书自称"不脆弱"》,凤凰网·非常道2008年11月7日。

这使得《神雕侠侣》后来成为一部披着武侠外衣的爱情偶像剧，挑出来的男女主演黄晓明、刘亦菲"青春"、"漂亮"，被观众评为"最不张纪中的金庸剧"。

在金庸的作品里，《碧血剑》是电视剧改编次数最少的。张纪中看中它是因为《碧血剑》实际上是一部历史正剧，既体现了金庸对历史的研究和观察，也让张纪中的正剧特长有了大的发挥。看完《碧血剑》后，金庸对张纪中说了句："张先生拍戏就是认真，把我的作品交给您拍，我非常放心。"

《鹿鼎记》经过反反复复的删减，金庸对这部电视剧一直未发表意见。原来金庸认为韦小宝不该有太多的老婆，给他设计了一个妻离子散的新结局。张纪中对金庸说："升官发财、一夫多妻是中国男人固有的梦想，所以人人想当韦小宝，你现在把老婆改没了，破坏了读者的梦想"。"您现在是查良镛的身份来修改30年前金大侠的作品，用现在的眼光回过头看以前的作品肯定不顺眼，改编味儿就变了。"

最终，金庸放弃了对《鹿鼎记》的故事结尾进行大修改，保留了原来的韦小宝一人领着7个妻子隐居的故事结尾。在内地播出时创下了张纪中金庸剧的收视率新高。

本来，张纪中打算在拍完《倚天屠龙记》后就结束金庸剧，但是，金庸一直希望他能够把他的作品集全部拍完。这对张纪中来说，是一个诱惑也是一个挑战。

3

2005年1月9日，金庸夫妇赴宁波象山一宾馆与张纪中相会。晚9点，金庸携夫人做客张纪中寝室。在《神雕》部分主创陪同下，金庸观看了"小龙女被迷奸"和"杨过与小龙女在活死人墓习武"等片段。当镜头慢慢转暗，背景音乐消失的时候，金庸带头鼓起掌并不住点头说："很好，到目前为止我很满意。《天龙八部》有豪气，《神雕》表现出了儿女情长。纪中一部比一部拍得好，我先给你85分！"张纪中连忙说："这些片段很简单，但杨过与小龙女的感觉还是表现出来了。"金庸望着张纪中点头赞许道："港台版本不如你的好，你的已经超过他们了。"张纪中说："我增加了小龙女与杨过分别16年后的情节——夕阳下小龙女登高远望，寄托思念。但我不希望把小说拍走样。"金庸听后连连认同："这可以，我同意。"

一年后的9月，张纪中率《鹿鼎记》剧组移师金庸的故乡海宁拍摄，这次《鹿鼎记》开场和结尾的重头戏都在海宁盐官古城拍摄。其实，按照原著，开场和结尾的故事背景都是在扬州，而张纪中却很意外地选择海宁盐官拍摄，外传张纪中是希望这部金庸剧能够向金庸"献媚"，所以才特地选择金庸故乡来拍摄。对此，张纪中给出解释，扬州现在变得很现代，根本找不到适合拍摄的地方，所以只好向小地方找外景。正好前阵子探访金庸老家，路过盐官古城，张纪中觉得这个地方与原著所描写的场景很像，于是才会最终选择盐官。为此，他总共花了50万元为盐官古城重新修葺一次，古城主干道石马路都是由剧组出钱重新铺设的。

2010年6月和12月，微博上两次传出金庸"去世"的谣传，引起了轩然大波。

时过半年，张纪中特地到香港与金庸见面，第二天，他故意把他与金庸夫妇小聚共进晚餐的合照放在微博。照片中所见，87岁的金庸精神非常好，面容慈祥，不但高举酒杯喝红酒，还吃牛扒与海鲜、生蚝，感觉就像金庸自己笔下的老顽童。在旁的张纪中也不禁惊叹："老人家对往事依旧健谈，胃口也不错。"

过了些日子，他再次上载两人在金庸家中喝茶、相谈甚欢的照片，张纪中写道："昨天（11月16日）下午与金庸老先生在家喝茶，回顾这十一年拍摄

张纪中与金庸合影（资料图片）

金先生作品的得与失。先生仍旧记忆清晰，笑谈与我们在九寨沟趣事。"2004年9月下旬，张纪中率剧组在九寨沟《神雕侠侣》，金庸前来探班。金庸夫妇前脚到九寨沟，邵逸夫夫妇随后就赶到了。这倒不是他们事先约好的，纯属巧合。50年的老朋友异地相见，自然要见个面。据张纪中向记者透露，晚上，邵逸夫打来电话，说要跟老朋友叙叙。金庸答应了，叫邵逸夫等二十分钟，容他穿好衣服。谁知等到金庸穿好衣服，从邵逸夫那边传来消息，邵逸夫已经休息了。气得金庸拿着拐杖，从六号楼走到五号楼邵逸夫入住的房间门前，用拐杖"咚咚"的敲开了房门连声说，有钱也不能这样欺负人。还拉上张纪中给评评理。张纪中立刻斩钉截铁地说："你对！"当然，最后两人还是"相逢一笑泯恩仇"。不过张纪中告诉记者，他们俩是多年的老朋友了，邵逸夫不可能做这样的事情，一定是手下的随从传错了话，才导致了这场误会。

张纪中写道："八十七高龄值得庆贺。五一我们见面一次，时隔五月，金庸先生依然谈笑风声。他是一个非常好的顽童，80多岁了还能够去读书，我觉得真是有点意思，蛮逗的一件事情。他去读书我还跟他说，我说你这，你教他们都有富余了，你去读什么书呢？他读完书回来，我也是很逗的送了他一支笔，我说你好好学习。"

这些照片和记述打破了早前金庸身体抱恙的传闻。

翻拍了金庸的几部作品之后，张纪中与金庸成了很好的朋友。"我觉得金庸给我们带来了一个武侠的世界，很多人都喜欢看他的作品，但很多人看完之后并不知道自己为什么爱看，我就来研究。金庸的作品带给人一种侠义之心，他作品中的人物会感染你，比如郭靖，比如乔峰，久而久之这些人物会影响到我们自己为人处世的作风。所以我要把他的文字转换为电视剧，将作品中的侠义之心带给更多的人。"

作为国内改编金庸作品最多的制片人，张纪中对金庸的印象则是另一幅画面："我对金庸的印象挺好的，我和他很对脾气。我觉得金庸是个谦谦君子，很讲义气。他很喜欢热闹，每次我们到香港，他都会陪我们，有时候一陪就七八个小时。""虽然他八十七了，但是思维并不老，我觉得他不但是个和善的老人，还是一个大儿童。了解金庸很难，评价他更多的还得看他的作品。"

张纪中和许晴、李亚鹏同喊出"拍完了——"（资料图片）

另类师生别样情
—— 洋导师麦大维

麦大维(资料图片)

麦大维教授是金庸在剑桥大学攻读博士学位的老师,年龄比金庸年少15岁。

麦大维用"金庸先生"称呼这个老学生,认为他:"非常可靠,谦逊而有学问。我能成为金庸先生的指导老师非常荣幸。"

金庸非常尊敬这位比他年轻许多的老师,说他"非常爱护学生,乐于助人且谦和,遇到这样的老师是我一生运气很好的事。"

1

麦大维年轻时长得很帅,是现代人经常挂在嘴边的那种"高富帅",如今头上呈现的"地中海"状况,依然是他的学生们喜欢的这一款,金庸说了,英国的"万人迷"威廉王子不也这样吗,头上智慧的光环定能盖过这个瑕疵。

麦大维是英国代表性的中国专家,1988年以剑桥博士身份出版的《唐代的国家与知识人》很有名。1957年,他和早他九分钟出生的双胞胎哥哥一起参加英国空军,奉派到香港,住了23个月,打下中文基础。那时,麦大维以读报看电影学习中文,金庸写的《射雕英雄传》连载于《香港商报》,《雪山飞狐》连载于《新晚报》,麦大维便是这两份报纸的热心读者。金庸与人合作导演的电影《有女怀春》和《王老虎抢亲》上映，他是第一批观众。金庸的《明报》创刊后不久，麦大维兄弟俩都进入剑桥大学，哥哥攻读日本史，而麦大维攻读中国史。为了继续阅读《神雕侠侣》的连载，他让香港的朋友每月三次邮寄报纸到剑桥大学。

在剑桥大学，麦大维的老师杜希德是著名的唐史研究专家，长期出任中国史讲座教授。他在剑桥培养了两个杰出的学生，一是杜德桥，一是麦大维。两人后来都在唐代文史研究上有出色的表现。杜德桥后来转任牛津的汉学讲座，这个剑桥的中国史讲座便由麦大维担任，可谓师徒相传。从1968年到2006年的38年间，麦大维任剑桥大学圣约翰学院特别研究员，潜心研究中国史。他师承汉学家浦立本、崔瑞德，以中国隋、唐史研究闻名，如今是欧美最被认可的中古史研究的权威专家。

上世纪八十年代，香港《大公报》副总编辑曹骥云找了金庸，让他替儿子曹捷（陶杰）购买一本与中国历史、法律相关的英文工具书，在英国长大的曹捷当时在英国伦敦大学修读国际关系，父亲要他补上中国文化这一课。几日后，金庸送上一部《中国文献工具书》，是麦大维1975年的著作，介绍中国文史丛书类书辞书的用法，因为它是用英文写作的，所以对于西方汉学人士入门很有实用价值。后来，金庸在剑桥大学图书馆里找过这本书，却没有找到。麦大维说，年轻时的作品，谈不上学术性，他并不看重这本书。

麦大维十分看重中国的史学文化，他对金庸说过，文化是无国界的，不同国家，不同种族的人们都可以了解异于本民族的文化，正如中国人可以理解莎

麦大维和金庸（资料图片）

士比亚的戏剧、小说,西方人可以了解中国的《道德经》、日本的《源氏物语》一样。他认为视角转换和新史料发掘在史学研究中有重要意义。他强调利用唐代墓志铭考证以往唐书记载真伪的重大意义。作为重要的史料来源,墓志铭为唐代历史研究提供了许多重要而有价值的历史信息。他自己也在这方面有了精心研究的成果,撰有《唐代的国家与学术》等书。以武则天当政时期的宰相狄仁杰为袁公瑜撰书的墓志为例,麦大维广泛收集、对勘其他各种类型的史籍,重新考察了狄仁杰在世时的政治立场和政治作为,并指出此与后世评价之间相异甚至相反的地方,从而也分析了后世历史记录中流传的狄仁杰形象和评价话语的形成原因。金庸称,"在文本细读和史料辩证方面,麦大维教授显示了不俗的能力。"

上世纪九十年代,麦大维多次到香港讲学,与金庸只闻其名,并不相识。

麦大维成为金庸的老师,有一个牵线人叫王秋桂,是麦大维在英国剑桥大学读博时的同门师弟,现是台湾东吴大学教授。1998年11月,金庸正在台湾访问。由汉学研究中心和远流出版公司在台北举办"金庸小说国际学术研讨会",来自美、英、澳、以色列及中、港、台两岸三地的二百多位学者,聚集一堂,共同研讨金庸小说在华人世界中无远弗届的魅力。作为汉学研究中心的顾问,王秋桂不仅结识了金庸,还将会上交流的26篇研究论文收录在他主编的《金庸小说国际学术研讨会论文集》中。《论文集》于1999年12月由远流出版公司正式出版时,随书附有两张纪念光碟"现场答辩实况有声书"和"金庸1998访台旋风",读者可身临其境,一睹金庸访台时的"射雕英雄宴"、"夜探金庸茶馆"等盛况。金庸看到《论文集》,只说了两个字:"特棒!"

2003年秋,金庸邀王秋桂同赴长沙衡阳参加"五岳联盟大会",闲聊中说起自己欲赴英国剑桥大学读博的愿望,王秋桂将师兄麦大维教授推荐给他。

2

麦大维与金庸都与北京大学有缘。

时任剑桥大学东亚系主任的麦大维教授,曾于 2001 年访问北京大学,在历史系作演讲。后来,他的演讲稿刊登在英国的一份学术刊物上,影响很大。2005 年春,北大获悉麦大维教授即将退休,便聘请他作客座教授,常来北大讲学,麦大维欣然接受了聘任。

　　差不多同期,金庸被授予北京大学名誉教授,多次向历史系学生作中国历史的讲座。世纪之交,一个规模宏大的"金庸小说国际研讨会"在北大举行。这座中国的最高学府将两位大师级的学者拉到了一起,可是,麦大维与金庸从没有见过面。

　　过不多久,已经 81 岁的金庸,从剑桥大学名誉校长菲利普亲王(英女王伊丽莎白的夫君)的手中接过了"荣誉博士"的证书。此前,剑桥大学校长理查德女士阅读了《鹿鼎记》英译本,她对金庸小说赞叹不已,亲自向学校的荣誉博士提名委员会推荐了金庸。然而,金庸对此学位并不满足,他向剑桥大学提出了一个愿望:正式入学剑桥,用 4 年的时间攻读硕士和博士学位。

　　金庸返回香港,等待剑桥正式通知。谁来做这位大师级学生的指导老师呢?金庸写的武侠小说将历史事件人物信手拈来,处处可见史识,在中外学界名头之响,剑桥教授深有所闻,纷纷推说不敢当。"他们很多都是我的朋友,说大家讨论可以,但'指导'则不行了。后来找到现在的导师 Prof. David McMullen。他是唐史专家,不认识我,终于答应了。"①

　　后来,麦大维问他:"你已经得到了学位,为什么又打算在同一所大学读博士呢?"金庸笑答:"抗战时期,我读了两个大学也没毕业;后来浙江大学找我去当院长,我自觉没有什么资格,常觉得学历不够。有人说我学问不好,不够做院长。别人指责我,我不能反驳,惟一的办法就是增加自己的学问。我一直仰慕剑桥大学,虽然申请的过程很困难,但我一定要凭自己的能力,读一年硕士,再攻读博士。"②1999 年 3 月,金庸正式受聘浙江大学人文学院院长的职务,尽管金庸非常受学生的欢迎,但有媒体披露,金庸正式向浙江大学提出,辞去担任了 5 年之久的人文学院院长的职务,同时还辞去在浙江大学的教授职位。此番对话,麦大维明白了,金庸从浙江大学文学院的位置上退下是为了去

---

① 黄静:《金庸:耋大侠赴剑桥修炼》,《商务香港》2006 年 4 月 7 日。
② 曹丽君:《独家专访金庸:谦谦君子只求学问》,新华社记者专访 2006 年 5 月 17 日。

剑桥读博。

2005年10月1日,金庸偕同夫人飞往英国,开始了留学生的生活。

金庸初到剑桥便引起骚动,麦大维回忆,剑桥为欢迎金庸举办的"花园派对"上,挤满了华人学生。他说,金庸的"同班同学"有八位,来自中国、台湾、新加坡、韩国等,大家相处和谐,并没有把金庸当"明星"看待。

曾说最大心愿是"做个历史学者"的金庸,如今心得偿,他规规矩矩地听报告、做学问,拒绝媒体到剑桥采访,也不在图书馆、课堂上为粉丝签名,因为此刻他是"学生查良镛"。

麦大维与金庸,这师生关系有些另类。麦大维用"金庸先生"称呼这个老学生,认为他"可靠、谦虚,很少迟到早退,是个好学生,金庸很喜欢跟剑桥的学生接触。"在老师眼里,金大侠仿佛从杨过摇身变成了郭靖。

金庸的同学经常会在上课时提问,麦大维就会停下讲课对全班同学说:"这个问题,请查先生来给你们讲解,他可以当你们的半个老师。"

麦大维记得,一次圣约翰学院的学生为金庸搞了个派对,有些来参与的华裔学生,特地装扮成金庸小说的角色,郭靖、黄蓉、杨过、小龙女一同出场,向眼前的武侠小说大师表示敬意。麦说,平日在圣约翰学院的饭堂里,金庸会和一般大学生一同吃饭,为人亲切友善,并乐意与来自世界各地的华人、研习汉学的外国人,分享心得。

刚上完麦大维教授的读书课,硕士班的同学共五人,读的是拓本的《李邕墓志铭》,铭文头两句是:"物寒独胜,高不必全"。麦教授让大家讨论,金庸举了毛泽东爱写的两句话:"木秀于林,风必摧之;堆出于岸,流必湍之"为例解释,这是中国人传统的处世哲学,俗语所谓,"人怕出名猪怕壮""枪打出头鸟",教人以养晦为上。

金庸看导师麦大维颇有几分《笑傲江湖》中莫大先生的味道,"拘谨中有些莫测高深,不过,莫大喝了酒还会放纵一下,而酒量奇佳的麦大维教授就算三杯黄汤下肚,依然正襟危坐,保持英国绅士的礼貌。"麦大维经常踩着自行车,到金庸的剑桥家中授课。有时,金庸好几次插嘴打断老师的话头,麦大维不以为忤，总是微笑着倾听学生谈笑风生。"其实，金庸也是我的老师。"麦大维与金庸亦师亦友，对自己能够担任金庸的指导老师深感骄傲。

看到学生爱读书，麦大维介绍说，汉学藏书重镇当然是东亚科学史图书馆，藏书很丰富，比如中国古代宗教史方面的图书就很齐备。金庸一去就喜欢上了，这里的阅读环境极佳，图书馆长莫弗特以前曾在北大中文系留学，中文相当好，人也很热心。

金庸选定的硕士论文题为《从玄武门看早唐皇位继承》，唐太宗与"玄武门之变"是焦点。金庸根据大陆最新发现的考古资料，发现当时太子建成的东宫与唐高祖的宫殿之间有一条更近的通道，与历史记载中的弯道远路不符，因此，他推测玄武门之变的"正史"可能是史官替唐太宗掩饰弑兄罪名所杜撰。与导师一谈起这个历史推理，金庸便眉飞色舞。

从以乾隆身世之谜为背景的《书剑恩仇录》开始，金庸在武侠小说融入大量历史背景，甚至在《碧血剑》一书之后附入《袁崇焕评传》的历史论文，让历史人物与虚构小说参差对照。这会，他又以考古发现推敲出"玄武门之变"可能是史官伪造的，连身为唐史权威的麦大维，也忍不住赞叹徒弟开启了他"对历史的想象"。他开玩笑地对金庸说："将来你会不会写出一本精采的历史推理小说来呀？"师生两人最欣赏的中国皇帝是女皇帝武则天。

2007年1月底，麦大维赴台湾作三个月的学术访问。他于1963年来台学习中文，在台北住了十个月。麦大维前脚刚到，金庸随后赶来了。过去金庸来台，多是为了新书与读者见面，此次目的却是为了"探访老师"。访台期间，金庸陪着麦大维欣赏台北国际书展，举办麦大维签书会，参观故宫"北宋大观特展"、"大英博物馆收藏展"，以及于台湾博物馆展出的"俄罗斯文学三巨人特展"。

那天，麦大维向媒体透露，上个月底，金庸完成了长达两万八千字的论文，并以"高于平均"的分数通过了口试，5月份将取得剑桥大学历史硕士学位。

金庸的表哥徐志摩，当年一篇《再别康桥》，让剑桥大学闻名华人世界。徐志摩的表弟金庸现在也写了个对子，"诗声书声缱绻书院道；桨音歌音缠绵叹息桥。"麦教授找人将书法作成碑刻,要放在圣约翰学院河畔,"叹息桥"是圣约翰学院出名的桥。①

5月中旬,金庸亲赴剑桥大学领取学位证书,并表示要读完博士课程。

3

麦大维教授原本在2006年6月正式退休,为了当好金庸的指导老师,他已经将退休日期推迟了,现在金庸继续攻读为期两年的博士学位,他的退休日子还得往后延。金庸有点歉意。麦大维说:"我的两个女儿正在上大学,家庭有比较大的经济负担,晚几年退休也好,多挣点薪水养家。"其实,麦大维不缺钱,这话是安慰金庸的。

有一次,金庸接受媒体采访时说:"像我这么大年纪,又在浙大当院长,现在再来读书,可能中国历史上从来没有过。也许能树个典范,鼓励现在的年轻人学到老。"麦大维告诉金庸,"你并不是剑桥最年长的博士毕业生,因为不少外国人退休后都回到校园,活到老学到老。剑桥最老的博士生是一位91岁的英国退伍军人。"

2008年9月中旬,金庸书院在他的家乡奠基,许多国际学者相聚评论金庸最新修订的武侠小说,金庸以东道主的身份回乡。台湾东吴大学教授王秋桂特意从台湾赶来见金庸。他是麦大维的师弟,受麦大维之托给金庸布置博士作业。尽管他比金庸小了18岁,金庸仍以师叔视之,谦逊恭敬有加,充分体现了中华民族尊师重教的优良传统。

金庸的硕士论文《初唐皇位继承制度》,英文版经过金庸与麦大维的修订后,2008年11月发表于英国的一份学术学报上。至于中文版,金庸希望重新写过,不再拘泥于硕士论文格式,而是"有学术研究基础"的历史作品,形式与字数都未定。

剑桥大学取录金庸的条件是:博士论文一定要有创见。

经过麦大维与金庸的反复讨论,金庸的博士论文研究的还是唐代盛世时期,

---

① 陈宛茜:《剑桥东亚所前所长麦大维驻台 徒弟金庸跟来》,台湾《联合报》2007年1月25日。

东宫太子继承皇位的制度问题。由开国的唐高祖说到唐玄宗，不单生动刻划了古代太子的礼节、职责、继位仪式及东宫的影响力，更透过整合正史、野史，分析太子继位牵涉的宫廷政治及权力斗争。麦大维同意了这个研究方向："你这个意见蛮好的，可以写，尽量找点历史根据。"

金庸思考说："从唐太宗开始，到宋元明清，都是所谓'枪杆里出政权'，哪个人兵权在手，就是哪个人做皇帝。"金庸认为："我的基本论点是中国的皇位从来不讲传统或宪法，宪法是讲皇帝的皇位应该传给嫡长子的，实际上是哪个有兵权，哪个会打仗，就传给哪个。中国是不讲宪法，讲兵权，外国也讲兵权，但是外国做得表面上漂亮一点。"

"没有学者对此作过如此深入的研究。"麦大维对金庸透彻分析唐代政治权术，深感佩服。

金庸和其他博士生一样，撰写论文的过程中会拿着草稿跟麦大维多次讨论修订，"当金庸住在剑桥时，我会去他家倾谈论文，他的妻子会帮忙将修订部分打字记录。"麦大维说，他在金庸的论文中更深入了解唐代的政治文化"金庸有见地解构唐宫政治，对我的研究有很大启发"。

麦大维忆述，金庸在剑桥时和普通学生一样，每周参加读书会，"有次我们讨论到一个中国古墓穴的题辞，来自北京大学及欧洲的学者都不明白，金庸就向我们解释内容，他的古文修养真是一流"。[1]

2010年9月初，金庸以86岁高龄顺利完成博士论文《唐代盛世继承皇位制度》的答辩。10日，剑桥大学校长和麦大维前往香港，为金庸颁发博士学位。据台湾《苹果日报》援引剑桥校长本人的发言称，这是历史上剑桥校长首次去海外颁学位。当时，金庸意欲执弟子古礼下跪，在现场观众的劝说下，他才作罢，但还是向导师麦大维深深地鞠躬致谢！

---

[1] 黄静：《金庸：查大侠赴剑桥修炼》，《商务香港》2006年4月7日。

"故事为王"源自金庸小说
——"小老乡"编剧于正

于正（资料图片）

金庸的"小老乡"于正是一位电视编剧，很早是个"金庸迷"。他对友人说："我要模仿金庸老师的不是武侠，而是历史的再现。当然我还没法跟老师比，但是我的语言，对历史的理解力，学的蛮像他的。"

全国的电视观众，几乎所有人都看过他的剧，他是最成功的电视制作人之一。他自豪地说，"我未必是中国最好的编剧，但我是最会讲故事的人。我是成功的制作人。"他说他的成功，是因为从小就是个金庸迷，从金庸小说里得到了许多。

新版《笑傲江湖》是于正编剧的。于正对金庸作品的大幅度颠覆引来了众多网友的热议，有人称，"萌版"《笑傲江湖》是"金庸的外壳，琼瑶的芯儿"。于正却说这部剧是"最金庸"的。

1

于正原名余征，1978年2月生，跟金庸是同乡。他家可以说全部是金庸的书迷,藏有全套的金庸武侠小说,特别是他的爸爸和外婆,不但看过金庸写的作品,而且整天将这些武侠小说中的情节挂在嘴里。受大人影响,还在读小学的时候,于正就已成了一个小金庸迷。

于正的父亲十分喜爱中国历史,跟朋友们海侃,说起金庸小说中的历史故事来有板有眼,滴水不漏;还有外婆,曾经是风靡上海百乐门、仙乐斯的戏子名媛,一聊起陈年八辈的事儿来头头是道。两位父辈将"历史瘾"传给了于正。

于正的乳名叫"小熊",小时候他太活泼了,胆子挺大的,什么事儿都想着尝试。七八岁的时候,不知怎么的他成为书迷了,爱跑书店,买的小说书书柜里盛不下了,足足装了半屋子。小学毕业的那年暑假,他开始完整地看金庸的小说。第一部是《雪山飞狐》,接着是《射雕英雄传》、《神雕侠侣》……小说的优美文字、出神入化的意境常常使他着迷,渐而渐之,他对金大侠也产生了崇敬。有一天,他一个人坐火车去外地,为的就是买一套《碧血剑》。他跟同学"吹牛"说:"有一天我要做金庸的学生。"

后来,于正又迷上琼瑶,迷上卫斯理,但金庸小说还是放在床头,想起时随手一翻。刚刚念高一,于正就学写起小说来了。妈妈给他整理房间,从他的抽屉里,常常捧出一把把写尽了墨水的原子笔芯。

1997年6月,19岁的于正高中毕业,独个儿离开家乡去上海。临走时忘了带妈妈给他准备好的秋衣,挎包里只有三册《天龙八部》。在中国戏剧学院做了旁听生,学了一点儿表演技巧,他就约了几个伙伴一起去"跑棚"。所谓"跑棚",就是在几个剧组的拍摄棚之间转悠着,遇上导演招演员,碰巧了当上一个不起眼的角色。

那是1998年春上,香港导演蒋家俊在内地拍摄电视剧《亡命天涯》,恰巧被于正碰上了,"小跑棚"在戏里当一个很小的角色。一上场,他才发觉自己其实不是演戏的料,手发抖腿也发颤,还忘了台词,导演老是骂他。主角吴倩莲同情他,悄悄对他说:"你台词说不好,你就念一二三四……"

导演还是骂他,于正实在受不了了,打算卷席回家。恰巧发生的一件事,让于正时来运转了。那天，导演与编剧为一场戏闹红了脸，编剧盛怒之下一走了之。这下可让导演傻了眼：香港操作模式是一边写剧本一边拍戏，没有剧本电视剧就得"砸锅"。听说此事，于正跑去问导演："我的作文很好，写过小说，你可以让我试一试吗？"导演没理会他，于正自顾自写了几集，然后将稿子塞进了导演房间的门缝。

这回，导演不骂他了，反而张开双臂拥抱了他："你这小子，真的把它弄得很像金庸像琼瑶了，挺有感觉，只是写作技巧差了点，台词的味道不够，不过可以改，电视接着拍！"

无心插柳之举过后，于正作为演员的"演出"谢幕了，而编剧于正从此开始慢慢成长。

拍完《亡命天涯》，学校放暑假，于正便回到老家浙江海宁。刚待几天，蒋家俊导演打电话给他，说是香港TVB影视公司在上海成立分公司，正招兵买马，让他去试试。于正乐了，第二天赶回了上海。于是，20岁的于正当上了电视编辑，并且攀上了一个好老师——香港著名导演李惠民，其时1998年8月8日。

对外挂名是大编辑，内部分配却是一个小学徒。他没有一分报酬，也没有诸如补贴之类的任何收入，却每天要完成创作或输入一万八千字的任务。在那段长达两年的艰苦日子里，于正靠给电视台写栏目剧来维持基本的生活开销。虽然每天的繁忙让他疲劳不已，但一回到租住的小屋，一捧起金庸小说，累呀苦呀全没了。在磨炼中，善于汲取的他从金庸的武侠小说和港台电影中获得精髓，除了与人合作创作了《金科传奇》、《我爱河东狮》等影视剧本外，还单独创作了《带我飞，带我走》、《水晶》等多部剧集。

"小跑棚"跑成功了。

1999年11月，于正进入李惠民工作室，担任编剧。于正表示，"这是我的幸运，我拜李惠民为师，从此有了畅想和尽意发挥的天地。李老师为我打开了一扇充满想象力的门，让我在不戏说的同时，游走在历史边沿去猜测那些湮没的故事……"

2001年7月,李惠民导演欲将荆轲刺秦的故事拍成电视剧。刚读完《倚天屠龙记》的于正一口气写出了《战国英雄》的故事大纲。由于投资方原因,直到2003年初,该剧才开机拍摄,于正重新归队改写剧本,后来定名为《荆轲传奇》。

这个剧算是他真正意义上的处女作,也是他涉足武侠剧的第一次尝试。可惜最后因为署名权的关系,他和老师之间闹得很不愉快,现在想想当年的自己挺孩子气的,打在片尾就打在片尾吧,又有什么关系呢?还是太年轻了……

许多人对于正离开李惠民老师是带着莫大遗憾的,而当于正再度出现在我们的视野中时,他已经完成了一个"小跑棚"向"故事之王"编剧的转变。

2

20岁出头,还是一个大孩子,许多同伴还蜷伏在父母亲百般呵护的怀抱里,而于正几乎身心地投入在剧本创作中,过着"一人一屋一盏灯"的孤单生活。为了省钱,他每天仅靠一个面包度日,租住在最便宜的地下室。地下室的潮湿阴暗、条件的简陋,让来探望他的爸爸都心疼得掉下泪来。

前三年,他靠的是一支笔、一叠纸,一边写一边想,写错了,用涂改液修改,修改到不能再修改了,就重抄一张。那斑斑驳驳的稿纸上记载的何止是故事?简直是一段精彩的**生命**,痛,并快乐着……那年冬天,他赶稿赶得脚生冻疮,整个脚背都烂了,**妈妈看了特心疼**,说:"你别写了,家里不缺那点钱,何况你写完了也不知道该送去哪里。"但他就是喜欢,就是爱,于是就这么一页一页地坚持下来了,在无数的碰壁之后,终于在二零零一年他才添了一台电脑,愉快而又兴奋的写作生涯伴随了他一年又一年……

每次投入新剧本创作中,于正总是觉得昼短夜长。他习惯于每天晚上十一点开稿,写到次日早晨三点。凌晨三点以后,则缩进被窝里看书。有好多书要看哦,《明朝那些事儿》还没看完,《江湖三女侠》也刚刚捧起,每一本都让他热血沸腾……还要看朋友们推荐的碟——《通天塔》和《斯巴达三百勇士》……书和碟是他制造"故事"的源泉。

慢慢的，于正不满足于"寄人篱下"的生活。

2001年春，于正赴港参加香港国际电影节，意外地见到了金庸。老乡见老乡，知己的话儿说不尽，金庸说的是海宁的风土人情，于正说的却是他的电视梦。他说："我要学习老师您当年办《明报》的劲儿，在娱乐界闯出一条自个的路。"金庸语重心长地告诫他："写作是一份苦活，必须耐得住寂寞，千万不可这山望着那山高，要作长期的打算，并且十分努力。"于正说："我记住了您的话，将来我成功了，一定将您的小说改编成电视剧"。金庸鼓励他："你会成功的，我的小说你可以随时改编，我不会找你的麻烦。"第二天，金庸的秘书专门来到于正下榻的宾馆房间，送来一套《书剑恩仇录》，书的扉页有金庸的题字。

这以后，于正经常写信给金庸，向他汇报自己的最新创作情况。金庸也给他回过几次信。

2003年7月，于正签约台湾星之国际娱乐公司担任编剧，同时，"于正工作室"在上海挂牌。

2004年春，于正开始创作《烟花三月》。这是一出清宫戏。主角纳兰容若是清朝第一词人，剧本讲述他与顺治帝的陪陵妃子孔四贞、罪臣之女沈宛之间的爱恨情仇。"这个戏非常悲壮，男主角死了，他所爱的女人也全都死了。"纳兰容若是于正从小迷恋的一个词人。他说，感觉他的词特别有嚼劲，就去找了《纳兰词》，一遍又一遍地反复吟诵，再翻书研究他，脑子里浮现起关于他的故事幻想……

每一位作家都有他的独门功夫。于正在剧本写得好看，原因在于写作之前，他会像金庸写小说一样行事，花非常长的时间搜集资料和素材。他编好多线索、多人物的叙事，一个个片断结成不连贯的故事，让读者自解，这些都是金庸小说的特点。

《烟花三月》在台湾热播打败了台湾最红的闽南语剧《意难忘》。香港媒体评论说："二十几岁，在两三年里写出多部历史剧，于正可以称之为中国最年轻有为的编剧了"。圈内人士也称："于正的作品不但具有商业性，更具有可看性，他迅速成为多家名牌影视投资公司的抢手编剧，在于市场头脑和他对电视的感悟。"其实这话说对了一半，没说的另一半是金庸小说对他的启发和引导。

传奇的是，于正成为国内唯一跟香港"三大名导"李惠民、赖水清、梁凯程全部合作过的编剧……"不闻窗外事"的创作，如金庸小说般异常好看的故事，让他在影视界崭露头角。

在编剧生涯中，于正为了剧集而不计金钱的投入，甚至"以写养戏"的做法，也使得出炉的成品几乎部部都获得了高收视率、观众的追捧以及商业上的成功。《胭脂雪》、《最后的格格》、《美人心计》、《锁清秋》、《大清后宫》、《宫锁心玉》播出后，收视率捷报频传。

2005年初夏，"于正工作室"从上海移师北京。40集《大清后宫》便是于正第一次以编剧、监制双重身份参与拍摄的电视连续剧。

浙江海宁是武侠小说作家金庸的故乡，也是于正从小长大的地方。他曾经透露："《胭脂雪》和《锁清秋》都发生在同一个地方——平安镇，这个名字来源于我的家乡——长安镇。长相思，在长安，桃花也好，虹桥也好，都承载了我对江南的所有畅想，美若梦幻，无与伦比……"

3

于正喜欢喝茶，但不喜欢泡，喜欢煮，总觉得慢慢煮过的茶更有滋味。

2007年底，42集武侠电视连续剧《楚留香传奇》登陆央视八套黄金档，编剧是于正。于正笔下的新版《楚留香传奇》，情爱关系、人性纠葛、市井生活、男扮女装、公主仆人情愫等各种抓人元素很全面，气息上既凸现了古龙小说里的奇、异、酷、寂寞,也融合了金庸剧人文、浪漫的优点。

有人问他:"你只拍古龙小说,对金庸小说改编成电视剧,听说你多次拒绝,为什么?"于正说:"金庸老前辈是我的偶像,因为我们都是海宁人,我一直以此为荣,小学时就开始看他的作品了。算一算,我已经推掉了四部金庸戏了,《越女剑》、《神雕侠侣》、《笑傲江湖》和《鹿鼎记》,朋友觉得奇怪,问我为什么那么排斥金庸剧,好些编剧一辈子不就等那么一出戏吗?可是我不,我有我的理由。"

接着,他说出了他不接金庸剧的三大理由。第一,金庸的东西架构太完整,可以发挥的地方不多了。如果我改编金庸剧,发挥太大或者发挥不好都会被"金庸迷"骂。第二,金庸小说几条线交织在一起,改编成电视剧肯定要砍了再砍,如这样,喜欢金庸的人就不会喜欢看这些电视了,那何必拍电视,去看小说好了。第三,你改编得再好,人家也说是金庸的,"写得好是金庸好,写得不好是编剧不好,吃力而不讨好,我不干!试问距今为止有没有一部金庸剧真正能涵盖金庸思想的?即使有收视率不错的,如《天龙八部》又有谁记得编剧是谁?现在我写我自己的东西,至少好的坏的都是我的。我承认我功利了。"

于正说出了实话:"武侠我只喜欢金庸和古龙,喜欢金庸是喜欢他的历史

于正访金庸后摄于香港机场(于正提供)

感和宏大的气势，喜欢古龙，喜欢他的人性描写。我愿意改编古龙小说，是因为他的小说对白性强，文字描述少，故事架构比较单一，当电视剧改编比较适宜。你看，《楚留香传奇》的成功就是最好的例子了。"

于正郑重地说："目前我不会接任何金庸剧。我很庆幸，《鹿鼎记》那会儿犹豫半天还是决定不接，至今不后悔。但是，我会期待每一部金庸剧，看看别人是怎么改编、怎么拍的，然后去金庸论坛大放厥词，这也是一件十分痛快的事。"①

2009年5月，在"2009中国影视编剧塘栖雅集"论坛上，于正大胆提出以剧本为先即"故事为王"的观点。他说，这个观点源自于金庸小说，"金庸的武侠小说有上亿的观众，吸引人的是俗极而雅故事，金庸编造出了一个个神奇好看的故事，我读他的小说很受启发。"

拍了几部宫斗剧后，他想起了自己对金庸的承诺。得知家乡海宁的武侠影视拍摄基地挂牌，他立刻回了一次家，在自己的家门口选景，寻找故事。然后开始撰写《笑傲江湖》的剧本。

2013年春节，于正版金庸剧《笑傲江湖》在湖南卫视首播。在大量口水中，该剧收视率一路高歌猛进。难免让人生出疑问：金庸的这部经典小说且有无数电视版本的作品，为什么会在于正工作室的努力下焕发青春，重新取得成功呢？

编剧于正与金庸剧演员合影。（于正提供）

① 于正：《我为什么不接金庸剧》，2006年1月5日新浪博客。

在该剧中，于正对人物的处理，可算是成功的微创新。早期对《笑傲江湖》的改编，大都害怕金庸先生的威名，不敢大动小说人物，而这部剧面对的是年轻读者，他们不曾是金庸小说读者，很少受原著的影响。因此，于正修改人物设定的压力没有那么大。在不动摇原著百分之九十的对白的基础上，于正发挥了自己的原创能力。因而，我们看到原著中权欲熏天的东方不败变成了四角恋中的痴情少女，并遭遇了一个不懂爱的帅哥；原著中近乎完美的任盈盈则成为腹黑型的爱情杀手，并符合了无数年轻女性观众生活中假想的情敌形象，而原著中色魔田伯光则突然有了一段意外恋情，这是日本动漫中反派人物往往都有的容易引起观众同情的感情经历，而且田还成了像主持人欧弟那样的耍宝高手。这些举措不仅仅是对整个编剧方向的迎合，同时也是为了吸引90后观众的设定。

于正扬长避短，让文字能跑在他熟悉的战场上。于正不如梁羽生那样熟悉武术打斗、也不如金庸那样擅长处理人物在时代大背景下的爱恨情仇。于正擅长处理的其实是小儿女的情与怨，而且从市场表现看，于正的宫斗剧、家斗剧很受家庭中老年妇女、年轻观众的欢迎。于正认为《笑傲江湖》情感戏不浓，整部戏打的太厉害，"所以我就想让它稍微有一些情感。但是我加了这么多，感情戏也只占到四分之一。原著中的英雄侠义也都保留了，所以它还是一部武侠剧。"除了武侠、情感、成长、喜剧元素也有加入，"喜剧四分之一，成长四分之一，情感四分之一，武打四分之一。"

于正说他在写剧本时，就想好人物要穿什么衣服，造型如何布置。等写完剧本，筹备好造型道具，他开始觉得平淡乏味，除了看带子，整天不知道要干嘛。他的剧中画面永远是优美的，即使是一座破庙也想着法子添一株桃花；人物造型也是异常精致，舍得花大价钱给演员们购置昂贵的服装和装饰。

第一次改编金庸先生的作品，于正透露在台词方面还是比较谨慎，不敢太现代化，基本沿用原著中的对白，实在需要另外的台词，也会从金庸的其他作品中攫取。但在角色设计方面，于正还是加入了自己的理解，改动最大的便是"东方不败"这个雌雄莫辨的角色，剧中还是暗示了她是个女性的角色，身在高处却想去体验普通人的爱情。通过"东方不败"这个角色，于正想告诉大家：每个人都有不同的烦恼，不要去抱怨，身边的人其实已经是最好的。从这个角度而言，于正称这版的东方不败就是在传递爱情，观众可以从中思考正能量。

2013年6月，于正参加了上海电影节，他透露，紧接着他将着手改编另一部金庸经典作品《神雕侠侣》的电视剧。他会尊重原著，"我觉得历版都没有拍出精髓，这次我更多的是把一些书上暗写的东西把他明写了，但是没有添加自己的东西。"在于正看来，《笑傲江湖》没有历史背景的限制，看不出来是发生在哪朝哪代，属于纯江湖描述，但《神雕侠侣》有着具体的历史背景。于正称，他对《笑傲江湖》最陌生，对《神雕侠侣》最熟悉，《神雕侠侣》中的每个人物、细节他都烂熟于心，"我希望能拍出一版味道不一样的《神雕侠侣》"。①

筹拍金庸剧《神雕侠侣》，于正承诺不会改动太多，"《神雕侠侣》每一场戏都是我的兴奋点，是我喜欢的东西。金庸在前几年有一个新修版，他自己改了很多。我觉得，把新修版一比一地搬到荧幕上就是最好的。"当然，于正还是忍不住添加了一些个人的东西，"李莫愁的过去我给加满了，放大了，其他的没有添加什么。"

于正版《笑傲江湖》剧照（资料图片）

① 陈文：《于正欲拍〈神雕侠侣〉称味道一定不一样》，《新闻晨报》2013年2月19日。

重要参考文献

张圭阳：《金庸与报业》，香港明报出版社 2000 年版

黄洁灵等：《名人心路》，香港南粤出版社 1990 年版

冷夏：《文坛侠圣·金庸传》，广东人民出版社 1995 年版

费勇等：《金庸传奇》，广东人民出版社 1997 年版

杨莉歌：《金庸传说》，香港次文化堂 1997 年版

梁羽生：《笔·剑·书》，湖南文艺出版社 1988 年版

《探求一个灿烂的世纪（金庸/池田大作对话录）》，北京大学出版社 1998 年版

倪匡：《武侠小说大宗师——金庸》，金庸吧 2007 年 6 月 12 日

严家炎：《金庸答问录》，《文艺报》1995 年

青藤：《金庸母校道心声》，《北京教育》(普教版)2004 年 2 期

童湘仁：《冯其庸谈金庸》，《嘉兴高等专科学校学报》1997 年第 1 期

韩晗：《风流宛在梁羽生》，《读者》2009 年第 7 期

鉴纹：《聂卫平最欣赏的徒弟是金庸》，《广州日报》2007 年 2 月 12 日

李怀宇：《报人罗孚：金庸梁羽生武侠小说的"催生婆"》，《中国青年报》2011 年 1 月 11 日

夏洪玲：《蔡澜微博"曝光"金庸成了"妻管严"》，《重庆商报》2011年1月7日

陈宏：《忆陈祖德：曾在金庸家养病半年》，《上海青年报》2012年11月5日

吴敏 钟慧 许俊仟：《金庸"御用"画家 羊城"画说金庸"》，《南方日报》2011年08月16日

李辉：《黄永玉：香港电影的"搬运夫"和"鼓手"》，《北京晚报》2009年12月21日

卜松竹：《画出一个金庸的江湖》，《广州日报》2011年8月22日

田志凌：《专访董桥：老纨绔子弟》，人民网"读书频道"2007年4月27日

余慎：《蔡澜：大赞金庸佩服李敖》，《佛山日报》2005年9月26日

叶细细：《夏梦：金庸的梦中情人》，《广州日报》2009年8月20日

海鹰：《潘耀明厦大细说金庸的影响力》，《厦门日报》2007年11月8日

李怀宇：《金庸：10年后再第四次修改小说》，《时代周报》2009年1月9日

李鹭芸：《好友弟子谈金庸近况》，《环球人物》2011年第26期

后 记

今年的夏天特别长，特别火热，紫薇花也就开得久，开得艳。

我欣赏紫薇花，因为它的花期特长，从夏至秋花开不断，故又名"百日红"。我的窗外就有一株紫薇，当我的这部书脱稿的时候，我已经读懂了它的花语：恒久、耐暑、友谊。

三年前，在夏天还没有来临的时候，我开始撰写"金庸至情系列"。顾名思义，"金庸至情系列"一是围绕一个"情"字展开；二是应该有系列篇章。金庸交友无数，视朋友高于一切，这本书是写他的友情，所以名为《金庸和他的师友们》，尽管金庸的朋友远远不止书中所写到的36个。

我是一名报纸编辑，编过以宣扬名人文化为主旨的副刊"海宁潮"。原浙江省新闻工作者协会主席江坪先生曾经指着这个版面说："这个名人专版，一个很有意思很有特色的版面。名人文化在当地是一种宝贵的人文资源，对新闻媒体来说，就是一种独家的新闻资源了。一份地方小报能够长期保留这么一个专版，在全省、全国也是少有的。"当初十几年，我是新闻"两栖人"，出门是一线记者，游走在名人坊间，采写出一篇篇专访和随笔；进门是后方编辑，是《海宁潮》的主持人，邀约亲历者、名人之后撰稿，组织版面，于是，结识了许多文朋笔友，积累了一大摞名人名家的信函。

以乡亲的身份与他们攀谈；以草根记者的身份作短暂的采访，是我人生际遇中最幸运的事儿。金庸旧居修复以后，朋友们陆续来访，还有前来参加金庸小说研讨会的专家们，我便有了访问他们的机会。至今，我清晰记得冯其庸教授说过的一句话："人生就如一本连环画，耐读的是人，耐看的是他的故事，难说的是他的感情。"作为本色的记者，只要是能让读者耐读、耐看的，无论有多"难说"的我也得说。于是,撰写"金庸至情系列"的念头也就自然而然地萌生了。

　　窗外的紫薇花开得火红,它是友谊之花,久盛之花。此番,我沐浴在百日红里,更加深切地体会了"在家靠父母,在外靠朋友"这句话的含意。"在外的朋友"中有人民日报出版社的陈志明老师,对我的写作给予了鼓励和帮助。还有徐志摩研究专家顾永棣老师,在我遭遇无理责难、将要放弃的时候,他赠予我一句话——"别去想别人怎么说你的,自顾自走自己的路,写自己想写的文章。"就在这一刻,我从友情中感受了温暖,才有了继续写下去的正能量。

　　另外,我还写过一本《金庸和他的家人们》的书,亲情友情两朵花并蒂盛开。两本书饱含着家人的关爱、理解和奉献。这里,我要特别感谢我的妻子谭桂芬女士。在我刚要动笔写书的时候,我的孙儿亦函呱呱落地,刚刚从病魔中挣扎出来的妻子视亲情贵于生命,她多么希望我能多承担一些家务,多抱抱孩子。但是,我一次次匆匆来回,独自留她在杭州(儿子和儿媳在那儿工作)承担起抚养孙儿的辛劳。一年前,85岁的老父亲病卧在床,我的写作是在八小时以外,对我来说,业余的时间十分珍贵,没法,我只得将妻子拉回来代我尽孝。而我,在伺候老爸之余,悄悄躲进书房。老爸走了,我则抹干眼泪,又将家务和孩子全丢给了妻子,一头钻进了书稿里。写完这本书,我向妻子表示歉意,她却说:"我是你老婆呀,别说了!"

　　好,我就不说了。

　　如今,这两本书同时出版,我的小孙孙也快三周岁了,那就作为爷爷送给小孙孙的一份礼物吧!我还要欣喜地告诉他:"小宝贝,你的成长有亲情和友情陪伴着,你一定很幸福!"

蒋连根
2013 年于七夕之夜